Innovation Factory

Gilles GAREL
Elmar MOCK

Innovation Factory

Gilles GAREL
Elmar MOCK

Einsteigen in das Innovationskonzept

Mit einem Vorwort von
YVES PIGNEUR

GROWTH
PUBLISHER

ELMAR MOCK
Elmar Mock ist bekannt als einer der beiden Swatch-Erfinder, Serial Innovator, Gründer und geschäftsführender Partner der Innovation Factory Creaholic, Gründungspartner und Verwaltungsrat mehrerer erfolgreicher Startup-Unternehmen im Clean- und Medtech-Bereich. Ferner ist er anerkannter Experte und Dozent für Innovationsmanagement. Als Mikrotechnik- und Kunststoffingenieur vereint er einen aussergewöhnlichen Erfindergeist mit unternehmerischem Denken und Handeln. Im vorliegenden Buch veröffentlicht Elmar Mock erstmals die Essenz seiner einzigartigen Innovationsmethodik, die er aus der Entwicklung von Swatch und von hunderten weiteren Innovationsprojekten gewinnen konnte.

GILLES GAREL
Prof. Dr. Gilles Garel ist Direktor des Forschungszentrums LIRSA (Laboratoire Interdisciplinaire de Recherche en Sciences de l'Action), Lehrstuhlinhaber für Innovationsmanagement an der renommierten französischen Hochschule CNAM (Conservatoire National des Arts et Métiers) und Professor an der technischen Hochschule (École Polytechnique) von Paris. Sein Forschungsschwerpunkt liegt im Bereich der innovativen Konzeptfindung. Prof. Gilles Garel realisierte in enger Zusammenarbeit mit europäischen Unternehmen zahlreiche Forschungsprojekte auf dem Gebiet des Projekt- und Innovationsmanagements. Ergebnisse seiner Forschungstätigkeit wurden auf internationalen Konferenzen, in führenden Fachzeitschriften und diversen Büchern publiziert.

Für Bab und Ln

Das vorliegende Buch wurde von Lucien Trueb aus der Originalfassung La Fabrique de l'Innovation, Dunod 2e édition, 2016 in die deutsche Sprache übersetzt.

Cover Design: Graham Allen, Kentucky USA

Die Deutsche Bibliothek – CIP-Einheitsaufnahme
Die Deutsche Bibliothek verzeichnet diese Publikation in der Deutschen Nationalbibliografie; detaillierte bibliografische Daten sind im Internet abrufbar: http://dnb.dnb.de.

ISBN 978-2-940384-34-1
www.growthpublisher.ch

EINLEITUNG

Publikationen zum Themenkomplex Innovationsmanagement, die einen Ansatz aus der Praxis profund reflektieren, sind eher selten. Umso mehr ist das vorliegende Buch ein Meilenstein im Rahmen der Innovationsforschung und -praxis. Es widerspiegelt breite Erfahrungen, die auf der Basis von theoretischen Konstrukten gedanklich durchmessen werden.

Die Autoren haben sich mit dem Buch einen „Flow" zu infiltrieren vorgenommen, der einerseits zum Lesen animiert und sich andererseits für Akteure in einem kreativen Umfeld eignet. Insofern ist das Buch gleichermassen eine Bereicherung für Verantwortliche von Innovationsprojekten wie für Jungunternehmer und Unternehmer, deren Grundphilosophie Innovation beinhaltet. Insbesondere werden Studierende, die sich intensiv mit der Entwicklung von neuen Ideen befassen, sich dafür interessieren und zu weiteren Aktvitäten in dieser Richtung motiviert werden.

Die bildhaft dargestellte Erfolgsgeschichte der Swatch-Entwicklung – mit dem Co-Inventor Elmar Mock – bildet den Ausgangspunkt dieser Innovationsstory. Die Autoren zeigen mit der Swatch als einem Sinnbild für eine radikale Innovation mannigfaltige Erfolgsbestandteile und Stolpersteine bei der Umsetzung einer „Neuigkeit". Dies ist insofern von Bedeutung, als wissensbasierte und innovationsorientierte Gesellschaften in Zukunft ohne Zweifel vermehrt radikale Innovationen zu suchen und zu fördern haben.

Die Autoren belassen es aber nicht nur auf der historischen Betrachtung von Innovationsprojekten, sondern präsentieren mit der C-K-Theorie ein praktikables Realisierungsmodell für Innovationsprojekte in bestehenden Unternehmen und zur Entwicklung von Start-up-Ideen.

Prof. Dr. Rico Baldegger

INNOVATION FACTORY

Management bahnbrechender Innovationen

Wie entstehen bahnbrechende Innovationen? Wie und was denken Erfinder? Wie soll die Schöpfung von Innovationen organisiert werden? Dies sind einige der Fragen, die das vorliegende Buch beantwortet. Es analysiert konkrete Fälle, insbesondere enthüllt es die Geschichte und den Werdegang der Swatch.

Ein ganz neues Kapitel behandelt die Strategien und die Organisation, die im Unternehmen Innovationen ermöglichen. Als Epilog werden die Smartwatches behandelt. Diese zweite deutsche Auflage wurde an die zweite französische Auflage angeglichen (Dunod, Paris 2016). Darin teilen sich die beiden Autoren den Drang zu verstehen und anderen verständlich zu machen, wie bahnbrechende Innovationen im Gehirn kreativer Menschen zustande kommen.

Selbst wenn die bahnbrechende Innovation selten auftritt und schwierig zu konzipieren und vor allem zu wiederholen ist, können wir alle Innovatoren sein! Dies ist die optimistische Botschaft dieses Buches. Es erklärt auf einfache und gründliche Weise die Grundlagen des Managements innovativer Konzepte.

„Es ist höchst interessant und lehrreich die Geschichte der Swatch und insbesondere ihre Hintergründe zu entdecken und zu erfahren, wie die beiden in ihr Konzept verliebten Ingenieure vorgingen um es zu verwirklichen. Dabei spielten sowohl die grenzenlose kreative Fantasie als auch die Konzepttreue eine entscheidende Rolle." YVES PIGNEUR

ZIELGRUPPE:

Manager, Innovationsdirektoren, F&E Verantwortliche, Spezialisten für Marketing, Strategie und Design

Consulting-Unternehmer

Studierende in den Bereichen Design, Management und Ingenieurwesen

VORWORT

Das Leben ist voller Zufälle. 2008 lud ich Elmar Mock ein, an der Universität Lausanne einen Vortrag über Innovation zu halten. Seither kreuzen sich unsere Wege regelmässig. Im selben Jahr entdeckte ich die C-K Theorie des innovativen Konzeptes, die Gilles Garel besonders gut kennt. In der Folge schrieb ich einen Artikel über die Anwendungen der C-K Theorie in der Informations-Systemforschung. Seither begleitet mich die C-K Theorie ständig in meinen Seminaren für Doktoranden.

Ich konnte mir aber absolut nicht vorstellen, dass sich der Schöpfer und der Forscher begegnen würden. Mock erfindet die Swatch, die die Uhrenindustrie revolutionieren sollte und gründet Creaholic, eine Innovationsfirma deren Führung und Verwaltung ebenso originell sind wie die innovativen Lösungen die dort geschaffen werden. Gilles Garel auf seiner Seite experimentiert mit der C-K Theorie und verbreitet sie wo er kann. Es handelt sich um einen theoretischen Rahmen, einen Konzeptionsprozess der erklärt, wie Ideen, Intuition, Entdeckungen und sogar Träume mit der technischen und wirtschaftlichen Machbarkeit koordiniert werden können.

Als Elmar Mock die Swatch erfindet und Creaholic gründet weiss er nicht, dass er die C-K Regeln befolgt. Als Gilles Garel die C-K Theorie entwickelt und verbreitet weiss er nicht, dass die Erfindung der Swatch eine der schönsten Illustrationen dieser Theorie sein wird. Erst der Zufall einer Begegnung sollte ihr Denken zu einem harmonischen und abgeschlossenem Ganzen bringen, das die Neugierde der Leser zweifellos anstacheln wird.

Liebe Leser, ich hege keine Zweifel, dass Sie mit grossem Vergnügen die Geschichte der Swatch und vor allem ihre Hintergründe entdecken werden. Sie werden auch die Überlegungen der beiden konzeptverliebten „Helden“ des Buches nachvollziehen können, die ständig zwischen Fantasie und Konzept hin und her pendelten. Es ist amüsant im zweiten Kapitel die Geschichte der Swatch im Lichte der C-K Theorie nachzulesen. Mindestens gleich interessant ist es, im Kapitel 3 die C-K Theorie zu entdecken. Sie wurde mit einigen hübschen Beispielen aus der Werkstatt von Creaholic illustriert. Man spürt dabei, wie gut sich die beiden Autoren ergänzen; beide sind Meister der Innovation.

Im Lauf der Kapitel kann man die Genialität der beiden Komplizen nur bewundern. Mock liebt die bunten Metaphern, die ihm helfen, dem Leser sein Vorgehen, seine Visionen und seine Ergebnisse zu vermitteln. Die im vierten Kapitel behandelte Metapher des Moleküls in seinen drei Aggregatzuständen gasförmig, flüssig, fest gibt dem Leser eine sehr anschauliche, intuitiv fassbare Darstellung der Innovation. Garel andererseits liebt die Strenge schöner theoretischer Konstrukte, die er dem Leser präzis, leidenschaftlich und mit einem scharfen Sinn für Anschaulichkeit vermittelt.

Elmar ist sowohl kreativ als auch unternehmerisch begabt. Organisation und Führung von Creaholic – seine „Innovations-Kolchose“ wie er sie nennt, sind originelle Beispiele ungewöhnlicher Management-Methoden. Im fünften Kapitel wird sich der Leser schnell von Elmars Führungsprinzipien überzeugen und verführen lassen. Unwiderstehlich ist dabei die Metapher der Matriarchin, die Elmar besonders liebt.

Im Epilog, das der Smartwatch gewidmet ist, wird der Leser aufgefordert, seine Fantasie auf die Erfindung der Uhr der Zukunft zu fokussieren. Die Autoren lassen durchblicken dass die C-K Theorie ein ideales Tool zur Kanalisierung der Kreativität sein könnte.

Ich wünsche Ihnen eine angenehme Lektüre. Lassen Sie sich von der schönen Geschichte der Swatch und von der Strenge der C-K Theorie verführen. Und vor allen von den Metaphern des Moleküls und der Matriarchin wie auch vom dringenden Imperativ, die Uhr neu zu erfinden.

Yves Pigneur
Professor an der Universität Lausanne,
Autor (mit Alex Osterwalder) von Business Model Generation

DANK

Dieses Buch ist den Initiatoren der Innovationen, von denen die Rede ist, sehr verpflichtet. Sie haben auch als akribische und aufmerksame Lektoren fungiert. Allen voran Ernst Thomke, der Vater der Swatch, sowie Franz Sprecher, Marketing-Mann der Plastikuhr. Aber auch Lucien Trueb, passionierter Uhrenjournalist und technischer Experte. Alle drei lieferten unverzichtbare Informationen, die in den Text integriert wurden. Wir danken ihnen sehr herzlich. Lucien Trueb übernahm auch die Übersetzung bzw. Anpassung der zweiten Auflage von „La Fabrique de l'Innovation" (Dunod, Paris, 2016) für diese zweite deutsche Auflage.

Marcel Aeschlimann und André Klopfenstein von der Firma Creaholic (Biel, Schweiz) sowie Denis Crottet von der Firma Smixin (Biel, Schweiz) lieferten wichtige Beiträge zum Konzept des Buches. Wir danken diesen Innovations-Fabrikanten für Ihre aufbauende Kritik und nie erlahmende Aufmerksamkeit. Luc Armgwerd danken wir für seine juristische Beratung. Guy Luttinger und Mario Tronza danken wir für ihr professionelles Design, ihr Engagement als Lektoren und ihre graphische Kreativität.

Professor Yves Pigneur weiss alles über den Aufbau innovativer Business-Modelle und war bereit, das Vorwort zu unserem Buch zu schreiben. Wir danken ihm sehr freundlich.

Ebenfalls verpflichtet sind wir dem Team vom Centre de Gestion Scientifique des MINES, ParisTech (Frankreich), insbesondere den Professoren Armand Hatchuel, Pascal Le Masson und Benoît Weil für ihre freundschaftliche und wissenschaftliche Unterstützung. Ihre Arbeiten zur schöpferischen Innovation halfen uns bei der Strukturierung eigener Ideen.

Wir danken allen jenen, mit denen wir uns während der Entstehung dieses Buches und der Verteilung der ersten Auflage austauschen durften – Freunde, Kollegen, Partner, Schüler, Zuhörer, Berater, Unternehmer, Medien ... Natürlich sind die Autoren voll verantwortlich für alle Fehler, die sich unbemerkt hätten einschleichen können.

Sehr verpflichtet sind wir Hélène Mock, Muse des Innovators und unermüdliche Stütze bei den Schreibarbeiten. Zudem übersetzte sie unseren Text ins Englische (Taylor & Francis, 2016).

Gilles Garel und Elmar Mock, Mai 2017.

INHALTSVERZEICHNIS

1
Pilze sammelt man nicht auf der Autobahn

Vorliegendes Buch ist die Folge der Begegnung eines in der Geschäftswelt bekannten Serien-Innovators und eines Forschers, der seit dreissig Jahren die Mutationen innovativer Projekte verfolgt. Elmar Mock ist Miterfinder der Swatch-Uhr und Gründer der Firma Creaholic in Biel, Schweiz (vgl. Kapitel 5). Gilles Garel andererseits ist Professor am *Conservatoire National des Arts et Métiers* und an der *Ecole Polytechnique.* Ihr gemeinsamer Nenner ist die Leidenschaft für Innovationen sowie ihr Drang die kreativen Vorgänge zu verstehen, die zu innovativen Durchbrüchen führen.

Wie könnte man die Betrachtungsweise verändern sodass neue Ideen entstehen für Dinge die bisher als unmöglich oder inakzeptabel gehalten wurden? Wie soll man unbekannte Objekte verwirklichen? Innovationen schaffen heisst Verbindungen entdecken, die bisher niemand gesehen hat. Pilze sammelt man ja auch nicht auf der Autobahn, sondern am Rand kaum begangener, schmaler Wege. Dies tönt banal, doch ist das Finden dieser Wege schon schwierig. Wie lernt man, die Autobahnen des Einheitlichen zu verlassen?

Natürlich lässt sich das Innovieren nicht auf das blosse Sammeln reduzieren. Querverbindungen müssen erschlossen werden, damit neuartige Objekte entstehen bzw. entdeckt werden, wie neuartige Pilze. Und wenn die Innovation auf den Markt kommt, wie baut man die neue Autobahn dergestalt, dass man darauf schneller als die anderen vorwärts kommt und den Vorsprung mit weiteren Innovationen zu wahren mag? Sobald mehrere Unternehmen denselben Weg gehen ist Geschwindigkeit der Schlüssel zum Erfolg. Das bedeutet nichts anderes als die Innovation stetig voranzutreiben – häufig besonders intensiv. Um die Tour de France zu gewinnen genügt es nicht, stark in die Pedale zu treten – damit kann man höchstens im Feld verbleiben.

1.1. Aus dem Kreis ausbrechen

Alle dem freien Markt ausgesetzten Unternehmen müssen (oder sollten) ständig mit Innovationen aufwarten. Doch in vielen Fällen trauen die Firmen den Innovatoren nicht, da sie immer risikobehaftet sind. Neben dem finanziellen Risiko ist ein gewissermassen philosophisches Risiko zu bedenken. Man muss sich in unbekanntes Territorium vorwagen und riskiert, dass das Ergebnis überhaupt nicht den ursprünglichen Erwartungen entspricht bzw. dass das Ganze als Misserfolg endet. In Anbetracht dieser Risiken ist es verständlich, dass die Renovation der Revolution vorgezogen wird. Alle schreien nach (revolutionären) Innovationen, doch letztlich wird mehrheitlich an der Weiterentwicklung bestehender Produkte gearbeitet.

Untersuchungen zum strategischen Management ergaben, dass Führungskräfte dazu neigen, ziemlich unreflektiert das Verhalten anderer Führungskräfte nachzuahmen, wenn sie über keine eigenen Anhaltspunkte verfügen. Wenn man im Nebel nicht weiss, wo der Weg hinführt, folgt man gerne dem Vordermann. Er zeigt den Weg und das beruhigt. Wenn aber jeder jedem folgt, drehen sich alle nur noch im Kreis. Zum Glück gibt es den Innovator, der diesen Teufelskreis aufbricht. Er ignoriert das Vorgegebene, er zerstört, verschiebt, umgeht. Er bricht aus dem gegebenen Rahmen aus, um einen neuen zu setzen und zu testen. Er nutzt Querverbindungen und scheut die Risiken einer Revolution nicht.

Evolution	Revolution
Nach Regeln	Neuartig
Bestehendes nutzen	Neues suchen, explorieren
Renovation	Innovation
Fokussiert das Bekannte	Fokussiert auf das Unbekannte
Verbessern	Umwandeln
Kennen	Verändern
Zerlegen	Erweitern
Inkrementell	Radikal
Routine	Umbruch

Unser Buch befasst sich mit den revolutionären Aspekten der Innovation. Klar ist, dass man eine Revolution nicht führen kann wie man die Renovation verwaltet. Die Revolution folgt keiner Routine. Man kann nicht erwarten, dass Leute die im Bereich der Renovation ausgezeichnet arbeiten, von einem Tag zum anderen etwas Revolutionäres schaffen. Dennoch, und dies ist zweifelsfrei die optimistische Botschaft dieses Buches – kann jedermann innovativ sein. Innovation setzt nämlich weder ungewöhnliche Eigenschaften noch Heldentum voraus.

1.2. Die Herausforderungen der Innovation für das heutige Unternehmen

Es ist historisch belegt, dass Innovation mitnichten ein neues Thema ist. Das alte Rom fand zu einer „perfekten sozialen, zivilen und militärischen Technik“ (Ellul, 1990, S. 27). Die zisterziensischen Klöster verbreiteten die vom Wasserrad angetriebene Mühle sowie eine wohlorganisierte Form des Zusammenlebens und der Arbeitsteilung in einem „vernetzten“ Bereich (um die moderne Ausdrucksweise zu benutzen). Zur Zeit der Renaissance erschien in Venedig die erste Gesetzgebung, die Erfindungen ein zeitlich beschränktes Monopol einräumte. Zur selben Zeit entstand der Begriff des *venturi capital* in der Grundidee des *venture capital* bzw. Risikokapital, das heute die Finanzierung von Innovationen ermöglicht.

Ebenfalls auf die Renaissance geht das *designo* im tiefen und modernen Sinn des Wortes zurück, eine vorgelagerte und strukturierte Tätigkeit vor der eigentlichen Verwirklichung oder der Entwicklung einer Innovation. Überdies sollten wir nicht vergessen, dass die industrielle Revolution bereits zweihundert Jahre alt ist ... Die Geschichte zeigt also, dass es Innovationen schon immer gegeben hat. Gibt es also „nichts Neues unter der Sonne“? Soll man nun annehmen, dass Innovationen nichts Neues hervorbringen? Keineswegs, denn Innovationen sind immer spezifisch in ihrer Zeit und in deren technologischen Potenzial eingebunden. Wir geben dazu drei Beispiele.

Ganz allgemein wird die heutige Innovation als intensiv bezeichnet (Le Masson, Weil und Hatchuel, 2006, Benghozi, Charrue Duboc und Midler, 2000).

- Die einst rein lokale Innovation verallgemeinert sich. Historisch gesehen bezog sie sich früher auf gewisse Sektoren der Technik, des Marktes oder ganz spezifische Traditionen. Schöpfer und Erfinder hatten ihren Platz, ihren Status, sie arbeiteten nach anerkannten Regeln. Heute ist alles viel diffuser. Die Innovation betrifft alle Sektoren und kein Unternehmen kann heute davon ausgehen, dass es ausreichend innoviert. Alles kann zum Gegenstand der Innovation werden, womit der Begriff Innovation sogar an Schärfe verliert.

- Die früher seltene und punktuelle Innovation wird heute immer häufiger. Früher begann die Geschichte eines Unternehmens mit einer Innovation und führte zu seltenen Durchbrüchen, zwischen denen sich lange Phasen der Stabilität mit einzig inkrementellen Fortschritten erstreckten. Im heute globalisierten Markt wird jede gute Idee sofort kopiert, die erzeugten Gewinne punktueller Innovationen werden folglich immer geringer. Schon der mittelfristige Erfolg hängt von einem stetigen Fluss potenter Innovationen ab. Es zeichnet sich ein neues System sich gegenseitig konkurrenzierender Projekte ab, in dem jedes Angebot seine eigene Nachfrage schafft. Bei solchen „Obsoleszenzstrategien“ muss man als Erster mit einem innovativen Angebot auf dem Markt sein, das die bestehenden Angebote deklassiert (unter Einschluss der eigenen). Damit wird eine flüchtige Nachfrage befriedigt, bevor die Konkurrenten gleichgezogen haben bzw. das Angebot wiederum verändert wird. Es geht nicht mehr darum, die Wünsche des Kunden zu ermitteln. Man muss ihm vielmehr als Erster etwas vorschlagen, das er möglicherweise zu haben wünscht. Weil die Reaktion des Marktes in einem derartigen Umfeld kaum vorhersehbar ist muss man investieren, um sie zu eruieren. Von da rührt die häufige Lancierung zahlreicher innovativer Projekte mit immer kürzeren Entwicklungs- und Lebenszyklen. Die Gewinne werden demzufolge mit neuen Produkten und Dienstleistungen generiert, deren Wesen auf eine zweite Eigenschaft hinweist.

Diese zweite Eigenschaft bezieht sich auf den identitätsbezogenen Durchbruch, den die heutige Art von Innovation mit sich bringt. Tatsächlich verursacht eine „starke“ Innovation immer wieder Identitätskrisen in Bezug auf Güter und Dienstleistungen in zahlreichen Gebieten (Le Masson, Hatchuel und Weil, 2006). Die Identität eines gegebenen Gegenstands entspricht den von Benutzern, Distributoren und Fachleuten allgemein anerkannten Charakteristika.

Eine Flasche, eine Bank, ein Auto oder ein Hotel besitzen spezifische Eigenschaften, die wir gut kennen und die es uns erlauben, solche Objekte sofort zu identifizieren, wenn wir sie sehen. Dennoch ist ihr Wesen keineswegs definitiv, denn Identitäten verändern sich, mitunter bis zur Unkenntlichkeit. Die traditionelle Konkurrenz bestand im Innovieren nach parametrischen Leistungen: schneller, billiger, kleiner, sicherer, was einer Verbesserung des Produkts im Rahmen seiner vorgegebenen Identität entsprach. Die Identität der Objekte verändert sich jedoch in vielen Bereichen ständig unter dem Druck evolutiver Technologien, neuer sozialer Wertvorstellungen, anderer gesetzlicher Regelungen und „Low cost“ Konkurrenten. Das Zubehör unserer neuen Mobilität bietet gute Beispiele für die Instabilität der Objektidentität. Nach dem Telefon und dem Mobiltelefon hat die Informatik den Fotoapparat kolonisiert, der sich seinerseits in das Mobiltelefon integrierte.

Ähnlich erging es der Uhr. Sie war seit dem 16. Jahrhundert ein tragbares Instrument, wurde allerdings vor kurzem zur tragbaren Bibliothek. Was ist heute die Funktion einer Uhr, eines Mobiltelefons, eines Fernsehgeräts? Wo liegt die Grenze zwischen Nahrungsmittel und Medikament? Ist eine Gratiszeitung noch eine Zeitung? Ist der „Cirque du Soleil“ noch ein Zirkus? Ist das Pariser Leih-Rad „Vélib“ noch ein Fahrrad? Ist eine Swatch noch eine Uhr, wie wir sie kannten? Wer würde auf dem Wasser Drachen steigen lassen, wenn er doch „genau“ weiss, dass mit Drachen auf dem Festland gespielt wird? Das Kitesurfing kombiniert nun die Identität des Surfbretts mit derjenigen des Drachens. Das 2007 lancierte iPhone verwandelte auf einen Schlag die Identität des Mobiltelefons. Ist es noch ein Telefon oder eine Zeitung, eine Bank, eine Jukebox, ein Boarding Pass, eine Enzyklopädie? Die Smartphones sind nicht mehr nur Objekte, mit denen man beim Gehen, Fahren oder Fliegen telefonieren kann. Sie dienen als multifunktionelle und multimodale Apparate, deren Einsatzspektrum sich ihre Fabrikanten und Markenvertreter gar nicht mehr vorstellen können. Dazu müssen sie sich auf unabhängige Entwickler stützen, die man über Plattformen und Konzeptregeln koordiniert, um unzählige neue Anwendungen zu schaffen.

Jedermann weiss heute, was ein Auto oder eine Uhr, ein Stuhl, ein Telefon ist. Doch längst arbeiten ganze Teams von Entwicklern an der Neudefinition von deren Identitäten. Wie sollen derartige innovative Entwicklungen verwaltet und gesteuert werden? Wie soll die Identität der Objekte neu definiert werden? Eine solche Neudefinition ist weder ein Wunder noch zufallsbedingt: die Entwicklung von Innovationen hängt von der Fähigkeit der Unternehmen ab, für die Produkte, Dienstleistungen und Verfahren, die uns umgeben (resp. umgeben werden), Eigenschaften zu finden, die bisher unbekannt waren (Le Masson, Weil und Hatchuel, 2010). Allerdings verfügen nur wenige Unternehmen über entsprechende Fähigkeiten, denn ihre wissenschaftliche, technische und managementbezogene Kultur war bisher auf die Verbesserung, nicht auf die Umwandlung der Identität von Objekten ausgerichtet.

Schliesslich zeichnet sich Innovation heute durch eine kollektive und offene Charakteristik aus. Innovationen werden nicht mehr im Alleingang oder von einer Taskforce entwickelt, sondern im Rahmen grosser kollektiver Systeme sich gegenseitig konkurrierender Unternehmen (bei den Halbleitern z. B. ITRS – International Technology Roadmap for Semiconductors) oder von Kunden und Lieferanten (Maniak und Midler, 2008) oder von Endkunden und Unternehmen. Die „offene Innovation“ hat sich in den letzten Jahren weitestgehend etabliert, was diese Trends noch mehr verstärkt. IBM ist etwa der weltweit grösste Besitzer von biotechnologisch orientierten Patenten. Die Autoindustrie und die Fernmeldegesellschaften kooperieren im Bereich der fahrbaren Telematiksysteme, während gewisse Unternehmen sogar den Beruf des „Knowledge Brokers“ erfunden haben (Hargadon, 2002), um traditionell getrennte Disziplinen zusammenzubringen. Die Mobilität des Wissens ist im Lauf der letzten Dekaden markant gestiegen. Diese Entwicklung manifestiert sich insbesondere in Open-Source-Software, die das Resultat der Arbeit von Tausenden von Programmierern auf einer gemeinsamen globalen Plattform repräsentiert.

Seit den Manufakturen des 17. Jahrhunderts haben sich die Unternehmen viele Male neu erfunden. In Anbetracht der oben erwähnten Herausforderungen müssen Organisationen, Denkmodelle, Leistungskriterien und Geschäftsmodelle ermittelt werden, die Teams erlauben, Objekte mit neu definierter Identität zu kreieren und gewinnbringend zu vermarkten.

1.3. Vom Begriff der Innovation zum innovativen Handeln

Eine Innovation ist zugleich das Ergebnis innovativer Tätigkeit, und die Tätigkeit selbst. Im vorliegenden Buch positionieren wir uns entschlossen auf der Seite der Tätigkeit: d. h., der gerade entstehenden Innovation.

Die Innovation ist ein neues Mittel, um (im weitesten Sinn des Wortes) Mehrwert zu schaffen – für Kunden, Benutzer, für die innovationsschaffende Organisation oder ganz allgemein für die Gesellschaft. Die traditionellen Definitionen entstammen den industriebezogenen Bereichen der Wirtschaft und akzentuieren die Invention, die Innovation und die Diffusion (vgl. untenstehender Kasten).

Die klassischen Definitionen der Innovation

Die **Invention** bzw. die Erfindung besteht im Ausdenken und Verwirklichen neuer technischer Verfahren, Güter oder Dienstleistungen.

Die **Innovation** ist eine Erfindung, die bis zum Produkt oder zur Dienstleistung weiterentwickelt wurde. Sie wird auf einem gegebenen Markt genutzt oder innerhalb der Gesellschaft verbreitet. Die Innovation sozialisiert demnach die Erfindung.

Die **Diffusion** ist ein Vorgang, der die Akzeptanz einer Innovation dokumentiert. Sie setzt die Überzeugung eines signifikanten Teils der Bevölkerung voraus. Viele Erfindungen werden nie zu Innovationen, weil sie nicht verbreitet werden, unnötig, bzw. den Bedürfnissen schlecht angepasst sind oder weil sie den Markt schlicht nicht erreichen (kein umsetzbares Geschäftsmodell, Eingangshindernisse, mangelnde Ressourcen).

Nach diesen traditionellen Definitionen steht die Invention am Anfang, aus ihr kann eine Innovation hervorgehen. Demzufolge ist die Innovation ein Ergebnis, das feststellbar, beobachtbar und messbar ist. Dank dieser Definitionen sind Innovationen zählbar: Es „muss aber möglich sein, sich auf bestimmte Regeln abzustützen um das Neue oder Verbesserte sowohl dem Verkäufer als auch dem Käufer verständlich zu machen" (Manuel d'Oslo, 2005, S. 10). Diese Definition der Innovation ist vor allem für Wirtschaftswissenschafter praktisch, die sich für die auf dem Markt befindlichen Innovationen interessieren und daraus makroökonomische Statistiken ableiten. Die Innovation wird demzufolge ex post definiert, sie ist auf dem Markt, sie ist, was man als neu auf dem Markt konstatiert. Vorliegende Arbeit greift dem hingegen vor: Es geht nicht um die bereits auf dem Markt befindlichen Innovationen, sondern vielmehr um die Parameter, die einer Innovation ermöglichen, auf dem Markt zu bestehen. Wir interessieren uns folglich für die Personen und Organisationen, die Innovationen produzieren. Anders gesagt: Wir beschäftigen uns im Folgenden mit dem eigentlichen Innovationsprozess, mit der innovativen Tätigkeit, nicht mit der Nutzung eines innovativen Angebots. Selbstverständlich müssen bei der zu einem guten Ende geführten innovativen Tätigkeit spätere Schwierigkeiten berücksichtigt werden. Um die Tätigkeit der „Innovation Factory“ zu kennzeichnen, verwenden wir hier bewusst nicht den Begriff der Erfindung, welcher oft mit dem Stand der Technik korreliert. Tatsächlich integriert Innovation zahlreiche weitere Dimensionen, u. a. den Businessplan und das Design. In der Folge werden wir den Begriff „innovative Kreation“ benutzen. Damit wollen wir die kreativen Prozesse analysieren, die in innovativen Erfolgen enden. Die Untersuchung der innovativen Kreation hat seit über fünfzehn Jahren ausgesprochen wertvolle Ergebnisse gezeitigt. Wir wenden analytische Verfahren an, die sich aus diesen Forschungsarbeiten deduzieren lassen (vgl. die C-K-Theorie).

1.4. Unternehmer und Akademiker

Wie erwähnt, vereinigt vorliegendes Buch die Ideen eines Innovators (dessen ursprüngliches Projekt die Swatch war) und eines Akademikers, der „im Feld“ forschte und forscht (und daraus ein neues Modell der innovativen Tätigkeit ableitet). Rezepte, die genau angeben, wie eine Innovation aufgrund verwendeter Tools erfolgreich sein kann, werden jedoch nicht gegeben; ebenso wenig werden einfach Success-Stories ohne profundere Analyse rapportiert. Wir nehmen vielmehr einen theoretischen Ansatz in Anspruch, und zwar nicht aus blosser Freude an der akademischen Übung, sondern weil ein strenger analytischer Rahmen zur Untersuchung der hier behandelten Fragen unentbehrlich ist. Um die durchbruchartige Innovation phänomenologisch zu verstehen und in die Praxis umzusetzen, sind neue theoretische Tools erforderlich. Die Fragen, mit denen sich unser Buch befasst, sind ohne Verquickung der berufsbezogenen und der akademischen Welt nicht ernsthaft anzugehen.

Der von uns bevorzugte analytische Rahmen, die sog. C-K-Theorie (C für Concept (Konzept), K für Knowledge (Wissen), Abkürzung der englischen Begriffe), wird in Kapitel 3 eingehend erläutert. Die Theorie beschreibt, wie neuartige Objekte geschaffen werden, die mit bekannten Identitäten brechen. Dabei muss es sich nicht notwendigerweise um sehr kostspielige und komplexe technische Innovationen handeln (Die C-K-Theorie ist selbst ein erst vor kurzem verwirklichter, sehr innovativer Durchbruch). In der Hauptsache handelt es vor allem um eine praxisbezogene Theorie, die erlaubt, das Denkmuster einer Innovation zu strukturieren und die kollektive Arbeit der innovativen Schöpfung zu organisieren: Wie soll man in unbekannten Bereichen etwas Neues erschaffen? Wie kann man Innovationen verwirklichen, wenn man nicht einmal weiss, was man erfinden sollte? Die C-K-Theorie definiert und liefert eine klare Wegleitung zu innovativer Kreation.

Weshalb wählen wir aber die C-K-Theorie, wo doch bereits unzählige Tools und Theorien der Innovation und der Kreation existieren? Wir ziehen einen hochgradig integrierenden, analytischen Rahmen vor. Zudem trafen sich die Autoren dank der C-K-Theorie überhaupt erst: Im Dezember 2009 bot sich Gilles Garel die Gelegenheit, diesen theoretischen Rahmen Elmar Mock bei Creaholic in Biel zu präsentieren. Die C-K-Theorie beschreibt präzise die innovativen Projekte des Unternehmens und beleuchtet mithin nachträglich mehr als zwanzig Jahre Praxis der innovativen Kreation. „Dieser Forscher erklärt uns, wie wir schon lange vorgehen“, meinte Mock. Wie Monsieur Jourdain (der in Molières Komödie „Le Bourgeois Gentilhomme“ ohne es zu wissen Prosa geschrieben hatte) praktizierte Creaholic die C-K-Theorie nämlich, ohne sie zu kennen …

Eigentlich soll eine Führungstheorie die praktische Anwendung unterstützen, indem sie den „Machern" aufzeigt, dass sinnvoll ist, was sie tun, obwohl sie öfters nicht genau erklären können, wie sie tatsächlich vorgehen. Forscher und Praktiker können sich auf dem gemeinsamen Nenner der praxisbezogenen Theorie finden.

Die Begegnung eines „im Feld" arbeitenden Forschers und eines Praktikers, der sich ständig Fragen stellt, ist mit Fug und Recht als eine Win-Win-Situation zu beurteilen. Der Theoretiker erweitert einerseits seine Datenbasis, indem er den theoretischen Rahmen bestätigt – oder auch nicht. Der Praktiker andererseits findet allgemeingültige Werte in seiner Vorgehensweise, in seinen innovativen und einzigartigen Methodologien. Gemeinsam sehen sie sich in der Lage, neue praxisbezogene Theorien zu entwickeln. Creaholic ist eine hochinnovative KMU und sucht seinen wichtigen Industriekunden gegenüber grössere methodologische Glaubwürdigkeit zu gewinnen. Es steht zu klären, welche Methodologie die innovative Firma ihrer Arbeit zugrunde legt, in welchem Referenzrahmen sie sich bewegt. Aber auf was für eine Methodologie, auf was für einen Referenzrahmen kann sich ein innovatives Unternehmen berufen? Mit Sicherheit nicht auf die etablierten Tools der Weiterentwicklung. Doch indem es eine strenge analytische Basis ihrer Arbeit festlegt, kann das innovative Unternehmen nicht nur seine Arbeitsweise, seine Urteilskraft und seine Mentalität verständlich formulieren. Es bricht damit zudem aus der Manager-Mythologie aus, mit den „jungen, ungekämmten Bartträgern" oder den „Erfindern in der Garage" (Godelier, 2009). Anders formuliert, professionalisiert der Einsatz der Theorie das Image des Unternehmens.

Unser Buch hat keine akademischen Ambitionen; es ist trotzdem seriös und erläutert konkrete Fallgeschichten. Es kann von Innovatoren und innovativen Organisationen in die Praxis umgesetzt werden, räumt mit der Selbstbeweihräucherung von Managern in Bezug auf Innovationen auf und desavouiert letztlich einige immer wieder vorgebrachte Schnellschüsse in Bezug auf den Erfolg der „Innovation Factory": Zufall, ein charismatischer Gründer, Visionen, Mut, Hartnäckigkeit ... Solche „Motoren der Innovation", die in gewissen Medien und in vielen Ansprachen von Managern immer wieder vorgebracht werden, machen wir hier vergessen und ersetzen sie durch ein strengeres und besser fundiertes Konzept.

1.5. Innovationen gab es, gibt es und wird es auch künftig geben

Ähnlich wie eine süss-saure chinesische Suppe, möchte dieses Buch vieles zusammenführen: Konzept und Wissen, Fantasie und rationales Denken, ein wenig Verrücktheit und technisch-wissenschaftliche Strenge, Voraussage und Überraschung, Anarchie und Organisation, Blitz und Chaos einerseits, logisches Denken andererseits.

Im Weiteren werden zwei Argumentationslinien gezeichnet. Die erste ist chronologisch und untersucht die Geschichte von zwei Innovationen: die eine aus der Vergangenheit (die Swatch-Uhr), die andere wird während der Niederschrift dieser Zeilen gerade lanciert (die Smixin Innovation). Die zweite Argumentationslinie ist der Kontext der innovativen Kreation, der das ganze Buch strukturiert. Kapitel 2 behandelt überwiegend unbekannte Aspekte des Swatch-Konzeptes. „Swatch" ist zwar eine weltweit namhafte und profitable Marke, indessen ist die Entwicklungsgeschichte dieser Uhr lange im Dunklen geblieben. Die Rolle, die Elmar Mock diesbezüglich spielte, und die Erschliessung bisher nicht publizierter Dokumente lassen die Geschichte und die Grundprinzipien einer innovativen Kreation rekonstruieren. Hieraus wiederum ist viel zu lernen.

Die C-K-Theorie wird von nun an angewandt, um den Innovationsprozess im Fall Swatch zu rekonstruieren. Im dritten Kapitel wird die C-K-Theorie detailliert diskutiert. Ebenda werden ihre Terminologie und ihre innere Stringenz darüber hinaus anhand von Beispielen präzisiert. Im vierten Kapitel wird die Biographie des innovativen Erfinders chronologisch weitergeführt. Nachdem er bei der Entwicklung der Swatch eine so wichtige Rolle gespielt hat, erlebt er eine depressive Phase, den „post-innovativen Blues". Die Firma ETA, wo die Swatch produziert wird, hat sich verändert, für seine Kreativität findet Mock keine Einsatzmöglichkeiten mehr. Er kündigt seine Stelle und gründet ein eigenes Unternehmen. Diese Entwicklung ist eine gute Gelegenheit, um eine „molekulare Metapher" der Innovation einzubringen. Diese erläutert drei verschiedene Geisteszustände und fördert die inneren Konflikte und Frustrationen des Innovators zutage, in einer Welt, die ihn nicht versteht.

Anhand dieser Metapher wird klar, warum es derart schwierig ist, fundamentale Innovationen zu finden. Sie hilft aber auch, besser zu verstehen, wie es dazu kommen kann. Schliesslich wird die Analyse in Kapitel 5 für den Fall der Smixin genannten Innovation weitergeführt. Das System Smixin reduziert den Wasserkonsum beim Händewaschen um den Faktor 10. Für das derzeit laufende Projekt wurde eine effiziente Lösung gefunden, die einfach zu verstehen ist. Die Innovatoren haben nicht den existierenden Wasserhahn verbessert, was die Strategie traditioneller Fabrikanten gewesen wäre. Vielmehr haben sie das physikalische, funktionelle und sensorische Verhältnis zwischen Wasser, Luft und Seife fundamental verändert. Noch erschweren freilich zahlreiche Barrieren dieser Innovation den Eintritt in den Markt.

Auf der Basis dieser zwei Geschichten innovativer Konzepte wird eine allgemeinverständliche Theorie erarbeitet, die sich von den gängigen Theorien der Konzeptfindung und Entwicklung abgrenzt.

2
Die wenig bekannte Seite der Geschichte der Swatch

Die Swatch ist eine Quarzuhr mit Zeigern (d. h., mit analoger Anzeige). Ihr Gehäuse besteht aus verschweisstem Kunststoff und weist eine sehr einfache Form auf. Die Uhr ist robust, ihre Produktionskosten sind sehr niedrig, während sie die Qualität und Dauerhaftigkeit einer traditionellen Schweizer Uhr aufweist. Eine unendliche Variation von Grafik, Motiven und Farben lässt sie zum künstlerischen und emotionalen Objekt werden, ohne dass ihre Funktionalität damit beeinträchtigt wäre. Aufgrund ihres Designs wurde sie zum modischen Accessoire mit ständig erneuerten Kollektionen, für gewisse Leute mutierte sie zu einem begehrten Kunst- und Sammelobjekt. Auf dem Schweizer Markt erschienen die ersten Swatch-Uhren am 1. März 1983. Heute ist „Swatch" eine der wichtigsten und weltweit bekanntesten Konsumgütermarken. Seit ihrer Lancierung wurden etwa 550 Millionen Stück verkauft. Vor der Swatch schien es unmöglich, eine analog anzeigende Schweizer Qualitätsuhr zu einem Verkaufspreis von 50 CHF zu bauen – notabene mit einer komfortablen Profitmarge.

Die Geschichte der Swatch ist derart gut bekannt, dass es müssig scheint, erneut darauf einzugehen. Allerdings liegen Welten zwischen der offiziellen, von der Swatch Group seit Mitte der 1980er Jahre propagierten Geschichte einerseits, und den wahren Begebenheiten andererseits. Die offizielle Version wurde aus naheliegenden Gründen sowohl von den Managern als auch von einem grossen Teil der Medien akzeptiert. Deswegen blieb die eigentliche Entwicklungsgeschichte der Swatch lange unbekannt, obwohl sie betreffend der zu Durchbrüchen führenden Lernkurve von grösstem Interesse ist.

Nichtsdestoweniger wollen wir in besagtem Kontext einige Aspekte darlegen. Wie wurde die Swatch erfunden? Wie entstand das ursprüngliche Konzept? Wie wurden das technische Objekt sowie der zugehörige Fabrikationsprozess für Gross-Serien entwickelt[1]? Welche Grundprinzipien können aus dem Swatch-Konzept für Innovationen ganz allgemein abgeleitet werden?

Im Folgenden rekapitulieren wir die wichtigsten Etappen der Entwicklung der Swatch zwischen 1980 und 1983, von der ersten Formulierung des Konzepts bis zur Markteinführung: Unter der Leitung von Ernst Thomke entwickelten die beiden Westschweizer Ingenieure Elmar Mock und Jacques Muller die Swatch; entsprechende Patente und Publikationen tragen ihren Namen. Am 16. September 2010 wurde Mock und Muller der prestigeträchtige Gaïa-Preis in der Kategorie Handwerk und Kreation verliehen. Mit diesem „Nobelpreis" der Schweizer Uhr wurden sie für die Erfindung der Swatch geehrt[2].

1 Der Begriff Prozess wird hier für den eigentlichen Produktions- oder Fabrikationsprozess verwendet, gemäss der in der Industrie üblichen Terminologie.

2 Die vorsichtig formulierte Pressemitteilung spricht von „Erfindern neuer technischer Prozesse, wie sie in den Konzept-Patentschriften der Original-Swatch-Uhr beschrieben sind".

Im Gegensatz zu einer weit verbreiteten Legende wurde die berühmte Uhr nämlich nicht von Nicolas Hayek erfunden. Er kam ins Unternehmen, als die Swatch schon seit über zwei Jahren existierte (Wegelin, 2009). Am Ende dieses Kapitels kommen wir auf die Frage der Innovations-Vaterschaft zurück.

Es ist nicht unsere Absicht, hier irgendjemanden zu rehabilitieren, irgendjemanden anzuschwärzen oder die Geschichte neu zu schreiben. Wir sind nicht Historiker und besassen nur lückenhaften Zugang zum vorhandenen Archivmaterial. „Wenn ich mich schon entschlossen habe, die Vergangenheit aufzurollen, so war es weder als Historiker noch als Besserwisser, sondern als Erzähler von spannenden Stunden, die ich mit dem Leser teilen möchte. So hoffe ich, das Verständnis der subtilen und vielseitigen Elemente zu vertiefen, die zur Entfaltung und Verwirklichung einer Innovation führen", meint Elmar Mock. Aufgrund der vorliegenden nachträglichen Konzeptanalyse der Swatch hoffen wir, neue Schlüsse ziehen zu können. Sie dürften sich erheblich von jenen unterscheiden, die aus der blossen Analyse des Erfolgs hervorgingen, nachdem die Uhr auf den Markt gebracht worden war. Wir möchten aus diesem Praxisfall möglichst viel lernen, um die Innovationsfähigkeit grundsätzlich zu verbessern. Die Lehren, die aus dem Swatch-Konzept zu ziehen sind, sind unserer Ansicht nach keineswegs veraltet. Sie sind allerdings nicht bekannt bzw. werden falsch verstanden.

Die Marketing-Saga der Swatch wäre zum einen ohne die innovative Leistung der Ingenieure nicht möglich gewesen. Zum anderen hätte die Uhr ohne ein neuartiges Konzept und ein äusserst originelles Design niemals einen derartigen Erfolg gehabt. Wir nähern uns dem innovativen Konzept iterativ aufgrund der klar definierten und kontinuierlichen Wechselwirkungen zwischen Konzept und Wissen – sowohl der Ingenieure als auch der Marketing-Fachleute. Drei Jahrzehnte nach ihrer Lancierung wird nach wie vor (fast) dieselbe Uhr produziert. Dies ist für ein elektronisches Konsumgut äusserst ungewöhnlich.

Ende der 1970er Jahre steckte die Schweizer Uhrenindustrie in einer beispiellosen existenziellen Krise. Das Swatch-Projekt sollte sich als potente Antwort auf diese Krise erweisen, wie ihre wichtigsten Entwicklungsphasen zeigen. Wir kommen auf die technischen und funktionellen Aspekte des Swatch-Konzeptes zurück, zuerst auf der Basis chronologischer Abläufe, hernach als analytische Anwendung der C-K-Theorie.

2.1. Die grosse Uhrenkrise Ende der 1970er Jahre oder wenn Manager keine Unternehmer mehr sind

„An den internationalen Ausstellungen Mitte des 20. Jahrhunderts brilliert die Schweizer Uhrenindustrie mit einer unverschämt hohen Qualität im Vergleich zu ihren europäischen und amerikanischen Konkurrenten" (Donzé, 2009, S. 30). Nach dem Zweiten Weltkrieg sind 90 Prozent der weltweit produzierten Uhren „Swiss Made", bis 1970 verharrt dieser Anteil auf 85 Prozent. Doch in den folgenden zehn Jahren schrumpft der Marktanteil dramatisch: 1980 sind es noch 22 Prozent, 1983 wird der absolute Tiefpunkt mit 15 Prozent erreicht. Asiatische Konkurrenten, vorwiegend Japaner, schneiden sich mit preiswerten, qualitativ hochwertigen Quarzuhren grosse Stücke des Kuchens ab. Zudem beschränkt sich die Krise nicht auf die Uhrenindustrie; sie tangiert ebenso Energie, Finanzen und das Sozialleben. Bisher blühende Schweizer Industriesektoren sind 1980 akut vom Kollaps bedroht. Weltweit setzen sich japanische Unternehmen im Elektronikbereich ganz generell durch, insbesondere bei Kameras und Hi-Fi-Geräten.

2.1.1. Die Uhrenbarone sind in obsolete Geschäftsmodelle verstrickt

Anfang der 1980er Jahre scheint die Schweizer Uhrenindustrie am Ende zu sein. Der offensichtliche Zusammenbruch löst bei den Industriekapitänen zumindest anfänglich keine Reaktion aus. Man bleibt von der eigenen technischen Überlegenheit vollständig überzeugt, denn eine „richtige" Uhr kann ja nur mechanisch sein. Die Meinung, dass „Quarzuhren mit analoger oder digitaler Anzeige, hässliche Bastarde sind, die gar nicht zur vornehmen Familie echter Uhren gehören", ist in der heimischen Industrie weit verbreitet. Man wiegt sich in Sicherheit und ist überzeugt, die vornehme Kunst der Uhrmacherei vollständig zu beherrschen. Die entsprechenden Konzepte sind genetisch und genealogisch gefestigt. „Wir wissen genau, wie Uhren gebaut werden müssen, wir sind die Besten." Chronometrie-Wettbewerbe, die uhrmacherische Präzision prämieren, sind der Stolz der Nation. Ein ausländischer Uhrmacher hat in der Schweiz keine Chance, denn die Feinheiten des Know-hows werden von Vater zu Sohn übertragen. „Ich bin der Chef, mein Sohn wird Chef sein, der Sohn meines Sohnes wird Chef sein. Man wird zum Chef geboren. Im Übrigen wissen wir Schweizer genau, wie unsere Industrie aufzubauen ist."

Ende der 1970er Jahre, gewissermassen in der pränatalen Phase der Swatch, kann die Schweizer Uhrenindustrie auf eine mehrhundertjährige, von exzellenten Leistungen geprägte Geschichte zurückblicken. Sie hat schwerste Krisen dank Kartellbildung überlebt (vgl. Kasten).

Die Kartellbildung der Schweizer Uhrenindustrie

Man muss nicht unbedingt bis zu Jean Calvin zurückgehen, um die Entstehung und Entwicklung der Schweizer Uhrenindustrie zu verstehen. Nichtsdestotrotz war es Calvin, der Devotionalien, Tand und Schmuck verbot und so die Genfer Goldschmiede zwang, in nützliche Objekte zu diversifizieren, z. B. in Uhren. Ein viel späterer wichtiger Markstein war der Erste Weltkrieg, der zu einer schweren Wirtschaftskrise führte, an der die Uhrenindustrie schwer zu leiden hatte. Um die protektionistischen Zölle der USA (einer der damals wichtigsten Märkte) zu umgehen, wurde die Uhrenindustrie vollständig neu als Kartell organisiert. Das Uhrenkartell umfasste landesweit sämtliche Produzenten von Uhren und Uhrenbestandteilen. Ziel war die Durchsetzung eines Systems von Minimalpreisen und die Eliminierung der „Chablonnage"[3]. Die Weltwirtschaftskrise der 1930er Jahre führte vor allem aufgrund von zwei Entscheiden zu einer weiteren Verstärkung des Kartells: Erstens wurde 1931 die ASUAG-Holding gegründet, die im Sinne einer industriellen Konzentration zahlreiche kleinere Unternehmen

3 Unter „Chablonnage" versteht man den Export von Uhren in der Form einzelner Bestandteile (komplette Uhrwerke bzw. Teile davon), die erst im Zielland zu Fertiguhren zusammengesetzt werden. Auf diese Weise vermied man die hohe Zollbelastung von Fertiguhren, denn Chablons wurden als Ersatzteile deklariert, für die viel niedrigere Zolltarife galten. Doch die Schweizer Manufakturen fürchteten, dass ihr Know-how von den ausländischen Assembleuren übernommen werden könnte, was längerfristig zum Erscheinen neuer Konkurrenten geführt hätte.

aufkaufte und anschliessend liquidierte. Zudem intervenierte die Schweizerische Eidgenossenschaft 1931 im Rahmen einer einmaligen und aussergewöhnlichen Aktion mittels des Erwerbs eines bedeutenden ASUAG-Aktienpakets, um Arbeitsplätze zu erhalten und die Gläubigerbanken zu stützen. In den 1970er Jahren waren ASUAG und SSIH die beiden grössten Unternehmen im Uhrenkartell. ASUAG umfasste die wichtigsten Uhrwerksproduzenten als Mitglieder der prestigeträchtigen Ebauches SA[4] sowie gut etablierte Marken wie Longines und Rado. Die 1930 entstandene SSIH besass die Marken Omega, Tissot und Lanco[5]. ASUAG und SSIH entwickelten und produzierten beide hochwertige Uhrenbestandteile und Fertiguhren. Das Kartell leistete auch einen wichtigen Beitrag zur Annäherung der privaten und öffentlichen Interessen. Einerseits ging es darum, zahlreiche Familienunternehmen zu retten, die zu den wichtigen Gliedern der Wertschöpfungskette der Uhrenindustrie gehörten, andererseits mussten Arbeitsplätze im ganzen Jurabogen erhalten werden. Das Kartell trug auch wesentlich zur Gesundung einer ursprünglich äusserst fragmentierten Industrie bei, die ungünstigen Konjunkturbedingungen zum Opfer gefallen waren war (Koller, 2003).

2.1.2. Präzision ist kein Qualitätsmerkmal mehr

Bei der Entwicklung von Flüssigkristallanzeigen und Quarzarmbanduhren war die Schweiz an vorderster Front dabei. Doch asiatischen Ländern (zur Hauptsache Japan, Hongkong, Südkorea und Taiwan) gelang es in den 1970er Jahren, mit den neuen Technologien preiswerte Produkte zu kreieren. Mit ihren analog und digital anzeigenden Uhren überschwemmten diese Länder den Weltmarkt und verdrängten die billigen, aber ungenauen mechanischen Schweizeruhren der Roskopftyps.

Fortan konnte wahrlich jedermann genau gehende Uhren produzieren. Dazu waren keine Uhrmacher mehr erforderlich. Die uhrmacherische Kunst hatte ausgedient. Das war ein Umsturz, ein Paradigmenwechsel: Die genaue Zeit hing plötzlich nicht mehr von Arbeitsqualität und Preis ab. Die präzise und zuverlässig laufende Uhr wurde generell erschwinglich. Diese Revolution hinterliess die Schweizer als grosse Verlierer. Jede Art von Unternehmen konnte nunmehr für sehr wenig Geld Quarzwerke einkaufen, sie einschalen lassen und weltweit unter eigenen Marken lancieren. Die ASUAG, einst führend in der Entwicklung und Produktion hochwertiger mechanischer Uhrwerke, verlor damit ihre Daseinsberechtigung!

Die sogenannte Quarzkrise hatte katastrophale Auswirkungen auf den Arbeitsmarkt: zwischen 1970 und 1980 wurden in der Schweizer Uhrenindustrie zwei Drittel der Arbeitsplätze gestrichen: die Zahl der Mitarbeiter sank von 90000 auf etwa 30000. Anfang der 1970er Jahre wurden weltweit 300 Millionen Uhren produziert, davon 80 Millionen in der Schweiz. In den folgenden Jahren verdrängte die Quarzelektronik die Mikromechanik fast vollständig: Die Schweizer

4 Ebauches SA oder ESA war eine sehr wichtige Gruppe von Rohwerkfabrikanten, die zur ASUAG gehörte. ESA wurde 1984 mit der ETA in Grenchen fusioniert, die dem neuen ASUAG-SSIH-Konzern zugeschlagen wurde. De facto übernahm ETA sämtliche bisher zur Ebauches Gruppe gehörenden Firmen.

5 Lanco war ein grosses Unternehmen, das in Solothurn preiswerte Uhren fabrizierte. Es wurde nach der Fusion von ASUAG mit SSIH geschlossen.

Uhrenindustrie wurde zum Museum für Luxusmarken. Eine Dekade später war die weltweite Uhrenproduktion auf 450 Millionen Stück gestiegen. Allein, nach dem Zusammenbruch der Roskopf-Industrie war die Schweiz auf dem Markt von Uhren in der Preiskategorie von weniger als 100 Dollar überhaupt nicht mehr vertreten, während sie 97 Prozent der Uhren in der Preiskategorie von über 350 Dollar produzierte (Moon, 2004). Ausländische Konkurrenten buhlten damals gar um die Übernahme der Marken Omega und Longines.

2.1.3. Der Hayek-Bericht und die rasche Konzentration im Uhrensektor

Um 1980 war die Schweizer Uhrenindustrie am Ende. Die Banken hatten die beiden Branchenriesen SSIH und ASUAG praktisch abgeschrieben. Die jährlich eingefahrenen Verluste waren verheerend und erreichten kumulativ nahezu eine halbe Milliarde Franken. Im Geschäftsjahr 1981–1982 verlor die ASUAG 150 Millionen Franken und war sehr stark verschuldet (Komar und Planche, 1995, S. 18). Von 1981 bis 1983 investierten die Schweizer Banken über 900 Millionen Franken in die beiden Konzerne (Donzé 2009, S. 171). Im Frühjahr 1982 gaben sie der unabhängigen Beraterfirma Hayek Engineering, die Nicolas Hayek zwanzig Jahre zuvor gegründet hatte, den Auftrag, ein Gutachten über die beiden Uhrenkonzerne zu erstellen. Im Oktober 1982 lag der berühmt gewordene Hayek-Bericht vor. Er schlug eine Reihe von Massnahmen vor, dank derer ASUAG und SSIH gute Überlebenschancen hätten und mittelfristig wieder profitabel werden könnten.

Die zwei wichtigsten Empfehlungen Hayeks, der sowohl die Banken als auch die Uhrenindustrie beriet, waren die Fusion von ASUAG und SSIH sowie die Lancierung einer preisgünstigen, aber qualitativ hochwertigen, gänzlich neuartigen Uhr. Die zweite Empfehlung sollte den Mythos von Hayek als „Vater der Swatch" begründen. Allerdings wurde die Swatch nach dreijährigen Entwicklungszeit bereits im Dezember 1982 in den USA lanciert. Um das Schlimmste abzuwenden, unterstützten die Banken und die Schweizerische Eidgenossenschaft die Fusion von ASUAG und SSIH und beauftragten Nicolas Hayek mit dem Vollzug der Fusion am 8. Dezember 1983. Die neue Gruppe hiess „ASUAG-SSIH"; ihre finanzielle Situation verbesserte sich ab 1984 zusehends, die Banken überliessen nun den Grossteil des in ihrem Besitz befindlichen Aktienkapitals einer Gruppe von Investoren unter der Leitung von N. Hayek. 1986 wurde die ASUAG-SSIH zu SMH (Société de Microtechnique et d'Horlogerie) umbenannt. Hayek kaufte ein weiteres Aktienpaket zu sehr günstigen Bedingungen und übernahm im gleichen Jahr die direkte Kontrolle des Unternehmens. Damit wurde er zugleich Herr über die Swatch sowie über eine ganze Reihe prestigeträchtiger Uhrenmarken.

Nach der Gründung der SMH integrierte ETA alle Unternehmen der Gruppe, die Uhrwerkbestandteile produzieren, also praktisch die gesamte frühere Ebauches SA. 1986 wird Hayek Präsident und Delegierter des Verwaltungsrats sowie gleichzeitig CEO der SMH.

Dr. Ernst Thomke, früherer Direktor der ETA, führt die SMH als Generaldirektor operativ (bis 1991). Sieben Jahre später wird der Konzern noch einmal umfirmiert und heisst seither Swatch Group.

Hayek gelang damit eine geradezu unglaubliche Konzentration in einer Industrie, die jahrhundertelang durch zahlreiche kleine, miteinander vernetzte Familienbetriebe geprägt war. Aus der Eliminierung dieser veralteten Struktur resultierte eine bemerkenswerte Erhöhung des Gewinns. Zudem wurde das Marketing globalisiert, mit einem weltweit einheitlichen Image jeder einzelnen Uhrenmarke der Gruppe.

2.2. Eine Innovation zur Krisenbekämpfung: Gegenangriff des Imperiums mit der Swatch

Die Swatch war kein geplantes Produkt. Sie war nicht das Ergebnis einer reichlich überlegten Innovationsstrategie, eines wohldurchdachten Plans oder einer genialen Vision. Die Geschichte der Swatch beginnt Ende 1979 bei ETA, einem Schlüsselunternehmen des Ebauches SA Kartells, das damals seinerseits von der ASUAG kontrolliert wurde. Alles begann mit der mehr oder minder zufälligen Begegnung von drei ETA-Mitarbeitern[6]: ein grosser Chef und zwei junge Ingenieure ganz unten auf der Karriereleiter. Eine derartige Begegnung war organisatorisch mitnichten vorgesehen (vgl. Kasten).

Die ursprünglichen Akteure des Swatch Projekts

Ernst Thomke wurde 1939 geboren. Nach einer Mechanikerlehre bei ETA in Grenchen studierte er Naturwissenschaften und Chemie an den Universitäten Bern und Lausanne. Seine Ausbildung führte er weiter mit einem Medizinstudium in Bern sowie mit Management- und Marketingkursen bei INSEAD in Fontainebleau. 1978, im Alter von 39 Jahren und nach einer ersten Industriekarriere, wird er nach Grenchen gebeten, um die damals schwer unter der Uhrenkrise leidende ETA zu sanieren. 1982 wird er in den Verwaltungsrat der ASUAG gewählt. Als Generaldirektor leitet er die SMH von 1984 bis 1991. Danach stellt er sich weiteren Herausforderungen in der Industrie (Pilatus Flugzeugwerke, Motor Columbus, Saurer, Bally und Metalor). Thomke ist heute einer der bekanntesten Schweizer Manager; insbesondere aufgrund seiner Entlassungspraktiken hat er den Ruf eines äusserst fairen aber sehr harten Chefs.

Elmar Mock wurde 1954 in La Chaux-de-Fonds geboren, wo sich u. a. das Internationale Uhrenmuseum befindet. Als Sohn eines Uhrmachers liess er sich in Biel zum Uhrmacher und Mikrotechnik-Ingenieur ausbilden. Obwohl ETA tief in der Krise steckte, wurde Mock dort 1976 angestellt – es war seine erste Arbeitsstelle. Unter den 16 neuen Ingenieuren seines Jahrgangs war er der einzige, der nach dem Diplom gleich eine Stelle fand. Bei ETA wurde Mock ein Jahr lang beurlaubt, um sich an der Fachhochschule in Windisch-Brugg zum Kunststoff-Ingenieur ausbilden zu lassen. Dies sollte in der Geschichte der Swatch eine nicht unbedeutende Rolle spielen.

6 Später in diesem Kapitel wird erläutert, wie Marketing und Design ab 1981 eine zunehmend wichtige Bedeutung im Swatch-Projekt erlangten. Dazu wurden neue Akteure benötigt. So wurde Franz Sprecher von Ernst Thomke zunächst als externer Berater zugezogen, aber bald wurde Ersterer zur dominierenden Kraft im Swatch-Marketing. Im September 1981 erfand er den Namen „Swatch". Bernard Muller und Maryse Schmidt (von Jacques Muller vorgeschlagen) schufen das definitive Design der Plastikuhr.

Jacques Muller wurde 1947 in Porrentruy (Pruntrut) geboren, und zwar im damaligen Frauenspital Hôtel-Dieu, das heute das jurassische Uhrenmuseum beherbergt. In Saint-Imier wurde er zum Mikrotechnik-Ingenieur ausgebildet und fand dann eine Stelle bei Ebauches Tavannes, einem auf Uhrwerke spezialisierten Unternehmen. Dort erwirbt er umfassende Kenntnisse in der Elektromechanik und Mikroelektronik der Uhr. Als Ebauches Tavannes 1978 schliessen muss, wechselt Jacques Muller zur ETA, wo er Elmar Mocks Kollege wird.

2.2.1. Der Kopf in den Rädern

„Jacques und ich haben bei mehreren Uhrwerk-Entwicklungsprojekten eng zusammengearbeitet, und es entstand zwischen uns eine Art Verschwörung. Wir unterhielten uns endlos über die Zukunft der Uhrmacherei und versuchten, uns die Uhr von morgen vorzustellen, obwohl uns niemand dazu beauftragt hatte." erinnert sich Elmar Mock. Im September/Oktober 1979 schickt die ETA Mock und Muller an die Universität Esslingen (Deutschland), um Kurse über das Sintern von Metallpulvern zu besuchen. Ihre Freizeit verbringen sie mit endlosen Diskussionen zum Thema der Produktion einer ausgesprochen preiswerten Uhr in sehr grossen Serien. Es war reine Kneipen-Blödelei, gleichwohl zeigte sich später, dass sie dabei die Grundprinzipien der künftigen Swatch erfanden. Die beiden Ingenieure agierten aus freien Stücken. Ihre eigentliche Aufgabe war die Verbesserung von ETA-Uhrwerken, sie waren also keineswegs von jemandem beauftragt, auf anderen Gebieten zu arbeiten.

Doch Elmar Mock hatte seinen Kopf stets in den kleinen Rädchen des Uhrwerks (la tête dans les rouages)[7]. Seine Leidenschaft war das Basteln von Mikromotoren und elektromechanischen Mechanismen. Beim Stellenantritt bei der ETA im Jahr 1976 gibt es für den jungen Mock wenig zu tun. Direktor Fritz Scholl macht ihn für eine Kunststoff-Spritzgussmaschine verantwortlich, die in Grenchen im Estrich versteckt war. Warum war das ein Geheimnis? Entsprechend den Regeln der Arbeitsteilung im Kartell durfte ETA ihre Platinen nur aus trocken verarbeitetem Messing herstellen, während die Fabrique d'Horlogerie de Fontainemelon (FHF) ihr Messing mit Öl schnitt. Ebauches Electroniques in Marin hatte man das Monopol für die Kunststoffverarbeitung gegeben, die Firma durfte kein Messing verwenden. Scholl ahnte jedoch, dass Kunststoff im Uhrensektor sehr wichtig werden könnte und wollte für das Experimentieren mit diesem Werkstoff nicht von Marin abhängig sein. Er kaufte deshalb eine Spritzgussmaschine und die zugehörigen Ausrüstungen, damit Mock „schwarz"[8] damit arbeiten konnte. So begann Mock seine berufliche Karriere mit der Verarbeitung von Kunststoff, obwohl er dazu überhaupt keine Ausbildung hatte. Der neue Werkstoff faszinierte ihn, frustrierte ihn aber auch, denn es fehlten ihm grundlegenden Kenntnisse. Die Direktion bewilligte ihm einen Urlaub von einem Jahr, um sich an der Fachhochschule Brugg-Windisch in der Deutschschweiz in zwei Semestern zum Kunststoff-Ingenieur

7 Libération 13/06/1995.

8 Unter „Schwarzarbeit" versteht man die Verwendung von Arbeitszeit und Maschinen durch einen Angestellten, zur Durchführung von Arbeit, für die er normalerweise nicht zuständig ist. Meistens werden damit persönliche Bedürfnisse befriedigt, was dem Arbeitgeber bekannt sein kann und von ihm geduldet wird. Im Fall von Elmar Mock war die „Schwarzarbeit" vom Unternehmen beauftragt. Der junge Ingenieur genoss dies, gab es ihm doch die Möglichkeit, seine Lust am Experimentieren auszuleben.

ausbilden zu lassen. Nach dem Diplom kehrte er zur ETA nach Grenchen zurück und entwickelte dort innovative Verfahren zum Einsatz von Kunststoff für die möglichst preiswerte Produktion von Uhrenbestandteilen. Ohne spezifischen Auftrag entwickelte er elektrisch isolierende Bestandteile, testete das Ultraschallschweissen und dachte intensiv über neue Anwendungsmöglichkeiten von Polymeren nach. Damit begann die Entwicklungsgeschichte der Swatch, ohne dass es Mock selbst oder sonst irgendjemand geahnt hätte.

2.2.2. Eine unwahrscheinliche Begegnung

Mit der Zeit wurden die technischen Grenzen der Mock zur Verfügung stehenden kleinen Spritzgussmaschine offensichtlich. Um ein breiteres Anwendungsgebiet erschliessen zu können, brauchte er eine viel bessere Maschine. „Eigentlich wollte ich spielen ... Dazu brauchte ich eine Präzisions-Spritzgussmaschine, eine Netstal, die damals eine halbe Million Schweizerfranken kostete. Es bestand keine objektive Rechtfertigung für diese Anschaffung." Ohne Auftrag seitens der ETA-Hierarchie und einfach, weil er sie haben will, bestellt Mock eine derartige Maschine der neuesten Generation. Weil es sich um eine grosse Investition handelt, landet das Gesuch auf dem Schreibtisch des damaligen ETA-Generaldirektors Ernst Thomke. Am 27. März 1980 um 11 Uhr wird Mock von Thomkes Sekretärin auf 13 Uhr zu einem Termin mit dem grossen Chef aufgeboten. „Oh Gott", denkt Mock, „es muss wegen der Maschine sein." Es bleiben ihm zwei Stunden, um überzeugende Argumente für den Kauf zu finden. Thomke würde ihn sicher entlassen, wenn ihm als Begründung nichts Besseres einfallen würde als schlicht die Befriedigung seines Spieltriebs. In aller Eile läuft Mock zu seinem Freund Jacques Muller und überfällt ihn richtiggehend in seinem Büro. Dies sollte sowohl ihr Leben als auch die Schweizer Uhrenindustrie nachhaltig verändern.

Die beiden Männer machen aus der Not eine Tugend und beschliessen, bei Thomke den Ankauf der Netstal-Maschine mit dem Entwurf einer extrem einfachen Quarzuhr mit Kunststoffgehäuse zu rechtfertigen. Dabei setzen sie Ideen ein, wie sie sie bereits an der Universität Esslingen bei ihren zahlreichen philosophisch-technischen Diskussionen ausgeheckt hatten. In weniger als zwei Stunden skizzieren Mock und Muller[9] auf Millimeterpapier eine Uhr, die man mit der Netstal-Maschine produzieren könnte. Einigermassen rein gezeichnet wird der rosa und blau kolorierte Querschnitt der Uhr. Es handelt sich um eine grob vereinfachte, fast etwas kindliche Zeichnung. „Der Zeitdruck zwang Jacques und mich, eine Konstruktion zu entwerfen, die bereits die wichtigsten Elemente der künftigen Swatch umfasste." Es war eine sog. Schnapsidee, eine technische Zusammenfassung von dem, was in ihrem Kopf herumschwirrte. Dennoch ist das grundlegende technische Konzept der künftigen Swatch geschaffen: Das Gehäuse aus einem Stück, ein angeschweisstes Uhrglas, ein von der Spule getrennt befestigter Motor. Die künftige Uhr wird „Vulgaris"[10] genannt (vgl. Schema).

Um 13 Uhr kommt Mock in Thomkes Büro an; seine Stelle und diejenige von Jacques Muller stehen auf dem Spiel. „Was ist das für eine Maschine?", fragt Thomke inquisitorisch „Wohl etwas

9 Mit dem Zeichenstift hantierte Jacques Muller.
10 Später wurde sie auf Popularis, dann Kaliber 500 und schliesslich Swatch umbenannt.

zum Spielen!?" Thomke war bei der ETA für seine scharfen Reaktionen berüchtigt. „Ich musste alles anhören, vom mangelnden Realismus über finanzielle Unbekümmertheit bis hin zu unterentwickelter innerer Reife. Ich war richtiggehend zusammengebrochen und schämte mich zutiefst", erinnert sich Elmar Mock. „Nachdem ich Thomke eine halbe Stunde lang als ‚Punching Ball' gedient hatte und er mich laut angeschrien hatte, fragte er schliesslich, was ich denn eigentlich mit der Maschine machen wolle?" Mock nimmt die „Kinderzeichnung" der Vulgaris aus seinem Mäppchen. „Man könnte solche Uhren produzieren!"

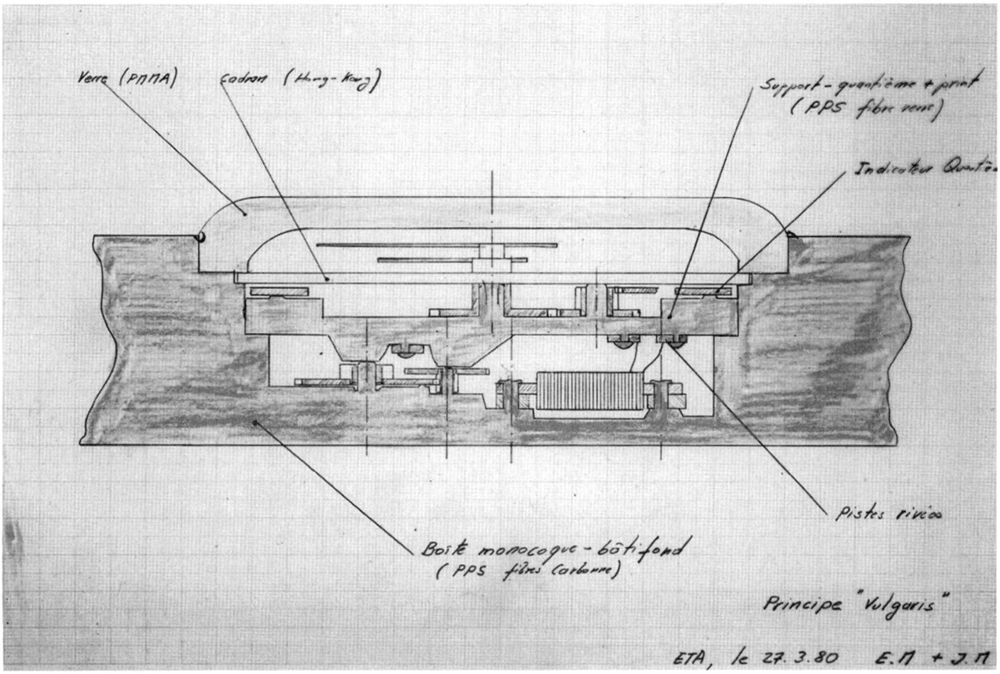

Die erste Zeichnung der Vulgaris Popularis,
der künftigen Swatch, von Elmar Mock und Jacques Muller
(27. März 1980)

Thomke reagiert augenblicklich: „Auf so etwas warte ich seit über einem Jahr! Kann ich das Papier behalten?" Mock und Muller wussten damals nicht, dass Thomke schon längst bei der Forschungs- und Entwicklungsabteilung der ETA ein Projekt für sehr preiswerte Quarzuhren in Auftrag gegeben hatte, doch es war nichts gekommen (vgl. Kasten „Swatch und Delirium"). Die Zeichnung betrachtend, begreift Thomke sofort die Bedeutung des Konzepts und der markant vereinfachten Architektur der Vulgaris. Schliesslich kennt er die Uhrenmechanik sehr gut, war dies doch seine erste Ausbildung. Aus der Zeichnung kann er die potenzielle Produkt- und Prozessinnovation herauslesen. Er ahnt, dass man damit einen Teil des verlorenen Marktanteils im unteren Preisbereich zurückerobern kann, denn dieserart hätte man eine glaubwürdige Alternative zu den asiatischen Elektronikuhren, ohne das verfügbare Angebot an Swiss-Made-Uhren zu konkurrenzieren.

2.3. Das Swatch Projekt fällt nicht vom Himmel

Ohne es zu wissen und jeder auf seiner Seite, arbeiteten die drei Männer an einem gemeinsamen Projekt. Thomke und seine Entourage von ETA-Managern dachten seit Ende 1979 an eine konkurrenzfähige Quarzuhr und lancierten solche Projekte auf den offiziellen Kanälen[11]. Andererseits ersannen Mock und Muller eine Kampfuhr für die Industrie, sie begannen, dafür technische Lösungswege abzuschätzen. Thomkes brennender Wunsch wurde vom Mock und Muller erarbeiteten Konzept erfüllt. Diese Begegnung des Chefs, der sucht, und der Ingenieure, die gerade anfangen, etwas zu finden, ist von ausschlaggebender Bedeutung. Thomke reagiert besonders schnell, weil er sich im Innovationsprozess bereits vorher engagierte, aber noch nichts Brauchbares gefunden hatte. Thomke schenkt Mock und Muller von Anfang an sein volles Vertrauen und unterstützt sie durch dick und dünn. Indem er ein hohes Risiko auf sich nimmt und die üblichen Manager-Konventionen ignoriert, ist Thomke der wahre Unternehmer der Swatch. Das Engagement eines gefürchteten Chefs und die industrielle Macht der ETA waren allerdings für das Zustandekommen der Swatch unabdingbar.

Swatch und Delirium: eine suspekte Verbindung

Mit der Delirium Tremens vergoldet sich die innovative Seite der Schweizer Uhrenindustrie, selbst wenn diese Uhr kein kommerzieller Erfolg wurde. Die Delirium war eine technische Herausforderung, der die ETA voll gerecht wurde: ETA brachte die flachste Uhr der Welt auf den Markt, die eine Höhe von weniger als zwei Millimeter aufwies. In der Folge empfahl P. Renggli, Präsident des ASUAG-Verwaltungsrats der ETA, eine preiswerte Uhr desselben Typs zu entwickeln, die in sehr grossen Serien produziert werden könnte (in diesem Sektor war die Schweiz nach dem Untergang der Roskopf-Industrie bekanntlich ja nicht mehr präsent). Es ging um das Überleben des Unternehmens. „Oft wurde behauptet, dass die Idee der Swatch von der Delirium Tremens abgeleitet wurde, der berühmten, aus Gold gefertigten, flachsten Uhr der Welt, die im Januar 1979 lanciert wurde (. . .). Infolgedessen hätte die Swatch im Prinzip eine Vorgeschichte. Im Lauf des Jahres 1979 versuchte die Direktion der ETA mehrere Male, das Konzept eines neuen Produkts zu definieren, das von der Delirium abgeleitet werden sollte. Diese Projekte liefen unter dem Codenamen Delirium Vulgaris. Man untersuchte diverse Lösungen mit Flüssigkristallanzeige oder Zeigeranzeige wie bei den Roskopf-Uhren, allein, nichts Überzeugendes ergab sich daraus."[12] Im Herbst 1979 verfasste Thomke in diesem Zusammenhang ein

---

11 Das Buch „Swatchissimo" (Carrera, 1991, S. 16ff.), auf das wir den Leser verweisen, schildert in allen Einzelheiten das Projekt „Delirium Vulgaris". Erwähnt sind darin auch die Sitzungen und Gespräche, die das Projekt veranlasste, insbesondere der damaligen ETA-Verantwortlichen A. Bally, A. Beyner, U. Giger und P. Renggli; Letzterer war Verwaltungsratspräsident der ASUAG.

12 Dieses Zitat findet man auf dem Internetportal Worldtempus (offizielle Homepage berühmter Uhrenmarken); es wird als Extrakt aus Swatchissimo von R. Carrera deklariert. Tatsächlich findet man es im gedruckten Werk nicht (vgl. http://www.worldtempus.com/fr/encyclopedie/index-encyclopedique/histoire-de-lhorogerie/le-phenomene-swatch/lextraordinaire-aventure-swatch/la-genese/).

einfaches, aber umfassendes Pflichtenheft für eine noch zu entwickelnde Uhr (vgl. weiter unten). Carrera (1991, S. 20) erinnert daran, dass die technische Direktion von Ebauches SA nie eine Anfrage erhielt, eine Delirium aus Kunststoff zu entwickeln. „Jedenfalls ist die Ähnlichkeit zwischen Delirium und Swatch vergleichbar mit der Ähnlichkeit zwischen einem Flugzeug und einem Goldfisch. Für beide ist ein aerodynamischer bzw. hydrodynamischer Rumpf unabdingbar" (Carrera, 1991, S. 17). Die Architektur der beiden Uhren ist jedoch grundverschieden, obwohl dies die Anhänger einer Verwandtschaft bestreiten. Die Swatch ist eine stark vereinfachte Neuerfindung der Quarzuhr, während die Delirium Tremens konventionelle Bestandteile an den Rand des Werks verschiebt, um die Uhr möglichst flach zu halten.

Nach der Sitzung mit Thomke kehrt Mock wie ein geschlagener Hund an seinen Arbeitsplatz zurück und erklärt Muller, dass die Sache denkbar schlecht gelaufen sei. Beide Ingenieure sind davon überzeugt, dass sie auf den nächsten, Ende Monat fälligen Entlassungsliste der ETA ständen. „Ich bin beschämt nach Hause gegangen und sagte mir immer wieder, dass wir einen ganz grossen Bock geschossen hätten", erinnert sich Mock. Am nächsten Tag sucht Urs Giger, technischer Direktor der ETA, die beiden als Humoristen geltenden Ingenieure auf. „Sie sind zu Herrn Thomke mit dieser idiotischen Zeichnung gegangen, die nicht einmal den Namen Zeichnung verdient, und die sich auf ein Projekt bezieht, das hier niemand kennt? Von dieser Sache war nie die Rede! Sie sind wohl übergeschnappt? Es gibt kein solches Projekt, keine Nummer, nichts! Sie wollen also spielen? Sie erhalten den Befehl, sämtliche Pläne für diese Uhr innerhalb von sechs Monaten abzuliefern". Thomkes Unterstützung ist garantiert, doch nur auf Zeit: Mock und Muller haben lediglich sechs Monate um zu beweisen, dass sie etwas können.

2.3.1. Die Uhr als beste Diversifikation der Uhrenindustrie

Das Projekt wird sofort angegangen, ohne Businessplan, ohne Pflichtenheft, ohne Amortisationsplan, ohne Preisstudie, ohne Untersuchung des Marktes, ohne Margenberechnung, ohne Berechnung der erforderlichen Investitionen, alles nur auf der Basis einer vagen Zeichnung. E. Thomke formulierte allerdings einige Orientierungskriterien (offener Raum) sowie einige Einschränkungen (geschlossener Raum) für die Konzeptfindung:

- Der Produktionspreis der neuen Uhr muss weniger als 10 CHF betragen. Es handelt sich um ein Kampfprodukt, um verlorenes Terrain zurückzugewinnen.
- Sie muss in der Schweiz in grossen Serien produziert werden können: Es handelt sich um eine Swiss-Made-Uhr.
- Wie funktioniert sie? Wie eine Uhr!
- Was für Zeiger werden verwendet? Wie bei einer Uhr!
- Wie wird sie gestellt? Wie eine Uhr!

Dieses „Pflichtenheft“ wurde schon vor dem Treffen von Mock mit Thomke erstellt. Es war die Reaktion auf die Lancierung der Delirium Tremens (vgl. vorhergehender Kasten). Weil Thomke bereits an eine neuartige Uhr gedacht hatte, verstand er sofort die Bedeutung des Vorschlags von Mock und Muller. Will man die Uhrenindustrie diversifizieren, produziert man am besten eine Uhr. Diese scheinbar banale Feststellung birgt in Wirklichkeit revolutionären Zündstoff. Die Schweizer Uhrenindustrie war mit der Verbesserung von dem beschäftigt, was sie am besten beherrschte: der vornehmen Kunst der Mechanik. Für Thomke war die beste Diversifikation der Uhrenindustrie die Produktion von Uhren. Aber sie mussten neue Eigenschaften aufweisen und sehr preiswert sein. Die revolutionären Eigenschaften mussten allerdings noch erdacht werden. Sie gehörten weder zum traditionell-asiatischen noch zum schweizerischen Know-how der Uhrenindustrie.

1980 kostete das billigste Quarzwerk 14 CHF. Der Produktionspreis der billigsten Uhr mit Gehäuse, Zifferblatt, Armband, Zeigern, Verpackung und Garantieschein lag bei 25 CHF. Um einen Fabrikationspreis von weniger als 10 CHF zu erreichen, d. h., eine Verbilligung um 60 Prozent, waren zwei Aspekte unabdingbar: Man durfte sich nicht an den Erfahrungen der Vergangenheit orientieren. Vielmehr musste die Uhr von Grund auf neu erfunden werden. Und natürlich musste man Risiken eingehen.

Die Herausforderungen des Produkt- und Produktionskonzepts der neuen Uhr waren für die ETA weitgehend neu, nicht zuletzt weil das Unternehmen nicht im Geschäft mit Fertiguhren war, sie weder entwickelte noch produzierte, noch distribuierte. Es ist daran zu erinnern, dass die ETA 1980 ein hochspezialisiertes Unternehmen war, das Uhrwerke und nicht Fertiguhren produzierte (und Letztgenannte auch nicht verkaufte)[13]. Dies war eine Folge der Arbeitsteilung, die im Zug der Durchsetzung des Kartells der Schweizer Uhrenindustrie eingeführt wurde und immer noch galt: Gewisse Unternehmen waren auf Komponenten des Uhrwerks spezialisiert, andere auf die Montage des Werks, wieder andere auf das Assemblieren von Fertiguhren. Diese Arbeitsteilung führte bei ETA zur Spezialisierung auf das Uhrwerk und einen Teil seiner Komponenten. Historisch gesehen produzierte jede Uhrenmarke ihre eigenen Werke und integrierte den grössten Teil der Wertschöpfungskette unter einem Dach. Anlässlich der Reorganisation der 1920er Jahre trennten sich die Marken vom Uhrwerk: Sie kauften fortan Rohwerke zum Veredeln und Montieren oder gleich fertig montierte Werke, um sie zu Fertiguhren einzuschalen. Mit der Swatch veränderte ETA ihre Ausrichtung, insofern sie erstmals eine Fertiguhr in grossen Serien produzierte. Die Swatch „ging aus dem leidenschaftlichen Drang einer Gruppe von Ingenieuren hervor, die keine Uhren fabrizieren durften“[14]. Nicht nur würde man die Swatch in Grenchen produzieren: ETA musste sich auch um den Verkauf und die Distribution kümmern, obwohl das Unternehmen weder über einen Verkauf noch über eine Marketing-Abteilung verfügte. Anders formuliert: Der ETA fehlten im Wesentlichen alle ausserhalb der Produkt- und Produktionsentwicklung erforderlichen Kenntnisse.

„Unser wichtigster Trumpf war die Freiheit, die man uns zugestand. Wir brauchten nicht Bestandteile von bereits existierenden Uhren zu rezyklieren. Wir waren bei der Wahl der techni-

13 Die einzigen bisherigen Ausnahmen waren die vier Modelle der Delirium (I bis IV) gewesen.
14 L'Impartial, 23/09/1985.

schen Optionen vollständig frei. Massgebend war das Erreichen des Ziels", fasst Mock zusammen. Der Weg des Projekts war steil und kurvenreich: Wir werden aber sehen, dass es möglich wurde, die Zahl der Uhrenbestandteile auf die Hälfte zu reduzieren, die Montage zu vereinfachen und mit Modulen zu arbeiten, die robust und zuverlässig waren. Zudem waren Mock und Muller geradezu von der Idee besessen, die Montage der neuen Uhr vollständig zu automatisieren.

2.3.2. Freipass für ein schwarzes Gehäuse oder der königliche Friede für die beiden Hofnarren

Nachdem die ETA beschlossen hatte, das Projekt Vulgaris zu lancieren, begann für die beiden jungen Ingenieure ein eigentlicher Leidensweg. Sie hatten aber nichts zu verlieren und waren fest entschlossen, ihre Uhr möglichst einfach und zuverlässig zu machen. Die früheste Planung war sehr optimistisch: man rechnete damit, die Swatch Anfang 1982 in den Geschäften zu haben ... „Ich war damals 26; schlimmstenfalls hätte ich eine andere Stelle gefunden. Jacques nahm ebenfalls das Risiko auf sich", erinnert sich Elmar Mock. Die beiden Ingenieure sahen bei ihrem Projekt ohnehin nicht so sehr das Risiko, sondern die einzigartige Gelegenheit zu spielen, zu lernen und Träume zu verwirklichen. Doch anfänglich sind Mock und Muller sehr einsam, denn niemand will mit ihnen arbeiten. Keiner wagt es, sich für „zwei Verrückte zu engagieren, die man ohnehin bald entlassen würde." In der Uhrenindustrie waren Entlassungen damals an der Tagesordnung. Es war ganz offensichtlich, dass das Projekt einer ikonoklastischen Uhr der beiden Ingenieure einem Himmelfahrtskommando gleichkam. Wer wollte sich da schon die Finger verbrennen?

Thomke stellte das Duo von allen bestehenden Verantwortungen frei, gab ihm aber nur gerade sechs Monate, um die neue Uhr zu entwickeln. Zudem waren Mock und Muller ab sofort Thomke direkt unterstellt, er gab ihnen absolute Priorität für die Beschaffung von Material und den Bezug von Dienstleistungen. Nun arbeiteten Mock und Muller mit grösster Verbissenheit. Niemand kümmerte sich um sie. Doch das blosse Wort „Thomke" öffnete alle Türen und schützte die beiden vor jedem Verdacht und allen Anfeindungen. Willy Salathé, Chef des ETA-Ingenieurwesens, fungierte als Relais zwischen den Erfindern und Thomke. Eine auf den 29. August 1980 datierte Weisung empfiehlt in Bezug auf das Vulgaris-Projekt absolute Diskretion innerhalb der ASUAG-Gruppe und ganz besonders gegenüber dem ASULAB (die Forschungs- und Entwicklungsabteilung der ASUAG), wo man die Arbeit der beiden Grenchener Freischärler mit Stirnrunzeln verfolgte[15].

Ein „Dossier Vulgaris" vom 1. Juli 1980, das von Jaques Muller verfasst wurde, aktualisiert den Stand der Dinge und zählt auf einer gemeinsamen Basis acht technische Optionen für die neue Uhr auf. Dieses Dossier ist sehr technisch gehalten und vergleicht die Vor- und Nachteile jeder der acht Optionen systematisch. Die Monate vergehen und es scheint nichts zu passieren. Erst im Dezember 1980 entstehen die ersten Zeichnungen, die diesen Namen verdienen. Aber erst nach weiteren sechs Monaten ist ein erster Prototyp verfügbar. Leider drehen sich die Zeiger im Gegenuhrzeigersinn – ein kleiner Konstruktionsfehler ... „Man hatte bei einigen Einzelheiten

15 An die Herren Mock und Muller: „Herr Thomke warnt sie vor dem ASULAB, wo unsere Versuche Missfallen erzeugen. Gut zuhören, nichts sagen ... und den Kontakt mit Belanglosigkeiten pflegen."

Fehler gemacht." Doch auf der Basis dieses Prototyps beginnt sich Thomke ernsthaft mit dem Marketing zu befassen (vgl. weiter unten). Am 23. Dezember funktionieren die ersten fünf Swatch-Uhren. Die Gehäuse wurden auf der berühmten Netstal-Maschine spritzgegossen, das Assemblieren erfolgte manuell. Fünf Tage später stehen alle fünf Prototypen still. Dies beeinträchtigt Thomkes Engagement für das Projekt in keiner Weise. „Wenn wir fünf Uhren haben, die fünf Tage lang laufen, so sind wir fast am Ziel", sagt er. Jetzt lanciert er das Projekt definitiv: Im Herbst 1982 soll der amerikanische Markt mit 10 000 Swatch getestet werden. Beim damaligen Stand der Dinge hatte die Entwicklung der Swatch 800 000 CHF gekostet, die zur Produktion und Vermarktung erforderlichen Investitionen sollten hingegen noch sehr viel höher ausfallen. Sechs weitere Monate waren erforderlich, um das Marketingkonzept zu entwickeln, das Design von Gehäuse und Armband festzulegen und die Swatch weltweit zu vermarkten. Das Projekt war letztlich nach genau drei Jahren abgeschlossen: Am 1. März 1983 wurde die Swatch in der Schweiz und in Europa lanciert (vgl. Zeitplan).

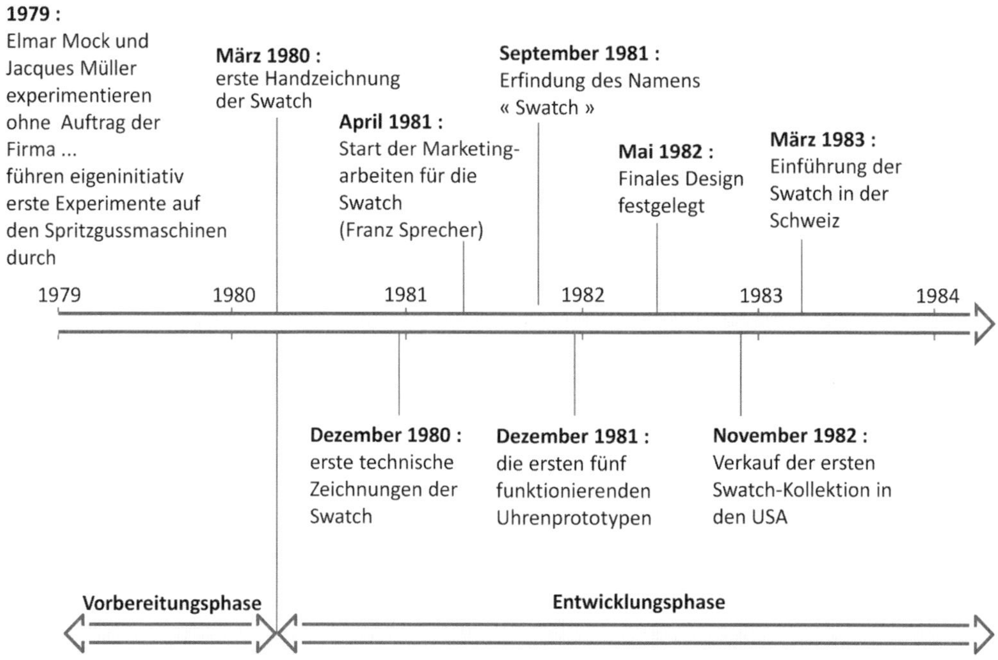
1979 :
Elmar Mock und Jacques Müller experimentieren ohne Auftrag der Firma ... führen eigeninitiativ erste Experimente auf den Spritzgussmaschinen durch
März 1980 :
erste Handzeichnung der Swatch
April 1981 :
Start der Marketingarbeiten für die Swatch (Franz Sprecher)
September 1981 :
Erfindung des Namens « Swatch »
Mai 1982 :
Finales Design festgelegt
März 1983 :
Einführung der Swatch in der Schweiz
1979
1980
1981
1982
1983
1984
Dezember 1980 :
erste technische Zeichnungen der Swatch
Dezember 1981 :
die ersten fünf funktionierenden Uhrenprototypen
November 1982 :
Verkauf der ersten Swatch-Kollektion in den USA
Vorbereitungsphase
Entwicklungsphase

Zeitplan des Swatch-Projekts

Was 1980 vorgeschlagen wurde, gab es damals nirgends. Mock und Muller schlagen Unbekanntes vor – „Unmögliches" werden die ETA-Uhrmacher sagen, sobald genauere Informationen zum Swatch-Projekt durchzusickern beginnen. ETA verkörpert schöne Mechanik. Eine preiswerte Plastikuhr verletzt die Identität der traditionellen ETA-Produkte und den Stolz ihrer Konstrukteure. „Noch nie wurde dieselbe Uhr in einer Auflage von einer Million Stück produziert: Absolut niemand wird eine solche Uhr kaufen", hört man in Fachkreisen. Die allermeisten Uhrmacher wollten die Swatch nicht und akzeptierten sie erst im allerletzten Moment, als bereits „Wasser in das Schiff eindrang". Mock und Muller wurden überall geschnitten: „Man nannte uns Totengräber, die Tradition und Prestige der Schweizer Uhr mit Füssen traten." Doch Mock und Muller arbeiteten unbeirrbar weiter an einer Uhr, die es gar nicht gab – besser gesagt: noch nicht gab ...

2.4. Das innovative Konzept der Swatch

Bei einem Interview mit der Harvard Business Review sagte Nicolas Hayek dass, „die Swatch nicht nur ein Triumph der Ingenieurkunst ist, sondern vor allem auch der Phantasie" (Taylor, 1933). Wir werden nun zeigen, dass beide Faktoren gleichzeitig wirkten. Konzepte ohne Wissen sind nicht möglich, und umgekehrt gibt es auch kein Wissen ohne Konzepte. Phantasie oder Kreativität allein genügte nicht, um die Swatch zu konzipieren, denn es handelte sich hier nicht um ein einmaliges Kunstwerk, sondern um ein industrielles Produkt mit ungemein tiefen Produktionskosten. Es wurde zudem in sehr grossen Serien produziert, was im Uhrenbereich noch nie der Fall war. Umgekehrt hätte reine Ingenieurskunst niemals einen Modeartikel mit starkem Design kreiert. Aufgrund des Wissens der Ingenieure wäre die Swatch nur „eine hässliche Plastikuhr" geworden. In dieser Geschichte waren die Ingenieure ebenso auf der Seite des Konzepts, wie die kreativen Leute Ingenieure sein mussten. Im folgenden Kasten beschränken wir uns nicht auf eine Aufzählung der technischen und konzeptbezogenen Innovationen der Swatch; vielmehr benutzen wir hier die C-K-Theorie, um die Geschichte der Swatch als klar definierte und verblüffende Konzeptfindung nachzuvollziehen.

Die C-K-Theorie (Concept-Knowledge Theory), erste Näherung

C-K ist eine Theorie der Konzeptfindung; sie untersucht und strukturiert die Denkweise der Konzeptfinder. Bis vor kurzem gab es keine Theorie der innovativen Konzeptfindung. Demzufolge ist die C-K Theorie selbst ein grundlegender Durchbruch. Als einheitliche Theorie schlägt sie ein strenges und systematisches Vorgehen beim kreativen Design vor. Sie ermöglicht mindestens eine Ex-post-Rekonstruktion der Konzeptfindung. Letztere läuft nach einem unerwartet streng rationalen Schema ab. Die C-K-Theorie formuliert sie auf einfache und effiziente Weise.

Der ursprüngliche C-K-Ansatz wurde Mitte der 1990er Jahre an der Ecole des Mines in Paris entwickelt, auf Initiative der Professoren Armand Hatchuel und Benoît Weil vom Centre de Gestion Scientifique (Hatchuel und Weil, 2003). Sie basiert auf der empirischen Beobachtung der Konzeptfindung und auf der standardisierten Untersuchung von „Dingen", die gerade erst am Entstehen sind.

Die C-K-Hypothese basiert auf der Unterscheidung von zwei Räumen in der Konzeptfindung: dem Raum C der Konzepte (Phantasie, unglaubliche und unbekannte Vorschläge wie der Raum der „Uhren, die es gar nicht gibt") sowie dem Raum K der Fachkenntnisse: des Wissens: Im Unternehmen, bei Lieferanten und bei weiter entfernten Beteiligten. Der Vorgang der Konzeptfindung ergibt sich aus dem Hin und Her zwischen diesen zwei Räumen. C-K erfasst gleichzeitig die Entstehung von Konzepten und ihre Transformation, indem die Konzeptfindung als Koevolution der Räume C und K definiert wird.

Ohne Konzepte wird kein neues Wissen möglich, ohne geeignetes Wissen können keine neuen Konzepte entstehen. Die C-K-Theorie will die Begrenzung auf den Raum der reinen Kenntnisse, des reinen Wissens, sprengen (in dieser Vorstellung entsteht Innovation ausschliesslich durch die Anwendung wissenschaftlicher Erkenntnisse), aber andererseits auch nicht auf den Raum der reinen Konzepte begrenzen (nach dieser Idee wäre die Innovation ausschliesslich auf die Kreativität zurückzuführen).

Erst die gleichzeitige Anwendung beider Dimensionen und der damit einhergehende gegenseitige Austausch ermöglicht die Entstehung von neuartigen Konzepten (C) und von neuen, bisher unbekannten Objekten auf der Basis bewährter Fachkenntnisse (K) (vgl. untenstehendes Schema).

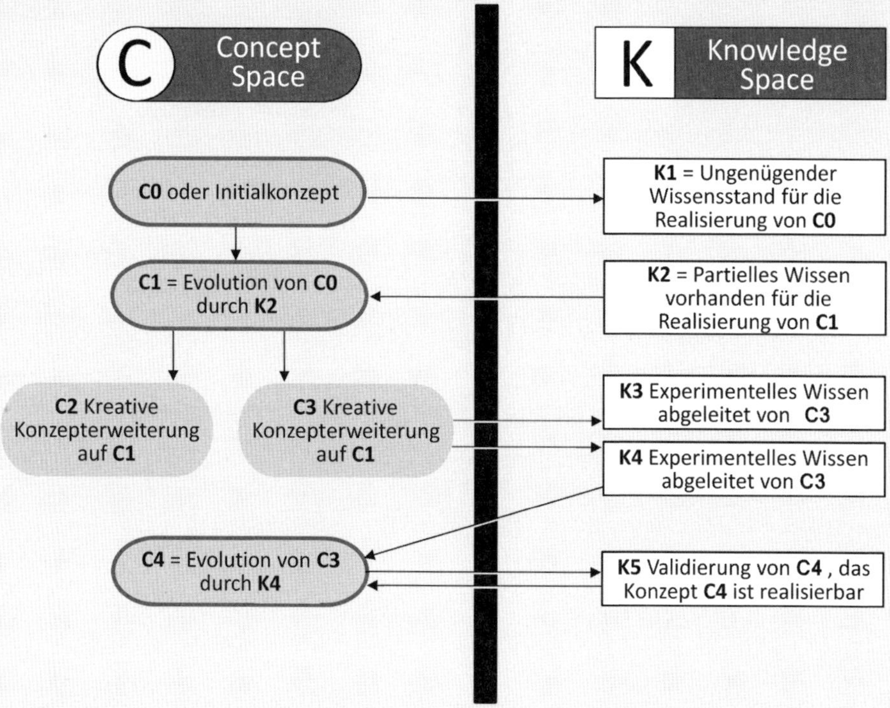

Die C-K-Theorie verbindet die ungeheure Zunahme des Wissens und der fachlichen Kenntnisse mit kreativen Überraschungen sowie neuen Konzepten, was letztlich eine Vielfalt von Alternativen generiert. Die C-K-Theorie „macht es möglich, aus den logischen Schwierigkeiten der Konzeptfindung auszubrechen, wenn man sie rein nur als Instrument der Problemlösung betrachtet, und sei dies noch so kreativ" (Le Masson, 2008, S. 22). Zudem klärt sie die Gedankengänge, die zu Innovationen führen, wie Unbekanntes aus Bekanntem erschaffen wird und setzt die Vorgänge auseinander, die Kreativität gewissermassen auslösen und schafft die Voraussetzung, die Konzeptfindung zu erlernen.

Die Konzeptfindung der eigentlichen Uhr und ihrer Produktionstechnik unterscheidet die Swatch von allen anderen Uhren. Ohne auf die technischen Einzelheiten einzugehen, geben wir dem nicht auf Uhrentechnik spezialisierten Leser einige Hinweise.

Das ursprüngliche Konzept (C0) wurde im April 1980 von Ernst Thomke, Elmar Mock und Jacques Muller definiert:

- Eine Uhr (und nicht nur ein Uhrwerk) von Schweizer Qualität.
- Eine preiswerte Uhr (Produktionskosten von <10 CHF, was einer Kostensenkung von 60 % entspricht).
- Serienproduktion durch einen vollautomatischen Prozess
- Swiss Made

Was den Kenntnisraum betrifft, so bestand eine deutliche Diskrepanz zwischen dem bereits formulierten Konzept der neuen Uhr und den technischen Kenntnissen, die ihre Verwirklichung ermöglichen sollten. Man wusste nicht wirklich, was getan werden sollte! Die in der Schweizer Uhrenindustrie Anfang der 1980er Jahre verfügbaren Kenntnisse waren in keiner Weise auf preiswerte Uhren und ihre Massenproduktion ausgerichtet. Der Kenntnisraum war jedoch bei der Lancierung des Projekts auch nicht vollständig leer:

- Mocks Experimente und sein Vordringen auf der Lernkurve erweiterten seine Kenntnisse der Kunststofftechnik auf der Basis von in Fachkreisen bekannten Produktionstechniken. Diese Kenntnisse flossen unmittelbar in das eigentliche Uhrenkonzept ein.
- Kenntnisse zum „technischen Objekt Uhr“ entstanden aufgrund des Dialogs zwischen Mock und Muller. Letzterer war dank seines beruflichen Werdeganges spezialisiert auf preiswerte Uhren, insbesondere auf die dabei verwendeten Werkstoffe und die mikrotechnische Montage. Mit der Erweiterung des am Projekt teilnehmenden Personals wurden diese Kenntnisse laufend erweitert, zuerst in Bezug auf die Technik, später auch das Marketing betreffend.

Wir wollen nun sehen, wie sich das Produkt aus drei unterschiedlichen Wissensquellen nährte. Aus den ersten Experimenten mit Kunststoff resultierte das eigentliche Produkt. Darauf folgen die Architektur-, Marketing- und Designkonzepte mittels des Zuzugs weiterer Personen, die neue Kenntnisse in das Projekt einbringen. Schliesslich spielt der industrielle Prozess eine Rolle: Es geht ja darum, beträchtliche Stückzahlen zu produzieren. In jeder Etappe interagieren Kenntnisse mit Konzepten.

2.4.1 Von den Kenntnissen der Kunststofftechnik zur Erweiterung des ursprünglichen Konzepts

Auf das Faktum, dass das Konzept der Swatch mit den kunststofftechnischen Experimenten von Elmar Mock und seiner Lernkurve startet, wurde bereits verwiesen. Die Produktinnovation ergibt sich hier aus einer Prozessinnovation – ganz im Gegensatz zu den klassischen Theorien der Innovation (vergl. Utterback und Abernathy, 1975). Erst der Erwerb neuer Kenntnisse aus der Produktion ermöglichte die Definition der neuen Uhr. Die kunststofftechnischen Entwicklungen liefen in drei verschiedenen Richtungen.

- Das Zusammenfügen von Kunststoff, d. h., die Technik der Integration verschiedener Kunststoffteile: diese Kenntnisse entspringen den Versuchen im Schweissen, Kleben und Löten[16].
- Das Kunststoff-Spritzgiessen: Diese Technik eignet sich hervorragend für die Massenproduktion. Eingesetzt werden Spritzgussmaschinen, wobei der Kunststoff thermisch erweicht wird. Anschliessend wird er in eine Form gespritzt und durch Kühlung wieder verfestigt.
- Die Veredelung des Kunststoffs durch Einfärben oder Bedrucken.

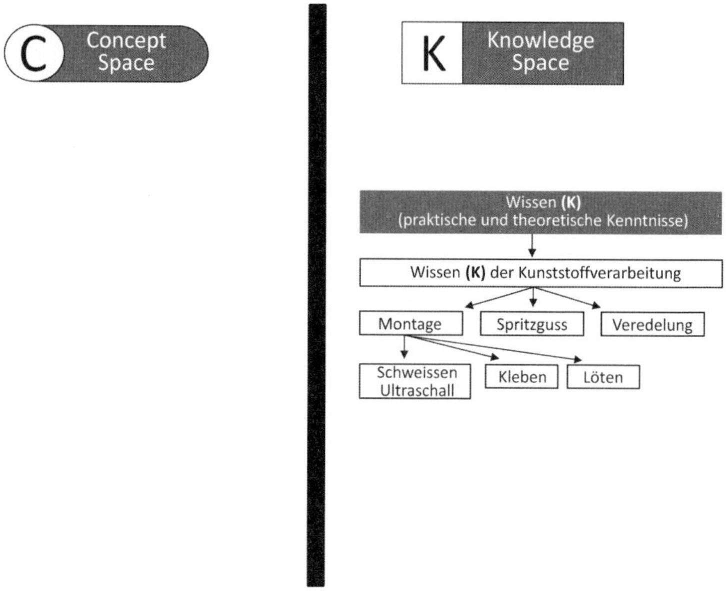

16 Schweissen ist ein Verfahren, um Werkstücke mithilfe von lokalem Aufschmelzen zu verbinden. An der Grenzfläche der beiden Werkstücke entsteht eine homogene, flüssige Phase. Nach dem Abkühlen und Erstarren verbleibt ein homogenes Ganzes.
Beim Löten wird im Gegensatz dazu eine Zwischenschicht aufgebracht: Sie besteht aus anderen Material als die zu verbindenden Werkstücke. Häufig wird beim Löten nur die Zwischenschicht aufgeschmolzen. Das Kleben führt endlich zur Verbindung von Werkstücken unter Einsatz eines Klebstoffs, der hinwiederum nicht oder nur geringfügig erhitzt wird.

Die Ausbildung von Elmar Mock zum Kunststoff-Ingenieur im Jahr 1978 hatte eine kritische Bedeutung für die Auswahl der Swatch-Werkstoffe und deren Verarbeitung und letzten Endes auf die Konzeptfindung des neuen Produkts. Mock lernte während seinem Jahr in Brugg-Windisch Technologien kennen, die in der Uhrenindustrie ungewöhnlich bis unbekannt waren, während dem sie in anderen Sektoren zur Routine gehörten. Zum Beispiel waren Präzisions-Spritzguss und Ultraschallschweissen im Uhrensektor kaum bekannt[17,18]. In der Automobilindustrie jedoch, wurden beide Techniken auf breiter Basis eingesetzt.

Mock lernte, wie man die Gehäuse von Scheinwerfern und Blinkern mit Ultraschall verschweisst. Auf dieser Wissensbasis konnte er mit dem Verschweissen des Plastik-Uhrglases mit dem spritzgegossenen Kunststoffgehäuse der Swatch experimentieren und letztlich Lösungsvorschläge für die Produktion einbringen. Nach den zwei Semestern in Brugg-Windisch traf sich Mock mit zahlreichen Kunststoff-Lieferanten, insbesondere mit dem Hersteller der Branson Kunststoff-Schweissmaschinen, der ihm eine Maschine leihweise überliess. Zudem wurde Mock von der Konstruktion von Kompassen beeinflusst. Es gibt Modelle, die mit Flüssigkeit gefüllt und mit Ultraschall verschweisst sind: ein gutes Beispiel eines Konzepts.

Nach zahlreichen Versuchen und Diskussionen wurde die technische Option Ultraschallschweissen gewählt, obwohl sie zu Beginn des Projektes umstritten war. Das „Dossier Vulgaris“ von 1. Juli 1980, übrigens aus der Feder von Elmar Mock, umfasst eine Zusammenfassung der Eigenschaften der Kunststoffe, die für die Vulgaris in Frage kommen. Ein weiteres, gleichzeitig verfasstes Dokument stellt das Know-how und die Möglichkeiten zum Verschweissen und wasserdichtem Verschliessen einer Plastikuhr zusammen. ETA erwirbt zusehends kunststofftechnisches Wissen und erlernt vor allem dessen praktische Anwendung. Das Übersichtsdokument vom Juli 1980 gibt eine detaillierte Gesamtschau der mechanischen, funktionellen, wirtschaftlichen und industriellen Eigenschaften gängiger Kunststoffe. Lieferanten sowie Vor- und Nachteile jedes einzelnen Lösungswegs werden analysiert. Kohlefaserverstärkter Kunststoff weist zum Beispiel hervorragende mechanische Eigenschaften auf, doch seine elektrische Leitfähigkeit würde den Einbau von Quarzwerkkomponenten erheblich komplizieren; zudem ist er teuer. Über den einzusetzenden Kunststoff und seine Verarbeitung wird Ende 1980 definitiv entschieden. Am 12. August 1982, fast eineinhalb Jahre nach Thomkes Lancierung des Vulgaris Projektes, wird das Patent CH650894, für „eine Uhr, bestehend aus einem Gehäuse aus Kunststoff, versehen mit einem Uhrenglas und eine Befestigungsmethode für dieses Uhrenglas am Gehäuse“ beantragt. Das Ultraschallschweissen war im Uhrenbereich offenkundig eine grosse Innovation.

Die Wahl des Ultraschallschweissens wirkt zurück auf den Raum der Konzepte, indem das ursprüngliche Konzept C0 in zwei Äste aufgeteilt wurde: (1) eine „robuste und wasserdichte Uhr“ und (2) „eine nicht-reparierbare Uhr“. Das Ultraschallschweissen rekurriert ebenfalls auf grundsätzliche Weise auf eines der C0-Kriterien, nämlich darauf, dass die Produktionskosten höchstens 10 CHF betragen dürfen (vgl. untenstehendes Schema).

---

17 Eine Ultraschall-Schweissmaschine produziert hochfrequente Schwingungen (über 20 kHz) mit einem vibrierenden Werkzeug, das Sonotrode genannt wird. Werden die zu verbindenden Werkstücke mit der genannten Frequenz vibriert, verursacht die Reibungswärme ein lokales Aufschmelzen der Werkstücke. Das Ultraschallschweissen ist ein schnelles und wirtschaftliches Verfahren, um leichtschmelzende Polymere zu verbinden.

18 Der Einsatz von Kunststoff war auf elektrisch isolierende Komponenten in Quarzwerken beschränkt.

2.4.2. Eine Uhr aus verschweisstem Kunststoff (Kenntnisse) und damit preiswert (Konzept)

Das Ultraschallschweissen dient der Verbindung des aus Kunststoff bestehenden Uhrenglases mit dem Gehäuse aus spritzgegossenem Kunststoff. Dieselbe Technik wird ebenfalls zur Befestigung zahlreicher Komponenten innerhalb des Gehäuses eingesetzt: Damit entfällt die Notwendigkeit von Schrauben, Nieten und Stiften. Dank des Ultraschallschweissens verbilligt sich fernerhin das Uhrenglas: Aus spritzgegossenem Kunststoff kostet es nur noch 0,06 CHF, indes thermisch verformtes Plexiglas mit 0,50 CHF zu Buche schlägt – gut achtmal weniger. Der Grund ist simpel: Die Alternative zum Schweissen ist Kleben. Kleben bedingt freilich den Einsatz teurerer Kunststoffe, da sie dem Lösungsmittel des Klebstoffs und der mechanischen Spannung des Klebeprozesses widerstehen müssen.

Als Werkstoff für das Gehäuse wählt Mock mit ABS (eine Mischung von Acrylnitril, Styrol und Butadien-Gummiteilchen) ein Material, das mit Plexiglas verschweisst werden kann. ABS ist ein weit verbreiteter Kunststoff ohne jede uhrmacherische Exklusivität, es wird unter anderem zur Fertigung der Lego-Bausteine verwendet. Darüber hinaus ist ABS ästhetisch unbedingt überzeugend, etwa aufgrund seines Glanzes der einfachen Einfärbung und seiner Zähigkeit wegen. Das Gehäuse wird unter Druck spritzgegossen. Dies stellt grosse Anforderungen an die Präzision des Spritzgussprozesses, werden doch die Komponenten des Uhrwerks direkt auf dem Gehäuse montiert. Ebendies war eines der schwierigsten Probleme, das im Rahmen der Swatch-Entwicklung gelöst werden musste. Bei einer konventionellen Uhr entsprechen die Kosten der Ausstattung (Gehäuse, Boden, Uhrglas, Zeiger, Zifferblatt) 50% der Gesamtkosten der Uhr, bei der Swatch sind lediglich 8%. Weitere Kosteneinsparungen erklären sich mit der Architektur des Produkts.

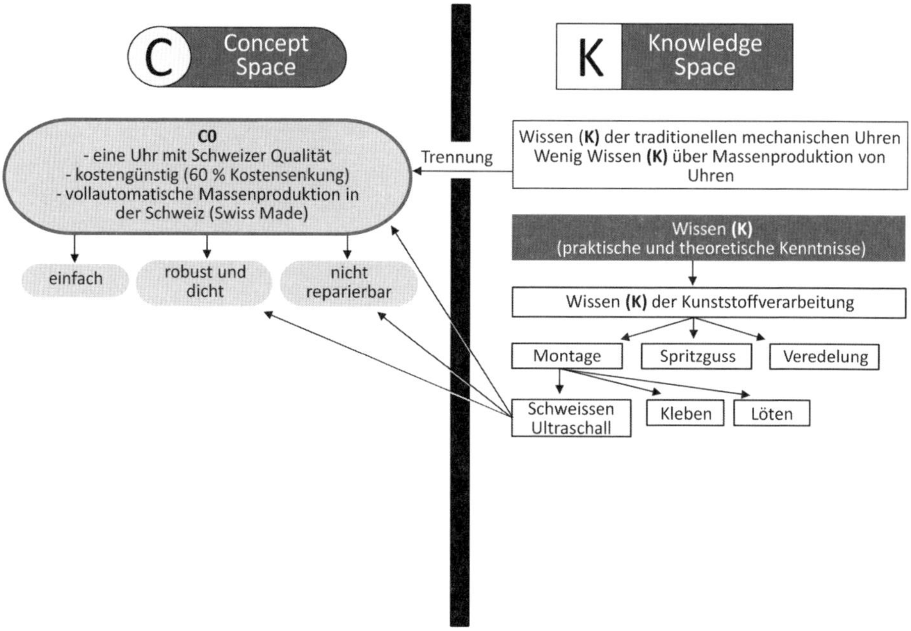

2.4.3. Eine Uhr aus verschweisstem Kunststoff (Kenntnisse) und darum nicht reparierbar (Konzept)

Das Verschweissen des Uhrglases mit dem Gehäuse ermöglicht eine ausgezeichnete Wasserdichtigkeit und verbessert die mechanische Festigkeit der Uhr. Auf diese Weise wird nämlich das Gehäuse als Ganzes extrem steif, was die Uhrwerkkomponenten in dessen Innerem schützt. Die Wahl dieses Konzepts ist etwas vollends Neues: Das Uhrglas erhält eine mechanische Funktion und mutiert vom blossen Deckel zum Strukturelement. Auf diese Weise bildet die Swatch ein hochfestes, wasserdichtes und vollständig verschweisstes Ganzes, das nicht mehr demontierbar ist.

Weil sie verschweisst ist, kann die Uhr nicht repariert werden, weswegen ihr Produktionsprozess zwingend fehlerfrei zu sein hat. Ohnehin sollte ein gutes Produkt idealerweise gar nicht repariert werden müssen: Demontieren bedeutet Scheitern. Jede Komponente, die ein Demontieren ermöglicht, kompliziert das Objekt und schafft bei der Produktion eine weitere potenzielle Fehlerquelle. Die Tatsache, dass die Swatch nicht demontierbar und darum nicht reparierbar ist, zwingt zu einer immer perfekteren Beherrschung der Fabrikation und der Massenproduktion. Man ist zur totalen Qualität verdammt. Unter diesem Druck wird der Produktionsprozess laufend verbessert, was sich selbstredend positiv auf die Qualität der Uhr auswirkt. Wie weiter unten gezeigt, ist die Qualität der Swatch u. a. auf ihre einfache Architektur und die Verringerung der Zahl der Komponenten zurückzuführen. Damit ergibt sich eine positive Rückkoppelung: verschweisste Uhr – nicht reparierbar – fehlerfreie Produktion – perfektes Funktionieren dank vereinfachter Architektur – geringere Produktionskosten – höhere Zuverlässigkeit des Produktionsprozesses. Welchen Sinn hätte es, ein 5 CHF kostendes Produkt zu reparieren? Auf diese Höhe belaufen sich zu guter Letzt nämlich die Produktionskosten einer Swatch.

Hinzu kommt, dass die Produktion nach dem „Zero-Defect"-Prinzip kostspielige Glieder in der Wertschöpfungskette eliminiert. Im Lauf des langen und schwierigen Einfahrens des Produktionsprozesses wurden unvermeidlicherweise kostspielige „Industrieleichen" generiert. Uhren, die den vorgeschriebenen Qualitätskriterien nicht entsprechen, müssen komplett verschrottet werden – man kann sie ja nicht reparieren. Im Fall von demontierbaren Uhren kann im Fall eines Defekts wenigstens ein Teil der Komponenten wiederverwendet werden. Mit der Zeit wurde der Produktionsprozess immer zuverlässiger. Die Eliminierung der ganzen Ersatzteillogistik, des Kundendienstes und des Reparaturdienstes brachte enorme Einsparungen – keine Ersatzteillager, kein Reparaturdienst. Hier zeichnet sich ein weiterer Bruch mit der traditionellen Schweizer Uhr ab. Bis anhin war sie die Uhr fürs Leben. Bis zur Lancierung der Swatch musste eine Schweizer Uhr demontierbar sein, um den Kundendienst zu gewährleisten und dem Kunden die Gewissheit zu geben, dass sein Kauf nachhaltig sei. Als man Tissot für die Distribution der Swatch kontaktierte, weigerte sich die Marke, eine nicht-reparierbare Uhr zu verkaufen. „Für uns war diese Position unhaltbar, denn schon die einfachste Reparatur kostet über 50 CHF, wenn man die Logistik, die Fakturierung und eine minimale Intervention eines Fachmanns in Betracht zieht", erklärte Elmar Mock.

Die Ingenieure fanden bei Franz Sprecher, dem Marketing-Mann der Swatch, Unterstützung: „Warum soll man eine Uhr, die läuft, reparierbar machen?" Dennoch gereichte die Tradition des Reparierens der Swatch nach ihrer Lancierung zu erheblichem Nutzen: Die Schweizer mussten als erste Kunden die Fehler der frühen Serien erdulden. Schweizer Kunden sind gewohnt, defekte

Produkte dem Verkäufer zurückzubringen und die Garantie (die zwei Jahre dauerte) in Anspruch zu nehmen. Ohne dessen gewahr zu werden, haben diese Kunden zur Verbesserung des Produktionsprozesses beigetragen. Aufgrund der Analyse der defekten, auf unumkehrbare Weise demontierten Uhren wurde nämlich der Produktionsprozess laufend optimiert.

Schliesslich ist das Konzept der Nicht-Reparierbarkeit an sich schon eine wichtige Innovation der Swatch, die im Verhältnis „Kenntnis des Fabrikationsprozesses" zum „Produktkonzept" verständlich wird. Die Swatch-Ingenieure schufen ganz bewusst das Konzept der Nicht-Reparierbarkeit als logische Folge des Fabrikationsprozesses des Produktes.

2.4.4. Von der Kenntnis des Produkts zur Ausweitung des ursprünglichen Konzepts

Man würde erwarten, dass Kenntnisse in Marketing und Design einem Unternehmen wie der ETA näher liegen, als die Kenntnisse des Ultraschallschweissens von Kunststoff, die Elmar Mock einbrachte. Doch selbst Marketing und Design waren für eine Produzentin von Halbfabrikaten (Uhrwerke, nicht ganze Uhren) Fremdwörter. Solcher Sachverstand musste folglich extern beschafft werden. Sobald diese Spezialisten verfügbar waren, bereicherten sie das ursprüngliche Konzept C0 mit einer neuen, ästhetischen Dimension. Das finale Ziel war ja bekanntlich die Schaffung eines modischen Produkts. Erst der modische Aspekt erklärt den sensationellen Erfolg der Swatch.

Die neuartige Architektur der Swatch mobilisierte neuartiges Wissen, was wiederum zu erheblichen Kosteneinsparungen führte, den Zielen des ursprünglichen Konzeptes C0 entsprechend (vgl. das untenstehende Schema).

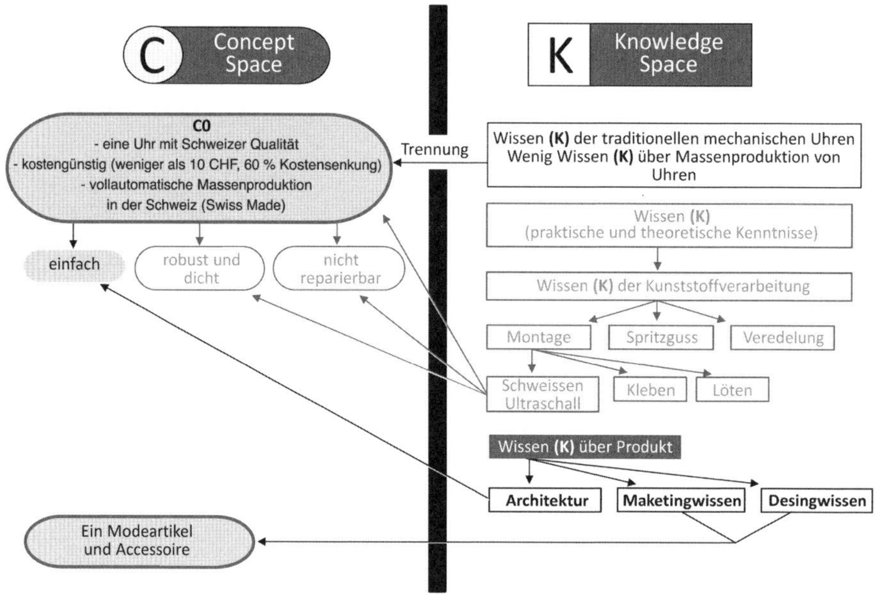

Eine neu definierte Architektur für eine einfachere und zuverlässigere Uhr

2.4.5. Eine neu definierte Architektur für eine einfachere und zuverlässigere Uhr

Die ersten „Stammtischgespräche" der beiden jungen Ingenieure bezogen sich auf die Neukonzeption der „Innenarchitektur" ihrer Uhr: Wie liess sich das Werk radikal vereinfachen? Weniger die Reduktion der Zahl der Komponenten stand im Vordergrund, sondern die elementare Infragestellung der Uhrwerkarchitektur. Mock und Muller strebten danach, eine grösstmögliche Anzahl an Funktionen mit einem Minimum an Bestandteilen zu verwirklichen – dies kostengünstig, zuverlässig und unter den harten Bedingungen der Massenproduktion. Um dieses Ziel zu erreichen, wurde alles Mögliche hinterfragt, vereinfacht und eliminiert. Gewisse Teile erfüllten in der neuen Architektur gleich mehrere Funktionen. Mullers langjährige Erfahrung mit Billiguhren war in dieser Phase der Konzeptfindung von eminenter Bedeutung. Umfasst eine traditionelle mechanische Uhr etwa 150 Teile, eine konventionelle Quarzuhr deren 91, so begnügt sich die Swatch mit 51 Teilen. Dies ist Ergebnis einer langwierigen Konzeptstudie, die gleich zwei Konsequenzen hatte:

- Der Einsatz von Kunststoff war auf elektrisch isolierende Komponenten in Quarzwerken beschränkt. Mit weniger Teilen wird das Produkt zuverlässiger, wobei sich zudem die Produktion vereinfacht. Dies ist ein exzellentes Beispiel der starken Wechselwirkung zwischen Produktionsprozess und Produkt, die im vorliegenden Projekt auf Gedeih und Verderb voneinander abhängig sind.

- Der Einsatz von Kunststoff war auf elektrisch isolierende Komponenten in Quarzwerken beschränkt. Mit weniger Teilen verbilligt sich das Produkt, was wiederum die Gültigkeit des ursprünglichen Konzepts bestätigt.

Die Neu-Erfindung der Uhrwerkarchitektur für die Swatch hatte mehrere Aspekte. Traditionelle Quarzuhren bestehen aus drei Teilen: (1) Gehäuse (Boden, Mittelteil und Uhrglas), (2) Uhrwerk auf einer Platine, (3) Zifferblatt und Zeiger. Nachdem das Uhrwerk mit Zifferblatt und Zeigern versehen wurde, baut man es in das Gehäuse ein, das anschliessend von oben (mit dem Uhrglas) oder von unten (mit dem Boden) geschlossen wird. Das eigentliche Uhrwerk besteht aus einer Platine, auf der das Getriebe und diverse mechanische Teile, der Schrittmotor sowie die elektronische Schaltung montiert sind. Letztgenannte besteht aus dem Quarzresonator, dem Teiler-IC sowie der gedruckten Schaltung. Das Uhrwerk wird in der Regel mit dem Gehäuse verschraubt. Alle beweglichen Teile sind beidseitig gelagert: die traditionelle Uhr bildet demgemäss ein mehrlagiges Sandwich mit einer Reihe von Etagen, ähnlich einem Kreuzfahrtschiff. Eine solche Konstruktion ist für die automatische Montage viel zu kompliziert: Roboter können geschickte Hände nicht ersetzen, insbesondere wenn Montageschritte von oben, von unten und von der Seite her notwendig sind (vgl. Schema).

Stand der Technik einer Uhr anfangs 1980. Die Uhr besteht aus 91 Bestandteilen, die von allen Seiten montiert werden.	... der Aufbau der Swatch 1980. Die Uhr besteht aus 51 Bestandteilen, die ausschliesslich von oben montiert werden
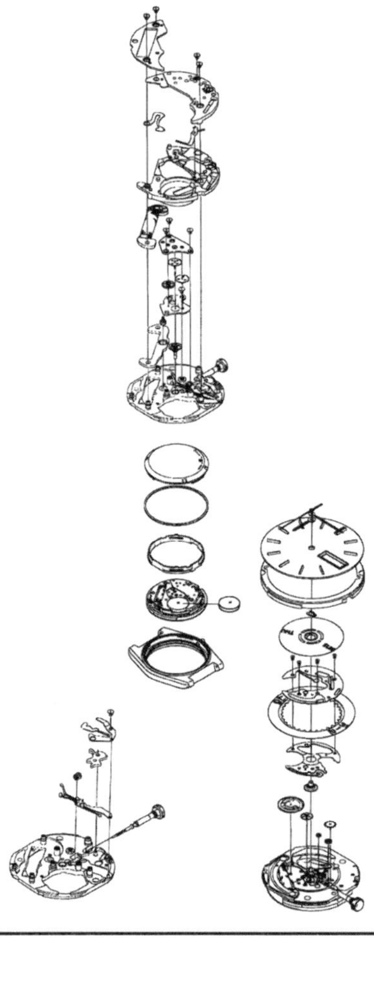	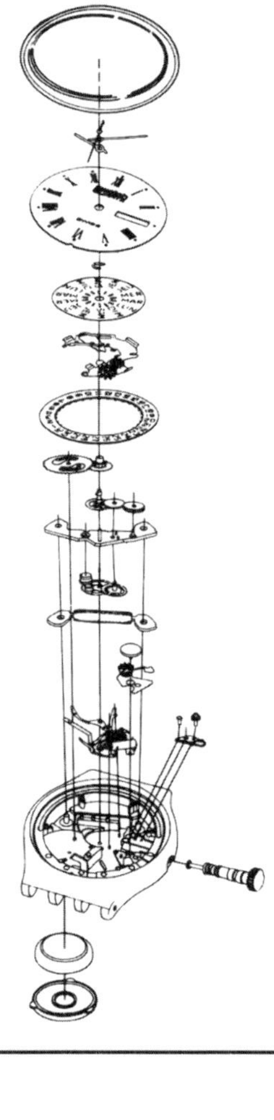

Vergleich der Montage einer traditionellen Quarzuhr (links)
und einer Swatch (rechts) (Muller und Mock, 1983)

Bei der Swatch wird diese traditionelle Architektur aufgegeben. Der Gehäuseboden dient nun direkt als Träger für das Uhrwerk, also als Platine. Alle Achsen sind fliegend gelagert, Brücken sind hinfällig. Man kann das mit einem Auto mit selbsttragender Karosserie, also ohne Chassis, vergleichen. Im Fall der Swatch werden alle Teile ausschliesslich von oben direkt auf der Gehäuseboden-Innenseite montiert. Diese Idee ist alles andere als neu, wurde sie doch schon Ende des 19. Jahrhunderts patentiert. Auch wurde sie schon bei der berühmten, ultradünnen Delirium Tremens genutzt, die (wie erwähnt) fälschlicherweise als Vorgängerin der Swatch bezeichnet wird[19]. Dies erleichtert die automatische Montage, weil dann alles von oben montiert werden kann sodass weitere Teile einspart werden. Zudem besteht das Swatch-Gehäuse aus spritzgegossenem Kunststoff, unter Einschluss aller erforderlichen Befestigungselemente für die Uhrwerkteile. Das Ultraschall-Verschweissen der Werkmodule mit dem Gehäuse ersetzt alle Schrauben und das Schneiden von Gewinden.

Der erste Montageschritt ist das Ultraschallverschweissen des Elektronikgitters (das die gedruckte Schaltung ersetzt) mit dem Gehäuseboden. Infolgedessen werden Schrauben und Gewicht eingespart, zudem wird die Montage vereinfacht. Die nächsten Montageschritte implizieren die Verbindung der Spule und des Schrittmotor-Moduls mit dem Elektronikgitter. Das Motormodul fungiert als Träger des Uhrwerkgetriebes: Damit „erspart man sich weitere Kunststoff-Metall-Verbindungen mit den damit verbundenen Problemen durch deren stark unterschiedliche thermische Ausdehnung“ (Muller und Mock, 1985). Mock und Muller verbrachten viel Zeit mit dem Bau eines neuartigen Schrittmotors, doch im Endeffekt vereinfachten sie die Funktionsweise eines bereits existierenden Motors. Dieser wirkt direkt auf das Sekundenrad. Das Modul wird ebenfalls mit Ultraschall verschweisst. Ein weiteres Rad und die Datumsscheibe werden mit einem Stahlplättchen befestigt.

Das Patent CH 643704 vom 6. März 1981 fasst die vereinfachende Konzeptfindung der Swatch gut zusammen. Beschrieben wird „eine elektronische Uhr mit Analoganzeige und vereinfachter Struktur, die einfach zu produzieren und zu montieren ist, auch in grossen Serien. Sie ist relativ dünn, obwohl die verschiedenen Komponenten gut voneinander getrennt sind, was die Zuverlässigkeit der Uhr weiter verbessert“.

2.4.6. Einschiessen von Marketing-Know-how oder Zeit für die Mode

„Jacques Muller und ich wollten ein Massenprodukt entwickeln, das die asiatischen Uhrenhersteller auf die Plätze verweisen würde. Wir waren von den Produktionskosten richtiggehend besessen, denn wir wollten die frühere Dominanz der Schweiz im Billiguhrenbereich zumindest teilweise zurückgewinnen. Unser Ziel war eine Kampfuhr für Asien, Afrika und Südamerika“, berichtet Elmar Mock. Aber warum soll man eine Billiguhr kaufen? Das Preisargument genügte

---

19 Vor allem wegen der Verwendung der Bodeninnenseite als Platine wird die Swatch in zahlreichen Publikationen als „Tochter“ der Delirium Tremens bezeichnet. Wohl ist eine chronologische Abfolge nicht zu bestreiten, denn die Delirium entstand vor der Swatch. Doch ausser der Nutzung der Gehäuseinnenseite als Platine ist keine Gemeinsamkeit zwischen Delirium und Swatch zu konstatieren. Letztere beruht auf einer völlig neuen Architektur, die nichts mit derjenigen der Delirium zu tun hat. Zudem geht die Nutzung des Gehäusebodens als Platine bis ins 19. Jahrhundert zurück. Es ist exakter zu sagen, dass Mock und Muller die Uhrmacherei auf eine sehr umfassende Weise kannten und daher auch „exotische“ Problemlösungen nutzen konnten, sofern sie sich für ihr Projekt eigneten.

nicht. Um die Swatch verkaufen zu können, musste ein neues Marketingkonzept entwickelt werden. Dieses neue Konzept sollte von ausserhalb der ETA kommen, auf der Basis von gewissermassen importiertem Know-how.

Infolge der Arbeitsteilung innerhalb des Uhrenkartells und der Spezialisierung der ETA auf Uhrwerke war dieser Industriezweig und ganz besonders die ETA in keiner Weise auf eine extreme Rationalisierung der Produktion und noch viel weniger auf die Formulierung einer globalisierten Marketingstrategie vorbereitet. Deshalb musste die Ressource Marketing von auswärts beschafft werden. Im April 1981 gab Ernst Thomke dem unabhängigen Marketingspezialisten Franz Sprecher den Auftrag, die Swatch aus der Optik des Konsumenten zu untersuchen. Selbstredend durfte das Marketing das technische Konzept der Swatch nicht in Frage stellen. Vielmehr sollte auf der Basis der erarbeiteten Konzepte und des verfügbaren Wissens im Engineeringbereich eine neue Vision geschaffen werden. Sprecher war sogleich klar, dass das Preisargument allein nicht genügen würde, um das Produkt erfolgreich zu machen. Die Japaner waren ihrerseits bereits mit preiswerten Quarzuhren im unteren Preissegment auf dem Markt. Deren Qualität war eher mittelmässig, das Design überwiegend langweilig.

Sprecher kam zum Schluss, dass sich die neue Uhr am besten verkaufen liesse, wenn man sie als Modeartikel, nicht als Billiguhr lancieren würde. Man trägt nicht jeden Tag dasselbe Hemd, dieselbe Krawatte, warum nicht auch die Uhr wechseln (vgl. Zeichnung). Um sich von Konkurrenzprodukten abzuheben, musste die Swatch schreiend farbig werden. Das verblüffende Design und die originellen Dekors erschienen etwas später aufgrund einer Empfehlung von Bloomingdale, des ersten amerikanischen Detaillisten. Nach der missglückten Lancierung der Swatch im Herbst 1982 in Houston (Texas) verlangte Bloomingdale mehr Modelle in der Kollektion, ein attraktiveres Design und eine komplette Erneuerung der Kollektion alle sechs Monate.

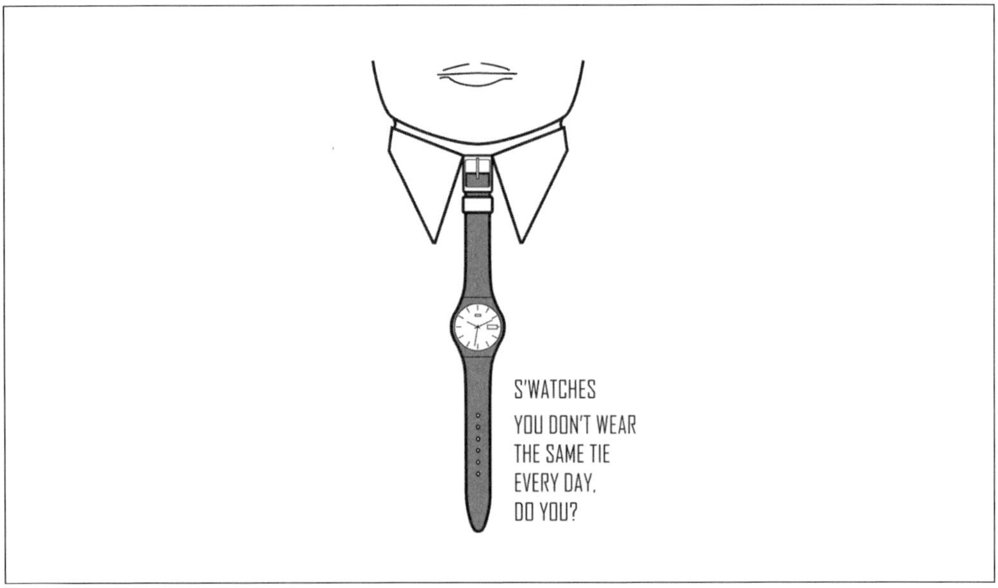

Sprecher und Thomke wollten die Uhr zu einem auswechselbaren Mode-Accessoire machen, analog einer Krawatte oder Ohrringe. „Fashion that ticks", fasst Sprecher zusammen. Aus dem technischen Objekt sollte nun eine Innovation werden: ein Modeprodukt. Auf diese Weise bereicherte Sprecher das ursprüngliche Konzept der Swatch, indem er es verschob und erweiterte. Er war nun selbst zum Visionär, zum Strategen einer weltweit bekannten Uhr geworden, eines modischen Accessoires der Massen. Zwei Spezialisten der Swatch erarbeiteten eine Version des Konzeptes, das sich von den ersten Wechselwirkungen zwischen Thomke und Sprecher inspirierte: ein „Oxymoron" (wir hatten diesen Begriff damals ganz bewusst eingeführt), „eine Uhr, die keine Uhr sein soll, eine Nicht-Uhr, die gleichzeitig klassisch und futuristisch ist, die aus der Vergangenheit kommt und doch schon in der Zukunft steckt, eine verrückte Uhr, die aber fest in der technischen Realität verankert ist und jedem Kundenkreis gefallen würde, vom einfachsten bis zum prestigebewusstesten" (Komar und Planche, 1995, S. 15). Die Swatch sollte keine andere Uhr ersetzen, auch keine falsche Rolex sein, vielmehr ist sie eine echte Innovation. Die Swatch ist eine Uhr, die keine Uhr mehr ist: Darum sprechen wir betreffend ihrem innovativen Konzept von einem Oxymoron. Denn sie erschliesst völlig neuartige Konzepte (im Gegensatz zum üblichen Vorgehen, etwas Existierendes zu verbessern: eine flachere, schönere Uhr, vielleicht aus Stein, viereckig . . .). Das Oxymoron verbindet ganz verschiedenartige oder unbekannte Eigenschaften – „so etwas hat es noch nie gegeben!" – mit bekannten Eigenschaften – es ist wirklich eine Uhr mit Armband, Zifferblatt und Zeigern. Die Swatch ist ganz anders, sie ist eine Neu-Erfindung der Uhr. Eine ganz grundlegende Eigenheit ihres Konzeptes war die explizite Infragestellung all dessen, was bisher eine Uhr auszeichnete und was traditionell als gegeben betrachtet wurde. Dennoch wurden die klassischen Uhrenfunktionen beibehalten, sie sind für den Kunden leicht erkennbar! Hier hat das Oxymoron quasi zugeschlagen.

Der Name „Swatch"

In New York erhielt die neue Uhr im September 1981 ihren Namen. „Swatch" ist ein origineller Name, der aus der Zusammenziehung von Swiss und Watch hervorging, also linguistisch einer Kontamination entspricht. Man kann sich leicht an die Bezeichnung erinnern und sie lässt sich in allen Sprachen aussprechen. Gelegentlich liest man, dass „Swatch" die Abkürzung für Second watch ist, also eine Uhr, die als Ersatz einer First watch gedacht war. Dies entspricht weder den Tatsachen noch dem Marketingkonzept. Es handelt sich um eine echte Innovation, sie trägt einen Namen, der sie vollständig umschreibt und der von Franz Sprecher erfunden wurde. Im Sommer 1981 arbeitete er nämlich mit einer amerikanischen Werbefirma (Lintas SSC & B), die in ihren Dokumenten die Schweizer Uhr (Swiss watch) als s'watch abkürzte. So wurde die Vulgaris zur Swatch – einfach und genial. Thomke wollte den Namen sofort schützen doch sah er sich mit einem Problem konfrontiert: Jede in der Schweiz hergestellte Uhr konnte als Swiss Watch bezeichnet werden. Er hatte Glück, denn in den Vereinigten Staaten bezeichnet Swatch das kleine Stück Stoff in den Tuchmusterkatalogen in der Welt der Mode. So liess sich der Name schützen, das Produkt war getauft.

Sprecher beabsichtigte des Weiteren, aus der Swatch ein ständiges Event zu machen. Der Lebenszyklus des Produkts sollte periodisch neu lanciert werden, indem immer wieder neue Modelle lanciert wurden: eine moderne Lösung zu einer Zeit, wo der Lebenszyklus eines Produkts zeitlich zwar definiert ist, aber sicher nicht als ständig wechselnde Neuauflage des Produktes. „Der kommerzielle Erfolg der Swatch ist dem Marketing von Franz Sprecher und Max Imgrüth („Mad Max") zu verdanken. Beide verstanden, dass die Swatch nicht für die Dritte Welt als Ersatz der Roskopf-Uhr positioniert werden konnte, sondern dass sie als Lifestyle-Artikel funktionieren musste (Trueb, 2010). Die Swatch entsprach der damaligen Mode, trug aber gleichzeitig auch erheblich zu ihrer Veränderung bei, setzte nachgerade Trends. Wie es N. Hayek zusammenfasst (in Taylor, 1993): „die Japaner überschwemmten den Markt mit hochwertigen und preiswerten Quarzuhren. Was ihnen fehlte, war die Fähigkeit zur kulturellen Innovation. Unser Team schuf eine hässliche Plastikuhr und überlagerte sie mit unserer Kreativität: grelle Farben, Provokation, deutliche Motive ganz ohne Krimskrams".

Auch die Distribution der Uhr gehörte zum neuen Konzept. Es sei daran erinnert, dass die Schweizer Uhrendetaillisten sich anfänglich weigerten, eine Plastikuhr zu verkaufen. „Wir haben alles versucht", fasst Thomke zusammen, „von den grossen Marken populärer Produkte mit einem eigenen Distributionssystem über die Sport- und Discountgeschäfte bis zu den Supermärkten – alle weigerten sich. Doch angesichts des Erfolges der Swatch wurden sie rasch zu Bittstellern ..."

2.4.7. Vom Design-Know-how zu einem erweiterten Konzept und einem diskret effizienten Produkt

Nachdem Mock und Muller die technische Architektur der Uhr definiert hatten, stellte sich die Frage des Designs (im eingeschränkten Sinn der Gehäuseform). Die von Franz Sprecher vorgegebene Mode-Orientierung führte zur Wahl der äusseren Form der Swatch, die einer intensiven Wechselwirkung von „Design-Know-how" und „Design Konzept" entstammte.

Die Designer konnten die damals als Referenz geltenden Metallgehäuse nicht imitieren. Der Ersatz des Metalls lag damals zwar im Trend, dies war aber gerade der zu vermeidende Fallstrick. Wie sollte man den Kunststoff zu einem eigenständigen, edlen Material aufwerten? Dazu mussten ganz neutrale Gehäuseformen entworfen werden. Sie mussten wie Wasser sein: farblos, geruchlos und ohne Eigengeschmack. Das Design der Swatch musste sich durch eine absolute Neutralität auszeichnen. Die Uhr sollte in der Einfachheit ihres Designs aufgehen und niemanden schockieren. Das keinen eigenen Charakter aufweisende, an sich kraftlose Gehäuse sollte vergessen werden, die einfache Form für jedermann akzeptierbar sein. Hierin liegt die ganze Kraft des Swatch-Designs! Diese bemerkenswerte Formneutralität würde es möglich machen, alle denkbaren grafischen Schöpfungen der Designer voll zur Geltung zu bringen.

Thomke mobilisierte nicht nur auswärtiges Know-how, sondern nutzte auch ETA-internes Talent. Die zwei ersten internen Designer machten sich gleichzeitig an die Arbeit: G. Coulin und Hans Zaugg. Coulin war Designer bei Metal Product AG, einem Unternehmen, das im Rahmen der von Thomke angeordneten Reorganisation von der ETA übernommen worden war. Coulin machte etwa hundert Skizzen und definierte die leierartige Form mit starkem Eigencharakter.

Hans Zaugg war ein von aussen beigezogener Designer. Er war auf das Einrichten von Räumen und Mobiliar spezialisiert und hatte keinerlei Erfahrung mit Uhren[20].

Zaugg gehörte zu den Minimalisten und schlug zeitlose Designs vor, mit reinen, neutralen Formen, die das Zifferblatt der Uhr hervorheben. Ein Prototyp mit diesem Design wurde gebaut. Nach den sechs Monaten, die Thomke für die Verwirklichung des Projekts vorgegeben hatte, waren die technischen und ästhetischen Grundprinzipien der Swatch festgelegt. Die ETA-Direktion fror das Design der Swatch mit seiner Leierform ein: Eine hervorragende Wahl. Es blieb aber noch viel aufreibende Kleinarbeit, insbesondere beim Detaildesign des Gehäuses, des Uhrglases, der Zeiger, des Zifferblatts und des Armbands.

Das definitive Design der Swatch wurde von Maryse Schmid und Bernard Muller (Bruder von Jacques) ausgearbeitet; auch sie waren Freelancer. Ihre Geschichte ist im Buch Swatchissimo (Carrera, 1991) erzählt.

Schon früh verwirft Thomke originelle bis eigenartige Zifferblätter, die aus der künftigen Uhr eine blosse Plastik-Spielerei machen würden. Muller und Schmid gelingt ein bemerkenswert verfeinerter und hochwertiger Entwurf der Swatch. Damit erhielten die Herren- und Damenmodelle „so reine und funktionelle Formen, dass sich daraus eine kraftvolle Ästhetik im Sinn einer ewigen Wahrheit ergibt. Mit Effizienz und Diskretion wird das Design der Gehäuseelemente der Robustheit und der Wasserdichtigkeit der Uhr sowie der Klarheit des Zifferblatts untergeordnet. Letzteres kann nun als Träger der sich stets verändernden Kreativität einer gegebenen Epoche fungieren." (Mokar und Planche, 1995, S. 13) Es wird nicht etwa ein Uhrwerk eingekleidet, sondern ein Accessoire mit rotierenden Zeigern geschaffen. Schmid und Muller achten besonders auf das Gleichgewicht der Formen und die Verbindungen zwischen den äusseren Elementen. Auf diese Weise gelingt ihnen ein echt minimalistisches Design.

Als wichtig erwies sich auch die Wechselwirkung des Know-hows über Kunststoff und seine Einfärbung mit den Ideen der Designer. Das bedeutete, dass die Designer in Bezug auf die Eigenschaften des Kunststoffs und den Produktionsprozess von den Ingenieuren informiert werden mussten. Umgekehrt mussten die Beiträge der Designer von den Kunststoff-Spritzgussexperten berücksichtigt werden. Allerdings konnte sich damals niemand die enorme Vielfalt der Farben und Motive der zahlreichen, künftigen Swatch-Kollektionen vorstellen. Mock informierte die Designer über die physikalischen Eigenschaften des Kunststoffs, die Grenzen der Spritzgusstechnik und die industrielle Einfärbung einer Kunststoffuhr. „Bernard (Muller) erlernt das ABC der Kunststoffe und einer ganzen Pallette von Werkstoffen. Mit viel Humor und geistreichen Sprüchen zerlegt Mock die Kunststoffkörper, kommentiert die Bestandteile, die Kompatibilitäten und

20 Erinnern wir uns daran, dass etwas später und in einer anderen Industrie Apple ihre „Designperle" in der Person von Jonathan Ive fand. Seine Karriere beginnt Ive bei Tangerine, einer kleinen Design-Consultant Firma in London, an deren Gründung er 1990 beteiligt ist. Zwei Jahre später gibt Apple den kreativen Mitarbeitern von Tangerine den Auftrag, die Linien der künftigen Generation von tragbaren Computern zu entwerfen. Während er parallel dazu an einer Familie von Badezimmermöbeln für Ideal Standard arbeitet, entwickelt Ive das Design des PowerBook. Während Ives Möbeldesign verworfen wird, beeindruckt das PowerBook. Apple stellt Ive an, der nach Kalifornien zieht und wenige Monate vor der Rückkehr Steve Jobs' die Abteilung Industriedesign übernimmt. Beginnend mit dem Imac-Bereich, wird das gesamte Produktespektrum von Apple neu designt.

Inkompatibilitäten verschiedener Werkstoffe (. . .). So erwirbt auch Maryse (Schmid) eine solide technische Basis für ihre Untersuchungen und Versuche“ (Carrera, 1991, S. 49) Äusserst wichtig ist, dass sich das Swatch-Gehäuse ohne jeden Grat von der Spritzgussform löst. Die taktilen Eigenschaften der Swatch ergeben sich aufgrund sandgestrahlter Injektionswerkzeuge; das Gehäuse vermittelt ein angenehmes Gefühl, es fasst sich weich, seifig und matt an. In diesem Fall bestätigen die designbezogenen Kenntnisse den Produktionsprozess. Umgekehrt schlagen die Ingenieure, nach dem wenig erfolgreichen Austesten der ersten Armbänder, ein Scharniersystem vor, das zudem den Erkennungsgrad der Swatch markant verbessert: Wegen des Scharniers erkennt man sie auf den ersten Blick (vgl. Kasten). Die bei gewissen Swatch-Modellen erwünschte Durchsichtigkeit des Kunststoffs ist ebenfalls ein Ergebnis von Elmar Mocks unermüdlicher Arbeit.

Die Scharnierbefestigung des Swatch-Armbands

Zur Verbindung eines gewöhnlichen Uhrenarmbands mit dem Gehäuse dient der sog. Steg. Dies ist ein metallischer Stift, der das Ende des Armbands durchquert und zwischen den Bandanstössen oder anderen Extremitäten des Gehäuses befestigt ist, entweder durch Federdruck oder durch eine Verschraubung. Im Fall des Kunststoffgehäuses der Swatch erwiesen sich konventionelle Bandanstösse und das Armband als mechanisch zu schwach: Sie brachen unter der Zugwirkung beim Tragen. Am Weihnachtstag 1981 wurden dreihundert Swatch mit dem „Zaugg-Design“ und konventionellen Bandanstössen getestet. Es ging nicht um eine kommerzielle Aktion, sondern um einen Tragetest, der sehr ungünstig ausfiel: Bei einem vollen Drittel der Uhren waren Schäden zu beklagen. Das hätte das Ende des „Swatch-Abenteuers“ bedeuten können, denn unter solchen Umständen wäre die Uhr sehr bald unverkäuflich geworden.

Dazu kam, dass die ästhetische Integration von Gehäuse und Armband zu wünschen übrig liess. Je nach der Grösse des Handgelenks bzw. des Geschlechts und Alters des Uhrenträgers ergab sich aufgrund der immer andersartigen Abwinkelung des Armbands zwischen den Bandanstössen ein anderes Bild. Thomke forderte jedoch eine Uhr, die an jedem Handgelenk gut aussah – eine weitere Innovation war gefordert. Im Frühjahr 1982, als das Projekt schon gut vorangekommen war, schlugen die Ingenieure (wieder sie!) ein scharnierartiges System vor, das an Türangeln erinnerte und als Verbindungselement diente. Das Scharnier umfasste vier Segmente, dank derer die Zugkräfte um das 25fache reduziert wurden. Auf diese Weise erhielt man eine ausgezeichnete mechanische Festigkeit, ganz unabhängig von der Grösse des Handgelenks. Der Festigkeitsgewinn war so hoch, dass das Scharnierarmband patentiert werden konnte.

Die Designer Muller und Schmid sorgten für eine perfekte Harmonie zwischen dem erheblich veränderten Gehäuse und dem Armband. Letztlich konnte das Scharnier perfekt ins Design der Uhr integriert werden. Die neue technische Lösung hatte aber nicht nur ästhetische Folgen, sie wurde als wichtiges und permanentes Argument vom Marketing eingesetzt. Sie verdeutlichte den visuellen Aspekt der Swatch und hatte positive Folgen für die 1989 zur Swatch Group umfirmierte SMH. Später wurde diese visuelle Signatur bei allen Modellen der Marke übernommen, sogar dort, wo sie gar nicht erforderlich war, d. h., bei den Swatch-Stahlgehäusen (Swatch Irony). Das Scharnier wurde zu einem Charakteristikum des Produkts, während die Swatch-Kopierer lediglich das rein Optische nachahmten und die technologischen Aspekte ignorierten. Schliesslich spielte das an sich unbedeutende Patent zum Scharnier-Armband eine zentrale Rolle im Kampf gegen Nachahmungen. Im Sinn der C-K-Theorie führte das Know-how der Ingenieure zu einem integrierten Design des Systems Uhr/Armband. Das Konzept einer Signatur andererseits ermöglichte eine bessere Erkennbarkeit des Produkts.

Der Designer Jean Robert[21] schaltete sich nach den beiden Kollektionen von 1984 ein. Zusammen mit Kathy Dürer brachte er eine künstlerische Note ein. Robert und Dürer standen ganz am Anfang einer langen Reihe von Designern, deren Aufgabe es war, die vom berühmten Swatch Lab in Mailand ausgeheckten Themen endlos zu variieren. Max Imgrüth, Swatch-Marketing Direktor in den USA, schlug 1984 vor, den Swatch-Modellen und Kollektionen individuelle Namen zu geben. Nun eroberte die Swatch die Welt und die kollektive Erfindungskraft, nicht als eine einfache, preiswerte Plastikuhr, sondern als modisches Objekt, als Symbol von Jugendlichkeit, Prestige, Sportlichkeit und Avantgarde.

2.4.8. Die Entwicklung des Produktionsprozesses

Um die Bedeutung des bei der Entwicklung des Produktionsprozesses für grosse Swatch-Serien geleisteten Einsatzes hervorzuheben, müssen wir in der Geschichte der Schweizer Uhrenindustrie weit zurückblättern, denn der Paradigmenwechsel war tiefgreifend. Noch nie war eine Uhr vollautomatisch montiert worden, auch wenn es an entsprechenden Versuchen nicht mangelte (vgl. Kasten).

Eine historisch gesehen wenig industrialisierte Industrie

Die Schweizer Uhrenindustrie war nicht immer gegen die Mechanisierung der Uhrenproduktion. Tatsächlich war dieser Weg überlebenswichtig, nachdem es amerikanischen Konkurrenten gelungen war, die Uhrenproduktion in modernen Fabriken zu standardisieren. Dazu wurde das Know-how der Nähmaschinen- und Gewehrfabriken übernommen (Donzé, 2009, S. 26). Jacques David und Theodor Gribi, zwei Schweizer, die vom amerikanischen Uhrenfabrikationskonzept fasziniert waren, schrieben 1876 einen berühmt gewordenen Bericht zur mechanisierten Fabrikation von Uhrwerk-Komponenten und ihrer Austauschbarkeit. Auf diese Weise wurde die Massenproduktion von preiswerten und dennoch qualitativ hochwertigen Uhren möglich. Als sich von 1920 bis 1960 die Armbanduhr durchsetzte, demokratisierte sich die Schweizer Produktion: Nun wurden Millionenserien von preiswerten mechanischen Stiftankeruhren auf den Weltmarkt geworfen.

Trotz dieser Evolution zum Massenprodukt, blieb die Kommunikation der grossen Uhrenmarken auf Luxus und Präzision fixiert. Die Automatisierung war nie ein wichtiges Thema, und zwar aus zwei Hauptgründen. Einmal ermöglichte die manuelle und halbautomatische Pro-

21 J. Robert war ursprünglich ein Designer von Damenstrümpfen bei der Firma Fogal. Von der Ausbildung her war er Graveur und hatte sich auf die Reduktion von Formen spezialisiert. Seine Erfahrung brachte der Swatch ein einzigartiges „graphisches Auge“.

duktion das Überleben einer grossen Zahl von Familienbetrieben im ganzen Jurabogen. Zudem zeichneten sich die grossen Marken der Schweizer Uhrenindustrie durch eine enorme Breite und Tiefe der Produktion aus. Mit einer dermassen grossen Vielfalt von Produkten und Werkstoffen waren Standardisierung und Automatisierung der Produktion faktisch unmöglich – ganz im Gegenteil: Die edle Kunst der Uhrmacherei steht und fällt mit der manuellen Geschicklichkeit und der Beherrschung vieler komplexer Produkte. Ein Beispiel: Die Fabrique d'Horlogerie de Fontainemelon (FHF) produzierte seit der ersten Hälfte des 19. Jahrhunderts Rohwerke auf industrieller Basis. Dennoch bot sie ihren Kunden etwa tausend verschiedene Kaliber an, was die Rationalisierung der Produktion verhinderte (Donzé, 2009, S. 31). „In La Chaux-de-Fonds allein gibt es 1870 nicht weniger als 67 uhrmacherische Spezialisierungen (…). In dieser Stadt gibt es 1308 selbständige Betriebe (…), d. h. kleine Unternehmen, die auf einen ganz engen Bereich der Uhrenfabrikation spezialisiert sind." (Ibid., S. 17)

Eigentlich war die professionelle Identität dieser Industrie durch das unablässige Streben nach weiter verbesserter Qualität und Vielfalt der Produkte gekennzeichnet. Die Rationalisierung der Produktion wurde als sekundär betrachtet. Selbst gegen Ende des 19. Jahrhunderts erreichte man höchstens eine teilweise Rationalisierung. Es entstanden keine grossen Fabriken, sondern zahlreiche kleine Betriebe. „Im Jahr 1923 gibt es in La Chaux-de-Fonds 972 Uhrenfabriken, die im Durchschnitt lediglich 35 Mitarbeiter beschäftigen." (Ibid., S. 111) Die Entwicklung der Schweizer Uhrenindustrie verlief nach dem Prinzip extremer Spezialisierung mit zahlreichen, ausgesprochen schwach kapitalisierten Familienbetrieben, die sich entsprechend den Prinzipien der sog. „Etablissage" untereinander koordinierten. Die Swatch brach diese Tradition auf, indem sie die standardisierte Produktion einer kompletten Uhr am gleichen Standort durchsetzte.

2.4.9. Die Swatch standardisiert die Produktion und diversifiziert das Produkt

Mit der Swatch war geplant, dieselbe Uhr in Millionenauflagen zu produzieren. Doch wie soll eine Industrie, die von der Vielfalt ihrer Produkte lebt, so viele identische Uhren verkaufen? Oder vielmehr: Wie kann man dem Markt glaubhaft machen, dass man Vielfalt produziert (eine Uhr für jedermann), während man tatsächlich nur einen einzigen Produktetyp hat? Die Spezialisten der Produktionsführung sprechen von „verzögerter Differenzierung" und bezeichnen damit einen Prozess, bei dem die Fabrikation standardisiert ist und die Differenzierungselemente so spät wie möglich eingeführt werden, sodass das Produkt einzigartig wird und in den Augen des Käufers einen Mehrwert erbringt. Es wird immer dieselbe Swatch produziert, doch bei der Montage können auf derselben Produktionslinie zahlreiche Dekors, Farben oder Logos integriert werden. Nur vier differenzierbare Elemente charakterisieren die Swatch: Gehäusefarbe, Zifferblatt, Zeiger und Datumsscheibe. Die im Design steckende explosive Kreativität hat die Swatch immer wieder neu erfunden. Vom Produktionsprozess her war sie seit 1983 ein kostengünstig fabrizierbares Standardprodukt.

Diese industrielle Strategie wurde schon zu Beginn des Projekts festgelegt. Dazu war die geballte Ingenieurskraft der ETA erforderlich. Dies ging sehr viel weiter als die kreative Arbeit von Mock und Muller. Die Entwicklung des Produktionsprozesses benötigte wesentlich mehr Zeit als die Entwicklung des Produkts.

2.4.10. Vom industriellen Basteln zur Serienproduktion

Die ersten Swatch-Prototypen vom Dezember 1980 wurden vollständig von Hand montiert. Bei der 1983 erfolgten Lancierung waren bereits 80 Prozent der Vormontage automatisiert, doch damit lief der Produktionsprozess noch lange nicht so, wie er ursprünglich vorgesehen war. Hinzu kam, dass die Verkaufszahlen zehnmal höher waren, als man erwartet hatte. Die erste Million Swatch wurde von 300 Mitarbeiter(innen) in einer grossen Montagehalle in Grenchen manuell montiert – was übrigens zu sozialen Forderungen führte. Während dreier Jahre liefen manuelle und automatische Produktion nebeneinander her. Kleine Teile und Module wurden maschinell zusammengesetzt, die Endmontage erfolgte weiterhin von Hand. Eine schnellere Vollautomatisierung wäre ohnehin nicht möglich gewesen, weil dazu in der Produktionskette zahlreiche Anpassungen erforderlich waren. Zudem musste der ganze Prozess laufend modifiziert werden, und zwar als Folge der von Käufern retournierten Garantiefälle, die ständig neue Schwachstellen aufdeckten (vgl. weiter unten die Bemerkungen zur Nicht-Reparierbarkeit). Produkt und Produktionsprozess wurden einander gegenseitig symbiotisch angepasst, auch als die Uhr längst auf dem Markt war. Die definitive Version der automatischen Produktionsanlage konnte erst Ende 1985/Anfang 1986 in Betrieb genommen werden.

2.4.11. Ein neuartiges Produkt – Ein neuartiger Produktionsprozess

Bemerkenswert ist, dass der Produktionsprozess für die Swatch vollständig automatisiert wurde. Von den 51 Komponenten waren deren 25 Module, die vormontiert wurden, bevor sie zur Endmontagekette transferiert wurden. Die Endmontage umfasste 12 Einheiten, jede davon führte fünf Montageschritte aus. Kontroll- und Montageschritte waren in der Zahl identisch: Kontrolle der einzelnen Bauteile, Kontrolle der Module, Kontrolle jedes Montageschrittes und Endkontrolle. Bei dieser Gelegenheit entwickelte die Abteilung Qualitätssicherung der ETA vollständig neue, computerbasierte Messsysteme. Das war lean production im wahren Sinn des Wortes, lange bevor diese Methode Mode wurde und in der europäischen Industrie allenthalben Eingang fand. Nach einer Zykluszeit von ca. einer Stunde kam alle drei Sekunden eine Swatch vom Band. Jede frisch von der Montagekette kommende Uhr durchläuft 24 Stunden lang strenge Tests, die natürlich ebenfalls automatisiert sind: Wasserdichtigkeit, Hitzefestigkeit, Stossfestigkeit (die Swatch wird bei 5000 G getestet: die damaligen Billiguhren zerbrachen in mehrere Stücke, wenn sie mit voller Wucht auf einen Tisch geschlagen wurden, was solchen Beschleunigungen entspricht). Vor der Endkontrolle werden die Komponenten und Module ebenfalls einzeln geprüft. Dank dieser prozessbedingten Komplexität kann die Produktion der Swatch in der Schweiz bleiben und muss nicht in ein Billiglohnland ausgelagert werden.

Im April 1980, d. h., ganz am Anfang des Projekts, wechselte Mock in die Ingenieurabteilung der ETA unter der Leitung von Willy Salathé, damit er die Ressourcen des Unternehmens im Bereich der Prozessentwicklung nutzen konnte. Kurz darauf werden die Ingenieurabteilungen der ETA und der Fabrique d'Horlogerie de Fontainemelon fusioniert, um ein Spitzenteam von etwa zehn Ingenieuren und Technikern zu formen. Auf dem Höhepunkt dieser Etappe des Projektes arbeiten ungefähr 200 Personen an der Entwicklung des automatisierten Produktionsprozesses. Von 1982 bis 1985 leitete Mock das Werkstoff-Departement der ETA-Ingenieurabteilung. Im letzten Jahr vor seinem Rücktritt (1986) begleitete er die Swatch beim Produktionsengineering.

2.5. Schlussfolgerung

Der sog. C-K-Baum der Swatch, dessen Schema untenstehend wiedergegeben ist, versucht den Werdegang des Vorgangs nachzuvollziehen, der zur Innovation führte. Die schwarzen Rechtecke im Raum des Wissens K identifizieren drei Wissensquellen, die zu nutzen waren, um das Projekt erfolgreich umzusetzen.

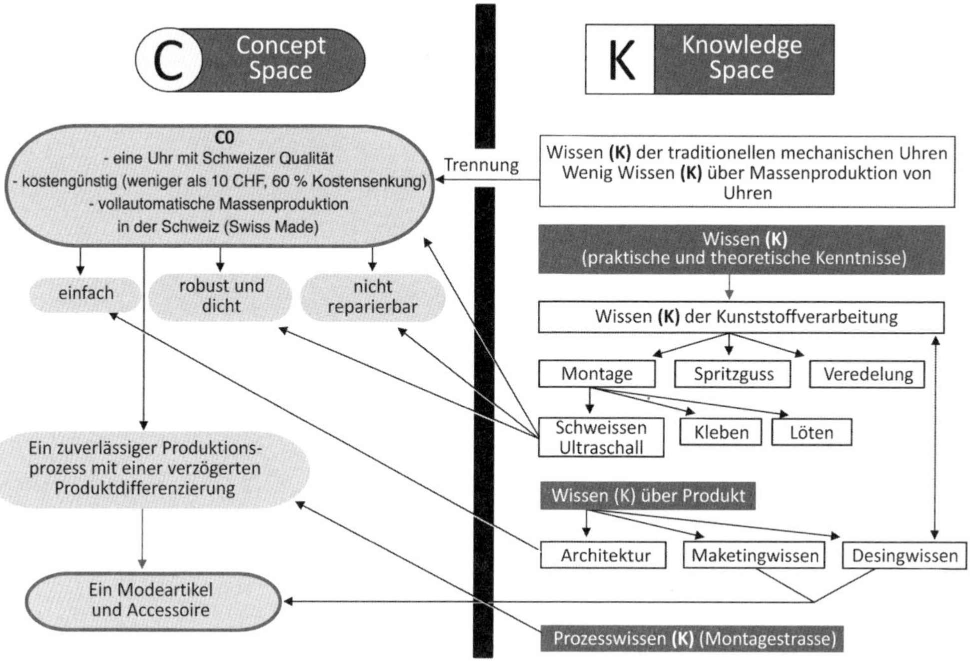

Der C-K-Baum der Swatch

2.5.1. Lessons Learned betreffend dem Management von innovativen Vorhaben

Unentbehrliche Wechselwirkungen zwischen Produkt und Produktionsprozess

Beim Swatch-Projekt entsteht das innovative Produkt über den innovativen Prozess, der seinerseits wiederum vom Produkt abhängt. Allerdings unterscheiden die klassischen Theorien der Innovation zwischen Produktzeit und Prozesszeit, die sequentiell aufeinander folgen: zuerst die Produktinnovation, danach die Prozessinnovation. Diese Aufteilung ist im Fall der Swatch kaum sinnvoll, massgebend sind vielmehr folgende Punkte:

- Die Einfachheit der Uhr, ihre Robustheit und die geringen Kosten leiten sich direkt aus den Zwängen der automatischen Produktion ab. Wie bereits erwähnt, wird mit der stetigen Verbesserung des Produktionsprozesses das Konzept der Nicht-Reparierbarkeit immer wichtiger.

- Umgekehrt beeinflussen gewisse Eigenschaften des Produkts essenzielle Schritte des Produktionsprozesses. Zum Beispiel erleichtert die Reduktion der Zahl der Komponenten die Produktion. Die gewünschten taktilen Qualitäten der Uhr (ein bei Berührung angenehmer, weicher und matter Kunststoff) nötigten die Ingenieure und Designer förmlich dazu, den Produktionsprozess zu modifizieren. In diesem spezifischen Aspekt bestimmte das Design den Prozess.

In diesem System von Interdependenzen zwischen Produkt und Prozess mussten die Ingenieure das Produktkonzept gut kennen, während die kreativen Designer Ingenieurwissen erwerben mussten. Für das Unternehmen schloss diese Konzeptbildungsstrategie den üblichen linearen Weg aus (sog. Stage Gate), insofern keine Meilensteine gesetzt werden und man sich nicht sukzessive dem von Anfang an definierten Ziel nähert. Ganz im Gegenteil: Die Entwicklung der Swatch bedingte einen Prozess, der auf Interaktivität ausgerichtet ist, der sich entlang der Lernkurve permanent neu orientiert. Aus der Perspektive der industriellen Strategie eines Unternehmens bzw. der Industriepolitik eines Staates[22] sieht man, wie wesentlich es ist, Investitionen in Produktionsprozesse mittels einer innovativen Vision des Produkts ausdrücken zu können. Der C-K-Baum zeigt, dass Investitionen in den Produktionsprozess direkt mit den Eigenschaften des Produkts korrelieren – und umgekehrt.

2.5.2. Sich Zeit für die Aneignung von Know-how nehmen

Mocks Tätigkeit bei der ETA zeigt von Anfang an seinen Willen, jegliche Kontrollen zu umgehen. Er spielte dabei allerdings immer das Spiel des Unternehmens, zu dessen Gunsten er Konzepte ausarbeitete. Fritz Scholl, der damalige ETA-Direktor, erlaubte ihm, quasi in einer Grauzone mit einer Kunststoff-Spritzgussmaschine zu experimentieren und zu spielen. Die für die Swatch unentbehrlichen Kenntnisse in Kunststofftechnik reifen langsam, aber stetig von Mocks

22 Die Schweizer Uhrenindustrie profitierte in den 1930er Jahren von der bisher einzigen massiven Intervention des Bundes im industriellen Sektor.

1976 erfolgtem Stellenantritt bei der ETA über seine Ausbildung zum Kunststoff-Ingenieur in Brugg-Windisch im Jahr 1978 bis zur Lancierung des Vulgaris-Projekts im März 1980. Wenn man die lange Zeitdauer für die Beschaffung und das Ausreifen des Know-hows sowie die grosse Freiheit betrachtet, die man den jungen Angestellten damals gewährte, so muss man sich fragen, inwiefern das in der heutigen Zeit noch möglich wäre.

2.5.3. Protektion seitens eines Mentors in führender Stellung

Beim Swatch-Projekt lässt sich Thomkes Rolle nicht auf diejenige eines Vorgesetzten reduzieren, der sich mit etwas Unterstützung und hierarchisch bedingten Entscheidungen engagiert (z. B. mit der Bewilligung von Investitionen). Vielmehr war Thomke Mentor, Pate, Bürge. Er trug als Verantwortlicher das Projekt, woran er unerschütterlich glaubte, und gab seinen Mitarbeitern das erforderliche hohe Mass an Freiheit. Wenn man gelegentlich hört, dass die Hierarchie des Unternehmens die Innovationsvorhaben stützen und schützen muss, ist in Rechnung zu stellen, dass dies grundsätzlich konfliktbehaftet ist. Wohl sind Innovatoren einerseits sehr engagiert, andererseits können innovative Projekte viele traditionelle Regeln im Unternehmen zwingend nicht berücksichtigen. Sie gebärden sich damit in gewisser Weise „anti-manageriell". Der Mentor des Innovators geht deshalb ein gehöriges Risiko ein, denn mit revolutionären Management-Methoden riskiert er im Fall eines Misserfolges seine eigene Position. Thomke führte zwei Gladiatoren in die Arena, zeigte aber nie mit dem Daumen nach unten, insbesondere dann nicht, wenn das Projekt Schwierigkeiten geriet.

2.5.4. Zeichnen, Prototypen bauen, Darstellen

Die von Mock und Muller im März 1980 verfertigte Zeichnung kam gerade im richtigen Moment, denn Thomke hatte schon mit weiteren ETA-Kadermitgliedern über eine „andersartige Uhr" nachgedacht. Die Forschungs- und Entwicklungsabteilung hatte entsprechende Aufträge erhalten, doch war noch nichts Brauchbares herausgekommen. Die Zeichnung von Mock und Muller brachte nun endlich etwas Konkretes und Machbares. Dies beweist, wie wichtig es für Innovationsträger ist, über eine Visualisierung des zu entwerfenden Objekts zu verfügen, etwas, was der Entscheidungsträger nachvollziehen kann: eine Zeichnung, ein Modell, ein Prototyp (vgl. auch Schlussfolgerung).

2.5.5. Die Wiederverwendung von existierendem Know-how, wenn nötig auch aus entfernten Gebieten

Die Wiederverwendung von vorhandenem Know-how bzw. von bereits bestehenden Subsystemen gehört seit Langem zum Vorgehen der Innovation. Bereits Existierendes zu übernehmen und dies gegenüber dem Kunden unsichtbar werden zu lassen, ihm also nur die neuen Aspekte zu zeigen, gestaltet sich allerdings schwierig. Wiederverwendung setzt enorm viel Arbeit „auf der Basis existierenden Wissens" voraus; warum dann nicht gleich etwas „wirklich Neues" schaffen?

Im Fall der Swatch bedient man sich eines umfangreichen, etablierten Uhrmacher-Know-hows. Die Verwendung der Gehäuseboden-Innenseite als Platine wurde z. B. bereits 1880 patentiert, preiswerte Plastikuhren hatten schon Fortis, Oris und andere Marken lanciert, die Zeigerstellwelle inspirierte sich an einer Cyma-Pendülette aus den 1930er Jahren, einen vereinfachten Lavet-Schrittmotor hatte Ebauches Bettlach bereits früher entwickelt. Derartige Wiederverwendung von Vorbestehendem setzt eine umfangreiche Wissensbasis voraus: „Man musste alles kennen, was es gab: Es setzte eine geradezu krankhafte Neugierde voraus", schreibt Trueb (2010) im Zusammenhang mit Mock und Muller. Die beiden Ingenieure waren nicht nur am Puls der neuen Technologien, sie waren auch Ahnenforscher und Historiker der Uhrentechnik. Franz Sprecher fasste das so zusammen: „Sie werden nichts Geniales erfinden, wenn Sie die Dinge nicht ganz genau kennen".

Andere Teile des für die Swatch verwendeten Wissens stammen aus ganz anderen Gebieten und entsprechen keinesfalls der uhrmacherischen Tradition. Wie dargelegt, war das Ultraschallschweissen von Plexiglas-Abdeckungen mit ABS-Gehäusen bei Auto-Scheinwerfern Routine. Die Ultraschalltechnik sollte bei der Montage der Swatch eine wichtige Rolle spielen, um Schrauben, Klebstellen, Nieten und andere, bei mechanischen Uhrwerken verwendete Inserts zu eliminieren. Manchmal muss das für eine Konzeptfindung erforderliche Know-how von weit her beschafft werden.

Zwei Punkte im Zusammenhang mit der Beschaffung von Know-how dürfen nicht unerwähnt bleiben. Einerseits macht man aus dem Stand der Technik einen Nicht-Stand der Technik, indem man die Frage stellt: „Was wissen wir nicht?" (vgl. Kapitel 3 über die KCP©-Konzeptfindungs-Workshops) Gleichzeitig werden Schwachpunkte und Grenzen des in einem Unternehmen verfügbaren Wissens aufgedeckt. Andererseits ist der Transfer von Kenntnissen aus anderen Disziplinen ein manchmal langer und schwieriger Vorgang, besonders wenn er eine Zielwelt betrifft, die nicht auf das Übernehmen und Nutzen neuer Kenntnisse vorbereitet ist. Zudem sind die Akteure nicht immer gewillt, ihr eigenes Know-how in Frage zu stellen, denn es repräsentiert „professionellen Komfort" in einem abgesicherten Bereich.

2.5.6. Abweichendes tolerieren und so den Durchbruch vorbereiten

Als die Entwicklung der Swatch gerade erst begann, befand sich die ETA in einer schweren Krise und war aufgrund zahlreicher Entlassungen unterhöhlt. In solch chaotischen Zeiten koexistiert die Angst vor dem nächsten Tag mit grossartigen Freiräumen – als ob in einem Land der Krieg alle Gefängnisse geöffnet hätte. Einige Gefangene kehren von selbst in ihre Zelle zurück, andere nutzen die Gelegenheit, um anderswo ein neues Leben zu anzufangen. Zwischen den Weisen und den Verrückten, zwischen den Gasförmigen und den Kristallartigen (vgl. Kapitel 4) hatten Mock und Muller ihren Standort gewählt. In normalen Zeiten wäre ein Unternehmen wie die ETA nicht in der Lage gewesen, solche Abweichler zu tolerieren. Doch angesichts der Krisensituation konnten sich anarchistische und unternehmerische Verhaltensweisen in Randbereichen der Unternehmenskultur halten. Solche Abweichungen können nicht nur als Verletzung der Norm definiert werden, denn nach der Krise kehrt die Norm zurück. Man muss sie auch als Symptom späterer Konzeptfindung verstehen, denn mit der Swatch beginnt für Mock, ohne dass er es wüsste, die Vorbereitung seines eigenen, ganz der Innovation gewidmeten Unternehmens Creaholic.

2.5.7. Das initiale Konzept nicht voreilig negativ beurteilen oder als unmöglich bezeichnen

Die Entwicklung der Swatch war von tiefer Skepsis und etlichen Sarkasmen begleitet: Viele beurteilten den Bruch mit der Schweizer Uhrentradition als zu brutal. Kunststoff, Massenproduktion, niedrige Preise ... – das konnte nicht gut gehen. Unschwer ist zu erkennen, wie tief ein ursprüngliches Konzept im „bekannten Universum" verankert ist (eine Uhr), und gleichzeitig zugleich neue Konzepträume erschliesst (eine Uhr, ganz anders als alle anderen). Um die Innovation zu verwirklichen, muss das initiale Konzept zunächst akzeptiert werden. Es darf nicht a priori in Frage gestellt resp. verurteilt werden. Vielmehr ist es mit den verfügbaren Kenntnissen zu konfrontieren, um es insgesamt einzuschätzen, um sein Entwicklungspotenzial zu evaluieren.

Thomke schenkte Mock und Muller sein Vertrauen: „Er bezahlt, um mehr zu erfahren." Die ihm im März 1980 präsentierte künftige Swatch war nichts als eine einfache Zeichnung, deren Bedeutung nicht absehbar war. Es bleibt grundsätzlich unmöglich, den Erfolg eines Konzeptes vorherzusehen. Man kann sich nicht wirklich vorstellen, dass eine Raupe, eine Art haariger Wurm, eines Tages in der Form eines schönen Schmetterlings fliegen wird. Dennoch beschliesst Thomke, die Sache weiter zu verfolgen. Wie kann man denn entscheiden, wenn man „im Voraus" gar nichts weiss? Viele Innovationen erreichen lediglich das Stadium der Raupe oder der Puppe, weil die verantwortlichen Manager sich mit Risikoanalyse und Rentabilitätsbeweis und dem Nachweis eines aufnahmenfähigen Marktes schützen wollen. Solcherart wird jedoch das initiale Konzept abgetötet.

2.5.8. Die kommerzielle Lancierung der Swatch

Die erste (z. T. vergessene oder verdrängte) Lancierung der Swatch mit 10000 Uhren erfolgte im November 1982 in Houston (Texas, USA). Am 1. März 1983 wird eine Kollektion von zwölf Modellen im Zürcher Hotel Atlantis vorgestellt. Mock und Muller sind bei dieser Pressekonferenz anwesend. Die US-Lancierung war ein kommerzieller Flop, gereichte aber zu einem äusserst nützlichen Lernprozess für die Differenzierung der Uhr. Die Vereinigten Staaten waren der Testmarkt für die ETA im Rahmen des iterativen Prozesses, der zur Konzeptfindung der Swatch führte: Man begann, schnell und gut zu arbeiten, unverzüglich zu agieren, zu lernen und es dann wieder zu versuchen. Marvin Traub, Präsident der Bloomingdale-Warenhauskette, weigerte sich, die initiale Swatch bekannt zu machen und zu verkaufen. Er forderte mindestens zwanzig verschiedene Modelle und eine Kollektion, die alle sechs Monate vollständig erneuert wird. Ausserdem wollte er nicht nur farbige Uhren, sondern Uhren mit Design: Der erste Swatch-Detaillist verordnete gewissermassen der Uhr eine grosse Vielfalt an Varianten und führte sie dergestalt zu einem grossartigen Erfolg.

Noch im selben Jahr (1983) wird die Swatch noch einmal in den USA sowie zusätzlich in Deutschland, Grossbritannien und in der Schweiz herausgebracht. Der amerikanische Markt hatte auf das Kommen der kleinen Plastikuhr wenig reagiert, doch in der Schweiz und in ganz Europa schlug sie wie eine Bombe ein. Der ursprüngliche Preis lag zwischen 39,90 bis 49,90 CHF[23]. Die Marktstudien kamen zum Schluss, dass man in der Schweiz höchstens 50 000 Swatch würde verkaufen können – es waren bereits im ersten Jahr 500 000 ...

Der sehr bescheidene Preis für eine Swiss-Made-Uhr, eine gelungene Werbekampagne und vor allem die Akzeptanz des Schweizer Marktes bedeuteten den sofortigen Durchbruch. „Plötzlich gibt es Platz für andersartiges Denken, für das Verlassen ausgetretener Pfade im Verständnis der Uhr." (Hainard in Carrera, S. 10) Die Schweiz begreift sofort, dass ihre totgeglaubte Uhrenindustrie lebt und die Jugend nun die Oberhand gewonnen hat. Sechs Monate nach der Lancierung schätzt Konstantin Theile, der in Grenchen für das Marketing der Swatch verantwortlich ist, dass bereits 100 000 „patriotische Swatch" in der Schweiz verkauft wurden. Im folgenden Jahr gehört die Swatch zu den zwölf „Produkten des Jahres", die vom Magazin Fortune prämiert wurden. Ebenfalls 1984 setzte sich das ETA-Management den Verkauf von 100 000 Swatch zum Ziel; im August hatte man bereits 220 000 Stück geliefert[24]. Laut dem Direktor der Fédération de l'Industrie Horlogère Suisse (FH) hatte die Schweizer Uhrenindustrie 1985 wieder Tritt gefasst[25]. Betreffend das Volumen explodierte die Swatch richtiggehend: 1984 wurden weltweit 4 Millionen Stück verkauft, 1985 sind es 8 Millionen, 1986 12 Millionen, 1987 13 Millionen. 1988 hatten die Verkäufe kumuliert 53 Millionen Uhren erreicht, 1993 waren es 154 Millionen ...

Die Schweizer Presse war über die Swatch-Erfinder des Lobes voll; Elmar Mock und Jacques Muller wurden ständig um Interviews und Vorträge gebeten. „Die Japaner sind kaputt", erklären die beiden Kollegen in einem Interview; sie werden gemeinsam lachend fotografiert[26]. Und das, nachdem nur wenige Monate zuvor die Schweizer Uhrenindustrie noch eine schwere Wirtschafts- und Vertrauenskrise durchlief ... Die Swatch tat unglaublich gut!

2.5.9. Trennungen und ein Aufstieg

Nach der blendenden Lancierung der Swatch trennen sich die Wege ihrer Erfinder, und ein neues Kapitel der Geschichte beginnt: die Geschichte eines verblüffenden kommerziellen Erfolges, aber auch die Geschichte einer „Innovations-Fabrik": zwei neue Mythen.

Jacques Muller wird mehrmals innerhalb der technischen Direktion der ETA befördert. 1985 überlebt er nur knapp einen Flugzeugabsturz. Er verbringt 8 Monate im Krankenhaus, die Rekonvaleszenz dauert mehrere Jahre. Bis zur 2012 erfolgten Pensionierung arbeitet er weiter für die Swatch Group, zuletzt leitet er das CDNP genannte Produkte-Entwicklungszentrum (Centre de Développement de Nouveaux Produits) in Grenchen.

---

23 Im Herbst 1983 wurde der Preis auf 50 CHF vereinheitlicht.
24 *Le Matin Tribune* 23/09/1983; Le Démocrate 3/10/1983.
25 L'Express, 9/10/1985.
26 L'Illustré, No. 15, 1983, S. 107.

Nach dem Erfolg der Swatch und der Rock Watch von Tissot (eine Uhr aus Stein) verliert Elmar Mock seinen jüngeren Bruder bei obenerwähntem Flugzeugabsturz. Mit 30 Jahren wird er Prokurist, führt ein grösseres Team und trägt viel Verantwortung. Er hat aber den Eindruck, dass es noch lange dauern wird, bis er erneut eine ähnlich verrückte Zeit ungehemmter Kreativität erleben kann wie anlässlich der Schaffung der Swatch. Die Routine der etablierten Organisation lastet schwer auf ihm. Sie entspricht seinen Vorstellungen von kreativem Unternehmertum in keiner Weise. Zudem gibt es Konflikte mit der neuen ETA-Generaldirektion. Mock gefällt es nicht mehr in einer Umwelt, die sich anstelle von Innovationen nur noch mit der Optimierung des laufenden Geschäftes befasst. Natürlich ist diese Strategie zu erklären, müssen doch Millionen von Uhren in perfekter Qualität produziert werden. Elmar Mock kündigt 1986 bei der ETA und macht sich mit seiner eigenen Firma in Biel selbständig. Sie heisst zuerst Createc, wird später jedoch in Creaholic umbenannt.

Reich ist Mock mit der Swatch nicht geworden; 1983 erhält er eine einmalige Sondergratifikation von 700 Schweizerfranken mit der Bemerkung, dass dies angesichts der Krise äusserst grosszügig sei. „Bei meiner Frau dauerte es acht Jahre, bis sie einmal die Bemerkung fallen liess, mein komisches Dings aus Plastik sei gar nicht so furchtbar schlecht", erläutert Mock. Ab 1986 wird Elmar Mock in den offiziellen Pressemitteilungen über die Erfolgsgeschichte Swatch nicht mehr erwähnt.

Ernst Thomke wird Generaldirektor der SMH-Gruppe (hervorgegangen aus der Fusion ASUAG-SSIH) und behält diese Funktion bis 1991. Doch er gerät in Konflikt mit dem neuen Präsidenten Nicolas G. Hayek. In der Presse greift Thomke die neue Unternehmenskultur heftig an, ist sie doch auf kurzfristige Profit-Optimierung ausgerichtet. Auch der neue Führungsstil Hayeks missfällt Thomke sehr. „In der heutigen SMH könnte die Swatch niemals entstehen", sagt er 1992. Nach Thomkes Abgang hat Hayek keinen Rivalen mehr und kann sich selbst als Retter der Schweizer Uhrenindustrie darstellen, selbst wenn Thomke ihn beim Abschied daran erinnert, dass er weder der „Messias" noch der Vater der Swatch sei.

2.5.10. Die Vaterschaft der Swatch

Die Vaterschaft einer Innovation ist eine komplexe Sache, denn es ist immer möglich, die Entstehung eine Stufe höher zu schieben: ohne Quarz, keine Swatch, ohne Vater Mock (ebenfalls Uhrmacher) kein Elmar Mock, keine Swatch usw. Im vorliegenden Buch untersuchen wir die Entstehung der Swatch vom Auftauchen des Konzepts bis zum Beginn der Vermarktung. Folgerichtig konzentrieren wir uns auf die ersten direkt Beteiligten, ohne die nichts möglich gewesen wäre, also auf den „hochsignifikanten genetischen Kern", wie sich die auf Swatch-Sammlungen spezialisierten Autoren Komar und Planche (1995, S. 20) ausdrückten. Mock und Muller sind die Autoren der Swatch-Patente[27] und massgebender Swatch-Publikationen[28]; der Gaïa-Preis 2010 regelt die Frage der Vaterschaft definitiv: Die beiden Ingenieure werden als Erfinder der Swatch geehrt.

27 Die Swatch wird mittels sieben Hauptpatenten geschützt. Elmar Mocks Name findet sich auf allen sieben, Jacques Mullers Name auf sechs. Das sich auf das Swatch-Armband beziehende Patent ist von Elmar Mock und Alphonse Bron signiert.

28 Z. B. Neue Zürcher Zeitung, Beilage „Forschung und Technik", 2. März 1983.

2.5.11. Der Vater und die Mütter

Elmar Mock und Jacques Muller als technische Konzeptfinder und Ernst Thomke als Stratege und unermüdlicher Unterstützer sind die ersten an der Entstehung der Swatch direkt Beteiligten. „Thomke ist der Vater und wir sind die Mütter", sagt Mock über sich selbst und den Kollegen Muller. Ohne sie wäre die Swatch noch zu erfinden.

Von Ende 1982 bis Anfang 1985 ist die allgemeine regionale und lokale Presse von der Swatch-Saga fasziniert. Sie ist stolz auf diesen schweizerischen Neuanfang. Zahlreiche Artikel über die Erfinder der Swatch erscheinen, d. h., über Elmar Mock und Jacques Muller. Wie erwähnt, loben die Medien die Uhr und ihre beiden Erfinder über den grünen Klee. Thomkes Name erscheint ebenfalls häufig, wohingegen Nicolas Hayek logischerweise unerwähnt bleibt: Schliesslich hatte er mit dem Swatch-Abenteuer gar nichts zu tun.

Ab Ende 1985, als Hayek die SMH übernimmt, werden die Presseartikel in Bezug auf die Vaterschaft der Swatch weniger explizit[29]. Eine „Theorie der Vaterschaftsverdünnung" macht sich langsam breit. „Anfänglich wurde auf das Swatch-Baby nur von einigen wenigen Vätern Anspruch erhoben. Sie wurden im März 1983 der Presse vorgestellt, insbesondere die Ingenieure Elmar Mock und Jacques Muller. Später wurde es immer schwieriger, die Rolle der einzelnen Beteiligten, Konzeptfinder und Konstrukteure zu präzisieren. Einige waren der Ansicht, dass ohne ihren Beitrag, die Swatch niemals zu dem geworden wäre, das wir heute kennen. Jeder erlebte das Abenteuer Swatch auf seine eigene, persönliche Art und Weise"[30]. Mock, Muller, Thomke und Sprecher werden langsam in den Hintergrund gedrängt, zugunsten einer eher kollektiven Analyse, die es nicht mehr möglich hält, die Beiträge Einzelner zu identifizieren. Diese Position wird von der Swatch Group zur offiziellen erklärt: Die Swatch ist ein kollektiver Erfolg. Natürlich werden aufgrund des phänomenalen Starts der Swatch immer mehr Mitarbeiter benötigt. Der gesicherte Erfolg der neuen Uhr motiviert nun manchen, sich auch ein gut beleuchtetes Plätzchen auf dem Familienfoto zu suchen, der im Fall eines Flops sicher lieber im Hintergrund geblieben wäre. „Der Erfolg hat viele Väter, der Misserfolg ist ein Waisenkind", sagte Nicolas Hayek immer wieder.

2.5.12. Der vermeintliche Pate

Eine Reuters-Depesche vom 29. Juni 2010 berichtet über den am Vortag erfolgten Tod von „Nicolas Hayek, Schöpfer der Swatch Uhr". Diese Meldung löst grosse Bestürzung aus, vor allem in der Schweiz, wo der „Vater der Swatch" als Vorzeige-Unternehmer der Schweizer Uhrenindustrie gilt. Das Internet-Portal der Swatch Group erinnert daran, dass „unter der Führung von Nicolas

---

29 Die frühen Artikel über den Erfolg der Swatch und ihre Erfinder erschienen lange bevor die Zeitungen den Computersatz und die Digitaltechnik übernahmen. Aus diesem Grund wird die Schweizer Presse der damaligen Zeit von den heutigen Professoren, Journalisten, Kommentatoren, Bloggern usw. selten recherchiert, da dies nicht mithilfe des Computers durchgeführt werden kann.

30 Aus einem Artikel von R. Carrera zur internationalen Tagung in Biel anlässlich der fünfzigmillionsten Swatch. (L'Express, 23/9/1985). Elmar Mock beteiligt sich nicht an dieser Tagung und wird auch später nie an die Tagungen und Konferenzen eingeladen, die von der Swatch Group zur Feier ihrer Plastikuhr organisiert werden.

G. Hayek die Swatch Group weltweite Berühmtheit erlangte. Ein wichtiger Meilenstein war dabei zweifellos die Lancierung einer preiswerten, qualitativ hochwertigen Uhr, mit künstlerischen und emotionellen Aspekten, die Swiss Made ist: die Swatch." So wird die Geburt der revolutionären Plastikuhr dargestellt, die Anfang der 1980er Jahre die Schweizer Uhrenindustrie rettete. Die Fallstudien, die von Studenten an den besten Business Schools durchgeführt werden, handeln häufig von der Swatch und vom Helden, der an ihrem Ursprung stand (Taylor, 1993). Praktisch alle diese Studien schreiben Hayek den Erfolg und (was erstaunlich ist) sogar die Erfindung der Swatch zu[31].

Zwei starke Grundthemen durchziehen diese Fallstudien: Zum einen orientieren sie sich an dem Produkt, das sich bereits auf dem Markt befindet. Analysiert wird also zum einen der Erfolg des Marketings, nachdem das Produkt schon existiert: Die weltweite Distribution, die ständige Erneuerung des Designs, die Begeisterung der Konsumenten, die Modeartikel-Strategie ... Zum anderen zementieren sie die Idee der inspirierten Vision einer grossartigen Führungskraft, die eine Innovation vom Durchbruch-Typ ersinnt und sie von kompetenten Ingenieuren und Marketingleuten verwirklichen lässt. Eine Analyse dieser Art wirkt für künftige hohe Kader ermunternd und schmeichelnd zugleich. Auf dieser Grundlage können sie sich vorstellen, wie ihr erfinderisches Genie den Geschäftsgang beeinflussen kann. Doch eine Analyse der objektiven Fakten lässt diese Geschichten wie ein Kartenhaus zusammenbrechen.

Die Swatch Group verteilt eine offizielle Liste der Namen von 54 Leuten, die als „Erfinder der Swatch" zu gelten haben (Trueb, 2010). Sie ist identisch mit der „Volkszählung" der „Väter und Paten" der Plastikuhr, die sich schon in Swatchissimo findet (Carrera, 1991, S. 14). Dieses Referenzwerk unterscheidet in dieser Liste die wichtigsten Akteure des Projekts (E. Thomke, J. Muller, E. Mock sowie M. Schmid und sein Kollege B. Muller als Designer) von F. Sprecher als dem Schöpfer des Marketingkonzepts (M. Imgrüth wurde glatt vergessen). In dieser Liste taucht N. Hayek nicht auf. Hayek gestand in einem persönlichen Brief vom 10. April 2008 an Lucien Trueb auch offen ein, dass er nicht der Erfinder der Swatch sei.

Anlass zu diesem Schreiben war ein Artikel, den Trueb – Journalist und Kenner der Uhrenindustrie – für die renommierte Neue Zürcher Zeitung (NZZ) am 6. April 2008 geschrieben hatte. Darin ist die wahre (aber nicht offizielle) Geschichte der Swatch anlässlich ihres 25. Jubiläums zu finden. In seinem Brief schreibt N. Hayek wörtlich: „Etwas ist absolut sicher: die Swatch habe nicht ich erfunden." (Trueb, 2010) Dann wiederholt Hayek die These einer kollektiven Verantwortung, bei der zahlreiche Mitarbeiter eine wichtige Rolle spielten.

Wir haben die Kommunikationsabteilung der Swatch Group im Februar 2011 in dieser Sache kontaktiert. Es wurde uns bestätigt, dass N. Hayek nicht der Erfinder der Swatch war. Man verwies uns zudem an die in Buchform erschienene Reihe von Gesprächen von N. Hayek mit dem NZZ-Redaktor Friedemann Bartu. In diesem autobiographischen Werk erwähnt Hayek, dass er die Initiative zur Lancierung der Swatch ergriff (Hayek, 2006, S. 92) und dass er das Projekt bei

31 Es muss zwischen Studien unterschieden werden, die einfach offizielle Statements wiederholen (z. B. Gabarro und Zehnder, 1994; Moon 2006), und jenen, die auf seriöser Recherchierarbeit beruhen (Tushman und Radov, 2000). Darunter findet man Studien von Mitarbeitern, die direkt an der Konzeptfindung der Swatch beteiligt waren (z. B. von C. Pinson, einem Mitarbeiter F. Sprechers: Pinson und Kimball, 1987).

der ASUAG-Direktion und den Banken kräftig unterstützte. In Bezug auf die Technik der Swatch verweist Hayek auf die 52 Teile umfassende Delirium Tremens, die allerdings in ihrer Architektur keineswegs mit der Swatch verwandt ist (Op. Cit. S. 89). N. Hayek übernimmt die SMH 1986, als die Swatch schon seit drei Jahren auf dem Markt ist. Zudem sollte E. Thomke das Unternehmen noch fünf weitere Jahre lang führen. Damals „hielt Ernst Thomke das Ruder der SMH, während sein Chef Nicolas Hayek der Kapitän war."[32]

Doch die kollektive Einbildung feierte N. Hayek als Papa der Swatch[33]. Er hat sich lange nicht dagegen gewehrt und profitierte von dieser Ambivalenz. „Der Erfolg einer kleinen Gruppe von Abenteurern regt den Stolz des ganzen Landes an. Und die Swatch unterdrückt die Erinnerung an ihre eigene Entstehung. Von nun an heisst der Vater der Swatch Nicolas Hayek. Der Mythos passt perfekt zur Gruppe und ihrer kommerziellen Strategie. Die aussergewöhnliche Leistung wird zur Teleologie. Es gibt nicht einen Durchbruch, sondern eine unaufhaltbare Evolution zur Verklärung einer Erfindung – dank des visionären Mutes eines Führers, der gleichzeitig Guru und Präsident ist. Elmar Mock und Ernst Thomke haben das Unternehmen verlassen. Zusammen mit Jacques Muller, der immerhin noch in den Organigrammen erscheint, wurden sie in der offiziellen Geschichte ganz nach hinten geschoben." (Danesi, 2005).

Manche Revolution wird umgelenkt, hat aber trotzdem stattgefunden, und das ist schliesslich das Wichtigste. Zudem muss man revolutionär bleiben, wenn einen die äusseren Bedingungen dazu zwingen oder wenn man seine eigenen Überzeugungen durchsetzen will.

2.5.13. Die subtile Verbindung zwischen Kreativität und Wissen

Die Geschichte der Swatch lehrt, dass man ohne Wissen nichts erfinden kann, doch ausschliesslich mit Wissen vermag man nur nachzuahmen. Innovation setzt Kreativität voraus. Wie soll man komponieren, wenn man kein Instrument spielen kann? Man muss viel wissen, um virtuos zu sein, selbst wenn Virtuosität nicht auf blosses Wissen reduzierbar ist; damit muss eine überraschende, verblüffende, verrückte Kreativität einhergehen. Wie kann ein Virtuose zu komponieren wagen, wenn er so viele Jahre lang die Musik der grossen Meister spielte? Wie soll man diesen „kreativen Sprung" riskieren? Keine Dimension der Innovation ist abgeschlossen, selbst diejenigen Dimensionen nicht, die bereits seit Langem vom Leader besetzt sind oder von bereits bestehenden Lösungen.

Zur Zeit der Swatch war das Publikum (die Kunden) daran gewöhnt, dass die Schweizer Uhrmacher „klassische Musik" spielten. Mock und Muller haben „Jazz" vorgeschlagen. Und entgegen allen Erwartungen erhob sich das Publikum und begann, mit den Füssen zu stampfen.

---

32 Le Pays 01/04/1992.
33 Wir haben sogar einen Hinweis gefunden, dass „die Swatch aus einem Design hervorging, das von Ernst Thomke (sic), Jacques Muller und Elmar Mock signiert ist; alle drei seien damals Mitarbeiter der Firma Hayek Engineering gewesen."(!) (Fiell und Fiell, 2006, S. 474)

3
C-K, eine sehr praktische Theorie der innovativen Konzepte

In der Management-Fachliteratur wird Innovation von zwei grossen Traditionen abgeleitet. Die erste ist psychologisch und bezieht sich auf Analogie, Intuition, Improvisation, Fantasie, Metapher, verrückte und nichtentscheidbare Ideen sowie Konzepte. Hierbei wird Innovation assoziiert mit Kreativität, mit den geistigen Zuständen kreativer Menschen, mit Organisationen und Tools, dank derer innovative Konzepte und Dinge mit neuer Identität entstehen können. Die zweite Tradition zielt auf die Naturwissenschaften und das technische Know-how ab. Sie versucht umgekehrt, Objekte zu gestalten, sie zu stabilisieren und ihre Reproduzierbarkeit zu gewährleisten. Demnach wären die „Kreativen" auf der Seite der Konzepte und die „Gelehrten" auf der Seite des Wissens. Postuliert werden überdies „kreative Organisationen" und „wohlstrukturierte Organisationen". Beide Traditionen haben lange ohne jede Verbindung Seite an Seite koexistiert. Ihre Integration, also die Zusammenführung von Konzept und Wissen, ist weder intuitiv, noch entsteht sie spontan. Gerade aus diesem Grund verwenden wir die strenge Argumentation der C-K-Theorie, das als formelles Instrument zu verstehen ist.

3.1. Die Zusammenführung von Konzept und Wissen

Um den Innovationsprozess zu deuten und zu ordnen, müssen wir die zwei Traditionen zusammenführen und gewissermassen miteinander versöhnen. Die Swatch ist sowohl Traum als auch Ingenieurarbeit. Wie bahnt man sich zwischen entfesselter Kreativität und rationalem Know-how den Weg? Wie kann man den einfachen Brainstorming-Ansatz überwinden, der Kreativität im Raum der Konzepte begrenzt? Wie soll man technologische Fallstricke meiden, die oft intelligente, aber kaum funktionelle und letztlich unverkäufliche Objekte verursachen? Um radikale Innovationen zu schaffen, muss man sich fragen, wie man zugleich mit den traditionellen Konzepten und dem traditionellen Wissen brechen kann. Innovation besteht nicht allein im Aufstellen eines Inventars des Wissens, um sich davon abzugrenzen, es zu verbessern bzw. zu erweitern. Es besteht hingegen ebenso wenig einfach aus Intuitionen und genialen Ideen, wie gewisse Kreativitätsmethoden glauben machen wollen: „Es muss ja etwas herauskommen, nachdem man doch so viele intelligente und schlaue Leute an einem Tisch vereint hat ..." Innovation und Konzeptfindung setzen voraus, dass gleichzeitig im Raum der Konzepte und des Wissens argumentiert wird (Hatchuel und Weil, 2003). Konzepte schaffende Menschen befinden sich in einer vertrackten Lage: Mit dem ihnen verfügbaren Wissen, können sie die von ihnen bereits formulierten Konzepte nicht verwirklichen. Sie müssen deshalb neues Wissen suchen bzw. erarbeiten, mit dessen Hilfe sie die ursprünglichen Konzepte konkreter werden lassen oder andererseits die Konzepte durch Hinzufügen neuer Eigenschaften weiterentwickeln können. Dank dieser Interaktion zwischen Konzepten und Wissen kann Unerwartetes auftauchen, kann sich die Identität bekannter Objekte verändern. Kreativität und Wissen werden gleichzeitig einbezogen: Je mehr wir dichten (Kreativität), desto mehr müssen wir wissenschaftlich forschen (Wissen) – und umgekehrt. Um zu einer echten Innovation zu gelangen, darf man sich nicht damit bescheiden, dieselben Ideen und dasselbe Wissen wie alle anderen zu haben.

Aber wie kann man Konzept und Wissen integrieren? Die Antwort erhalten wir von der C-K-Theorie, die an der Ecole des Mines in Paris entwickelt wurde. Auf Initiative der Professoren Armand Hatchuel und Benoît Weil, entwickelte das Centre de Gestion Scientifique des Mines Paris Tech 1994 ein kollektives Forschungs- und Lehrprogramm zum Management der Konzeptbildung. Pascal Le Masson schloss sich dem Projekt etwas später an und verstärkte dessen Dynamik. Die C-K-Theorie ist das vielleicht bekannteste und wichtigste Ergebnis dieser Arbeiten (Hatchuel und Weil, 1999, Hatchuel und Weil, 2002, 2003). Die Publikationen und Vorlesungen der Mines Paris Tech über innovative Konzeptfindung im Rahmen des Lehrstuhls „Theorien und Methoden der innovative Konzeptfindung“[34] werden im Folgenden zusammengefasst.

3.2. Eine erste Annäherung an den Begriff der Konzeptfindung

Alle menschlichen Gesellschaften entwickeln Konzepte. Der Begriff ist mit unterschiedlichen künstlerischen, architektonischen, ingenieurwissenschaftlichen und Design-bezogenen Traditionen verbunden, weshalb er letzten Endes ziemlich rätselhaft bleibt. Sein theoretischer Status ist wenig präzis, just wegen dieser traditionellen Vielfalt. Die Konzeptfindung ermangelt einer einheitlichen theoretischen Beschreibung. Wir stützen uns deshalb auf allgemeine Definitionen und praktische Beispiele:

- Die Konzeptfindung ist ein gerichteter Prozess zum Erreichen eines Resultats, das noch nicht bekannt ist.

- Der Konzeptfindungsprozess besteht im Übergang von einem gewünschten Zustand zur konkreten Verwirklichung dieses Zustands. Der Nobelpreisträger Herbert Simon (2004, S. 201) schreibt in einem Referenzwerk zu den Wissenschaften des Künstlichen: „Jeder, der sich Massnahmen ausdenkt, die eine existierende Situation in eine verbesserte Situation umwandeln, ist ein Konzeptfinder“.

- Die Konzeptfindung bezieht sich auf die Aktivitäten und die Argumentation, die dem Übergang von unbekannten Objekten zu bekannten Objekten eignen.

- Falls ein Objekt am Anfang einer Argumentationskette nicht existierte und im Lauf der Argumentation auftaucht, befinden wir uns in einem Konzeptfindungsprozess.

- Die Konzeptfindung eines Objekts ist nicht die Aufzählung all seiner Eigenschaften (da man ja neue Eigenschaften verwirklichen will).

34 Im Januar 2009 am Centre de Gestion Scientifique des Mines Paris Tech formuliert: http//www.cgs.ensmp.fr/design/

- „Aladins Teppich zu verwirklichen“, erfordert viel Konzeptfindung, denn das Konzept des fliegenden Teppichs ist rein imaginär; zudem ist das Wissen, das seine Konstruktion ermöglichen würde, bis anhin nicht verfügbar.

- Ein 2000 Euro teures Auto zu produzieren, erfordert ebenfalls viel Konzeptfindung, denn man muss das ganze Wertsystem des Autouniversums im Vergleich zu dem, was wir bereits kennen, neu überdenken; möglicherweise ist gar der Begriff des Autos neu zu definieren.

Die Konzeptfindung geht also vom Wunsch aus, ein neues Objekt zu schaffen, das ganz oder teilweise anders sein wird als existierende Objekte. Sie ist weder reine Kopie noch simple Ableitung aus ‚realem‘ Know-how. Sie macht auch nicht notwendigerweise tabula rasa mit dem schon Vorhandenen. Vielmehr versucht sie bekanntes Know-how neu anzuwenden, so wie wir es im Fall der Swatch gesehen haben.

Im Sinn des Unternehmens schafft eine gelungene Konzeptfindung eine Innovation, die sich auf dem Markt oder innerhalb der Gesellschaft verbreitet. Ob es sich tatsächlich um eine Innovation handelt, wird erst nachträglich feststellbar, z. B. aufgrund des Ausmasses, wie das Resultat der Konzeptfindung den Werten, die der Konzeptfindung inhärent waren, entspricht. Der Erfolg der Konzeptfindung ist die Innovation! Weil sich vorliegendes Buch für die Innovation als Aktivität interessiert, wollen wir die erforderliche Nomenklatur determinieren (vgl. Kasten).

Von der Innovation zur Konzeptfindung

Die sich auf das Innovations-Management beziehende Literatur vertritt bezüglich der Verwendung des Begriffs „Innovation“ zwei unterschiedliche Standpunkte.

Die erste Position ist beschwörend: „Innovieren Sie!“ Es ist ein Befehl, eine dringende Empfehlung. Diese Position verhindert jegliche Kritik und erzeugt die Befürchtung, nicht ausreichend innovativ zu sein bzw. die Bedeutung der Innovation zu verkennen. Zahlreiche Vorträge von Managern und Politikern zum Thema Innovationsförderung unterstellen Innovation als unbedingt möglich, ohne jedoch zu sagen, wie man vorgehen soll. Oftmals werden bei diesen Gelegenheiten Beispiele erfolgreicher Innovatoren bzw. Innovationen zitiert.

Die zweite Position gipfelt in der Feststellung, dass eine Innovation als solche überhaupt erst retrospektiv zu erkennen sei. Die Eigenschaften eines innovativen Objekts werden erst nachträglich beschrieben. In diesem Fall ist die Innovation entweder ein Ergebnis (meine Innovation funktioniert – oder auch nicht), eine Anerkennung oder doch wenigstens eine Wahrnehmung: Eine Innovation wird von einem Unternehmen, einer Organisation oder einem Individuum immer als neu empfunden.

Ganz unabhängig vom Standpunkt kann das Wort „Innovation“ zur Falle werden resp. verliert sich logisch gewissermassen in einem Circulus vitiosus: Es verweist auf die Beurteilung eines bereits ersonnenen Gegenstands, um von der gerade erst entstehenden Innovation zu sprechen! Doch wenn die Innovation als Aufforderung oder als festgestellte Neuheit verstanden wird, was bedeutet dann „ich innoviere“ (Le Masson, 2008)?

Schon im ersten Kapitel wurde erwähnt, dass uns in diesem Buch nicht der Begriff „Innovation" interessiert, sondern die Konzeptfindungsaktivität, die zu Innovationen führen kann. Innovation ist das Ergebnis der Konzeptfindung. In allen Konzeptfindungs-Traditionen (architektonisch, künstlerisch, ingenieurwissenschaftlich, managementtechnisch) gibt sich die Konzeptfindung eine Argumentation, eine Organisation und Leistungskriterien, die ausschliesslich unter gewissen Bedingungen Innovationen erst möglich machen. Paradoxerweise hat die Konzeptfindung in der Management-Theorie bisher kaum Eingang gefunden, sondern ist eher im Bereich der Entscheidungstheorien angesiedelt, obwohl dieser gar kein Innovationsbereich ist.

Um zu verstehen, was Konzeptfindung eigentlich ist und bevor wir die Grundlagen der C-K-Theorie erläutern können, müssen wir zur theoretischen Basis zurückkehren (unweit der Entscheidungstheorie). Um konkret zu bleiben, werden wir praktische Beispiele vorstellen sowie eine Methodologie zur Systematik der innovativen Konzeptfindung entwickeln.

3.3. Das theoretische Fundament der Konzeptfindung: Konzeptfindung versus Entscheidung

Die Konzeptfindung gehört nicht zu den klassischen Wissenschaften – im Gegensatz zur Entscheidung. Um den Begriff „Konzeptfindung" theoretisch zu erfassen, sind Entscheidungsmodelle zugrunde zu legen (David, 2002). Sie basieren auf Selektions-, Programmierungs- und Optimierungsschritten, die ihrerseits auf einem Repertoire potenzieller Lösungen beruhen. Die Tools, die sich daraus ergeben, z. B. die operationelle Forschung oder die strategische Planung, sind repetitiven Abläufen gut angepasst. Hierbei werden bekannte, gut beherrschte Ressourcen und stabiles Wissen eingesetzt. Wenn die Projekte einen stark innovierenden, kreativen und explorierenden Inhalt aufweisen ist ebendies wenig sinnvoll, mitunter sogar kontraproduktiv. Wenn wir von den elementaren Begriffen der Entscheidungstheorie ausgehen, ermöglicht uns das ein gutes Verständnis für die Konzeptfindung.

3.3.1. Regel und Objekt

Ein Entscheidungsmodell beruht auf der Beziehung zwischen einer Wissensbasis und den Objekten, auf die sich die Entscheidung bezieht. Die Wissensbasis bleibt im Laufe des Entscheidungsprozesses stabil und umfasst Funktionen, Regeln oder Auswahlkriterien. In anderen Worten: In einem Entscheidungsmodell ist sowohl die Funktion, d. h., das Auswahlkriterium, identifiziert als auch das Objekt, auf das sich die Regel bezieht. Ein Beispiel: Wenn man „eine gerade Zahl zwischen 1 und 3 wählen muss", kennen wir sowohl das Objekt (man weiss, was eine Zahl ist) und die Regel, die zur Unterscheidung von geraden und ungeraden Zahlen dient. In diesem Fall liegt keine Konzeptfindung vor, nur Entscheidung und Umsetzung.

Die Lösung einer Gleichung ist eine Entscheidung, bei der man ex ante die Regel kennt (häufig erst nachdem man in einer Sammlung von gelernten Regeln nachgeschaut hat), jedoch noch nicht das Objekt (das Ergebnis). Die Entscheidung ist hier also sowohl der Vorgang, der die Regel einsetzt, als auch das Resultat dieses Vorgangs.

Soll man einen am Samstagabend gezeigten Film finden, der den Kollegen gefällt, müssen wir ebenfalls eine Entscheidung treffen. Sie umfasst die Verwendung von Auswahlkriterien, die den Eigenschaften des Films, den Wünschen und Einschränkungen der Freunde sowie der Beziehung zwischen den beiden Kategorien entsprechen. Es geht also hier darum, eine Liste von Filmen aufzustellen, die in einem vordefinierten geografischen Gebiet den genannten Kriterien Rechnung trägt. Allerdings kann dieses Gebiet in einer Grossstadt wie Paris sehr ausgedehnt sein. Auch in diesem Fall ist jedoch keine Konzeptfindung erforderlich. Die getroffene Entscheidung verändert die Definition eines Films nicht.

Wenn wir aber entschieden hätten, den Film für den Abend unter Freunden selbst zu drehen, wäre die Situation ganz anders gewesen. Analog ist der Fall, wenn ein Fest vorzubereiten ist, das den Gästen Freude macht. Man weiss zwar, was ein Fest ist, doch ist man deswegen beileibe nicht vor der Konzeptfindung gefeit, welche die Definition des Festes unter Umständen neu definiert wird. Ausgehend von bekannten Varianten von Festen (ein Fest zuhause mit einer Liste der abzuspielenden Musikstücke oder ein Fest in einem Nightclub), kann man die potenziellen Gäste in die Konzeptfindung des Festes einbinden. Auf diese Weise können letztlich gänzlich neuartige, überraschende Vorschläge generiert werden (Hatchuel und Weil, 2003).

Falls wir eine zweiwöchige Reise mit vier Personen und einem Budget von 15 000 Euro planen sollen, ist eine Konzeptfindung nicht notwendig. Es muss lediglich in Funktion individueller Vorlieben entschieden werden, denn das Angebot ist sehr mannigfaltig. Andererseits muss bei der Planung einer zweiwöchigen Reise für vier Personen mit einem Budget von 150 Euro der Begriff „Reise" (im üblichen Sinn des Wortes) in Frage gestellt werden. Denn man muss sich angesichts der bescheidenen Mittel „etwas anderes" ausdenken, vielleicht eine innere Reise.

3.3.2. Zur Konzeptfindung muss man die Beziehung „Problem/Lösung" verlassen

Mit einer Entscheidung schafft man keine Objekte, man wählt sie aus, kombiniert und optimiert sie nach bekannten Regeln. In der Entscheidungstheorie differenziert man zwischen Wahl (zwischen bekannten Alternativen wählen), Programmierung (Bau des Lösungsraumes auf der Basis bekannter Auswahlregeln) und Optimierung (die beste Lösung innerhalb der Gesamtheit zulässiger und spezifizierter Lösungen ermitteln). Ab den 1950er Jahren wurden die Tools zur Auswahl von Investitionen zu Mitteln entwickelt, die bis heute die Art prägen, wie man Entscheidungen durchdenken und treffen soll.

Die Konzeptfindung geht über Entscheidungsmodelle hinaus. Entscheidungsmodelle beginnen ihre Argumentation typischerweise etwa wie folgt: „Betrachten wir die Gesamtheit der zulässigen Lösungen und verwenden wir die Entscheidungsfunktionen, um die richtige Lösung innerhalb dieser Gesamtheit zu finden".

Entscheiden bedeutet, in einem Raum zu argumentieren, in dem sich sowohl die anfängliche Frage als auch ihre Lösung befinden. Im Rahmen der Konzeptfindung hat die anfängliche Frage keine Lösung. Oder besser gesagt, die Lösung besteht nicht in einer Auswahl innerhalb der etablierten Wissensbasis, sie muss neu konzipiert werden. Wenn ein Objekt beim Start der Lösungsfindung nicht existiert, es aber im Lauf der Argumentation auftaucht, befinden wir uns im Konzeptfindungsmodus. Dazu muss man aus dem Standardensemble „Problem – Lösung“ aussteigen, selbst wenn es verlockend ist, darin zu verbleiben (zumindest für westliche Mentalitäten, die auf Entscheidungen kulturell gut vorbereitet sind).

Tatsächlich ist dieses „Problem – Lösungsensemble“ für die innovative Konzeptfindung ein Irrweg. Eine systematische Entscheidungsfindung schliesst jede Überraschung aus, währenddessen die Überraschung in der Konzeptfindung eben gerade gesucht, vorbereitet, ja provoziert wird. Ein Objekt zu konzipieren, bedeutet, seine Definition neu zu fassen, was a priori die Unentscheidbarkeit des Objektes eben gerade impliziert. Der Ausgangspunkt einer Konzeptfindungs-Systematik ist wie folgt: Ein Objekt mit gegebenen, d. h., nichtentscheidbaren Eigenschaften liegt vor; mit dem verfügbaren Wissen können wir dieses Objekt aber nicht realisieren. Ergo ist das Problem im Raum des etablierten Wissens nicht lösbar. Demgemäss liegt die Konzeptfindung nicht etwa im Rückgriff auf eine Gruppe potenzieller Lösungen, sondern muss von seinen nichtentscheidbaren Eigenschaften ausgehen. Die Konzeptfindung besteht also im Aufheben dieser Nicht-Entscheidbarkeit. Die Antwort der C-K-Theorie darauf knüpft Beziehungen zwischen zwei getrennten Räumen: demjenigen der Konzepte und demjenigen des Wissens.

Entscheidung versus Konzeptfindung

Entscheidungsmodell	Konzeptfindungsmodell
Nutzen	Erkunden
Vom Bekannten zum Bekannten	Vom Unbekannten zum Bekannten
Problem-Lösung	Konzept-Wissen
Ein Problem zerlegen	Ein Problem ausweiten
Stabile Wissensbasis ermöglicht die restriktive Aufteilung (vgl. weiter unten)	Nicht abgeschlossene Wissensbasis am Anfang der Argumentation, die der expansiven Aufteilung unterworfen sein kann (vgl. weiter unten)
Die Objekte und Argumentationen kennen = Man kann wählen, programmieren oder optimieren	Die Eigenschaften bekannter Objekte revidieren oder neue Objekte schaffen = Man muss Konzepte finden
Unsicher Wird es morgen in meiner Strasse viele Leute geben? Ich kenne meine Strasse und wie sie genutzt wird, ich weiss nur nicht, wann	Unbekannt Gibt es Leben auf dem Mars? Akzeptiert man diese Startfrage (oder das Konzept: „Es gibt Leben auf dem Mars“), sind die Lebensformen anders, als wir sie gewohnt sind. Dadurch wird die Definition des Lebens verändert und führt uns zur Vorstellung anderer Lebensformen
Für einen Automobilkonstrukteur: sich zur Lancierung eines neuen Modells entscheiden, um die existierende Kollektion zu ersetzen	Für einen Ingenieur, der nicht notwendigerweise Automobilkonstrukteur ist: Ausdenken eines elektrischen Fahrzeugs. Es geht nicht um die Elektrifizierung eines benzinbetriebenen Fahrzeugs, sondern um neue Formen der Mobilität.
Einen Werkstoff aus einer bekannten Liste auswählen	Einen neuen Werkstoff erfinden
Eine flachere, leichtere, billigere Uhr bauen	Eine Uhr bauen, die keine Uhr mehr ist, mit bisher unbekannten Eigenschaften

Wenn wir gewisse Definitionen vorwegnehmen, die später eingehender vorgestellt werden, kann man den Gegensatz zwischen den Entscheidungsmodellen und den Konzeptfindungsmodellen zusammenfassen, indem man vergleichbare Charakteristiken in einer Tabelle gegenüberstellt (vgl. Tabelle Seite 74).

3.4. Die Grundbegriffe der C-K-Theorie

Die C-K-Theorie definiert sich mit vier Grundbegriffen: Expansion, Trennung, Konzepte und Wissen. Der Konzeptfindungsprozess konstituiert sich formell im Hin und Her zwischen den Räumen der Konzepte (C, Concepts) und des Wissens (K, Knowledge).

3.4.1. Der Begriff der Expansion

Die Expansion ist uns allen geläufig und doch ist sie rätselhaft. Sie beruht auf dem Prinzip des Ausweitens der Grenzen eines gegebenen Raumes. Gäbe es keine Expansion, wäre die Konzeptfindung auf die Auswahl in einer Liste von Objekten und Regeln beschränkt, was einer Entscheidung entspricht. Dank der Expansion seiner Identität kann ein Objekt neu andere Eigenschaften als die allgemein bekannten besitzen. Die Expansion ist immer synchron forschend (mit Forschung wird etwas Existierendes entdeckt, das bisher unbekannt war) und schöpferisch (man findet Konzepte, Wissen und Objekte, die zu Beginn der Argumentation unbekannt waren). Eine Expansion zu bewerkstelligen, hat zur Folge, dass eine Regel oder ein bekannter Zustand verletzt wird. Der Begriff der Expansion charakterisiert als Gegensatz ebenfalls den Begriff der Teilung.

3.4.2. Der Begriff der Teilung

Die Teilung entspricht der elementaren arithmetischen Teilung in einer Argumentation der Konzeptfindung. Zwei Arten von Teilungen sind zu kategorisieren:

- Die restriktive Teilung: Es geht darum, einen endlichen Raum nach gewählten Kriterien oder bekannten Regeln zu unterteilen. Z. B. kann man sehr einfach den Raum der Filme unterteilen, die diese Woche in Biel oder in Paris gezeigt werden. Dazu muss man lediglich die vollständige Liste nehmen und Auswahlkriterien anwenden (Art des Films, Länge, Schauspieler, Säle). Die Entscheidungsmodelle haben Tools zur restriktiven Teilung entwickelt und verbreitet. Sie trennen auf und beurteilen das Aufgeteilte, um letztlich den optimalen Ast der letzten Alternative zu bestimmen (vgl. Problem Solving von Herbert Simon). Herbert Simon verwendet zur Erklärung oft das Beispiel des Schachs, das in einem riesigen Raum mit abzählbaren Lösungen eingegrenzt ist. Simons Weg, zu einer Entscheidung zu kommen, besteht nicht in der Analyse aller Züge, sondern im Auswählen von erfolgversprechenden Strategien, wobei die schlechten Strategien eliminiert werden. Damit ist das SEP-Entscheidungsverfahren (Auftrennen und Evaluieren) benannt. Beim Schachspiel sind die Objekte und die Regeln bekannt, sie bleiben im Verlauf der Partie unangetastet. Die restriktive Teilung verändert die Definition des vorgängig Aufgeteilten nicht. Sie strukturiert einen gegebenen Raum, der enorm gross sein kann, indem sie ihn durch einen definierten Entscheidungsprozess aufteilt. Simon suchte eine allgemeine Struktur zur Lösung von Problemen. Letztlich stellt er sich eine Maschine vor, die optimal entscheiden könnte und folgerecht immer gewinnen würde.

- Die expansive Aufteilung: Sie erstellt allmählich „Neues" im Raum, wo gestartet wurde. Sie bringt neue Eigenschaften, stellt neue Fragen, die zu Beginn der Argumentation noch nicht existierten. Expansive Aufteilungen können demgemäss in Bezug auf das ursprüngliche Konzept zu verblüffenden Überraschungen führen. Nehmen wir das Beispiel des „Festes, das den Gästen gefällt" erneut auf: Die Organisatoren modifizieren allmählich die Definition des Begriffes „Fest" und fügen auf jeder Stufe ihrer Argumentation neue Möglichkeiten hinzu. Die Gesamtheit aller schliesslich möglichen Feste sind expansive Aufteilungen: Man stellte sich ursprünglich ein Fest an Bord eines Schleppkahns auf der Seine vor; schliesslich wird daraus die Fahrt auf eine Insel und ein Maskenball (Hatchuet und Weil, 2002).

3.4.3. Der Begriff des Wissens (hier abgekürzt mit K, Knowledge)

Kenntnisse, Wissen, Know-how (K) sind Theoreme mit logischem Status für den Konzeptfinder bzw. den Empfänger der Konzeptfindung. K kann demgemäss von den Experten für K abgeschätzt werden. Diese Experten bilden in der Regel eine legitime und legitimierte Gemeinschaft. Hinter den Grundlagen der K stecken Berufe, Berufserfahrung und berufliche Gruppen, etwa Berufsverbände oder Standesorganisationen. Die Experten kennen die Kriterien des Beweises und der Wahrheit von K. Man kann von einer K sagen, ob sie richtig oder falsch sei, ob sie funktioniert oder nicht. K sind gültig und überprüfbar. Der Raum der K enthält Lehrsätze, die der Konzeptfinder als gegeben betrachtet. Es sind bekannte „Dinge", die als auf unbekannte „Dinge" wirken können. Die K gibt den Konzeptfindern eine legitime Handlungsbasis.

Vom Standpunkt der Konzeptfindung her qualifizieren sich alle Formen der Wahrheit als K: Gegenstände, Regeln, Fakten, Werte, Wissenschaft, Technik, Urteile, Ästhetik, juristische Normen ... K müssen im weitesten Sinn des Wortes verstanden werden: K über Kunden, das Aufstellen von Camping-Zelten, über Elektronik-Chips, den Verbrauch kinetischer Energie, die New Yorker Börse, über den Ruf eines Menschen, ein Business Modell, das Schweissen oder die Alzheimer ... Die Konzeptfindung darf nicht auf wissenschaftliche und technische K reduziert werden. Die innovierende Konzeptfindung braucht alle zugänglichen Formen der Wahrheit und der Beweise. K können auch implizit sein (tacit knowledge); sie werden durch ihre Wirkung definiert, logischen Sätzen ähnlich.

Am Anfang eines Konzeptfindungsprozesses sind die K entweder:

- Bekannt: D. h., sie existieren in der Organisation oder in einem Kollektiv von Konzeptfindern.
- Unbekannt: Sie existieren, jedoch ausserhalb des Netzwerks der Konzeptfinder. Die Konzeptfinder wissen dies, verfügen aber ex ante nicht über diese K. Man muss sie ausserhalb des gewohnten beruflichen Horizontes beschaffen, manchmal von sehr weit her, in unerwarteten Umgebungen und unter Umständen nach langen Lernprozessen.
- Unbekannt: Sie existieren noch nicht. Diese K müssen demzufolge erarbeitet werden.

K ist nicht starr; K können hier und jetzt definiert werden. Sie wandeln sich im Lauf des Konzeptfindungsprozesses, um Konzepte zu stützen, die ihrerseits wandelbar sind.

3.4.4. Der Begriff des Konzepts (hier abgekürzt mit C, Concept)

Konzepte (C) sind erfinderische Vorschläge, auf deren Basis wiederum neue Konzepte entstehen können. Solche Vorschläge sind am Anfang einer Konzeptfindungsargumentation noch nicht fundiert zu evaluieren. Anders formuliert ist Raum C ein Raum, wo die Vorschläge noch keinen logischen Status innerhalb der K haben. Folglich ist unmöglich, *a priori* zu beweisen, dass ein Vorschlag aus C in Bezug auf K wahr oder falsch ist. Tatsächlich ist C auf der Basis der Ks der Konzeptfinder nicht bekannt. Z. B. sind „ein Auto ohne Räder" oder „ein Stuhl ohne Beine" zwei C; wir wissen nicht *a priori*, wie sie innerhalb der K definiert werden sollen, werden es dahingegen vielleicht *a posteriori* wissen, nämlich am Ende einer Konzeptfindungs-Argumentation. Ohne logischen Status sind diese Vorschläge also weder wahr noch falsch. C verweist auf die Definition der Designer oder der Architekten, auf die Entwürfe des Ingenieurs, auf die Skizzen des Designers. Sie sind als erste Vorschläge eines angehenden Objektes zu verstehen (Gegenstand, Dienstleistung, Organisation, Raum, Prozess). C besitzt nicht die Bedeutung eines wohldefinierten Begriffs, sondern im Gegenteil die Bedeutung eines entstehenden, potenziellen Begriffs. Die C öffnen den Raum der Konzeptfindung: Indem sie C formulieren, erlauben sich die Konzeptfinder zu denken, zu erfinden, zu träumen! C sind erwünschte Unbekannte, Objekte des Wunsches. Sie sind definitionsgemäss unendlich und nicht berechenbar. Weil sie über ihren eigenen Raum verfügen, sind sie weder von vornherein dem Dogma der etablierten K unterworfen noch dem Diktat des Marktes. Die C-K-Theorie befreit somit die Kreativität, insofern sich die C selbst definieren.

Beispiele von Konzepten

Ein blauer Aufenthaltsraum, ein grüner Ski, ein fliegendes Schiff, ein Auto, das mit 400 km/h fährt (zu unterscheiden von „einem Auto, das schneller ist"), ein intelligenter Golf-Caddy, auf nassen Blättern bremsen, ohne die Räder zu blockieren, ein drahtloses Telefon, Internet im Auto, eine fahrbare Wohnung, ein Telefon für Teenager, Wasserstoff an abgelegene Orte liefern, ohne fahrbare Wege zu beanspruchen, eine zehnmal kleinere Harddisc, eine zehnmal billigere Uhr, Wi-Fi überall, intelligente Brillen, Batterien beim Fahren aufladen, ein Zelt, das sich selbst aufstellt, ein Staubsauger ohne Sack, ein elektrisches Fahrzeug, ein Verfahren, um Nägel einzuschlagen, ohne sich auf die Finger zu hauen, ein fliegender Teppich.

C machen es möglich, Unfassbares, Virtuelles oder rein Potenzielles zu bearbeiten. Man kümmert sich in keiner Weise um Kriterien wie technische Machbarkeit oder Marktanalysen. Eine präzise, unabänderliche Definition kann für ein bestimmtes C nicht geben werden. Weil die Definition von C a priori nicht abgeschlossen werden kann, ist auf der theoretischen Ebene einsichtig, dass „das Axiom der Auswahl verworfen wird".

Ohne logischen Status sind C Vorschläge, von denen man zu Beginn der Konzeptfindung nicht sagen kann, ob sie wahr oder falsch sind, ob man sie liebt oder nicht. Ein C soll darum a priori nicht beurteilt, abgeschätzt oder hochgejubelt werden. Dieser Aspekt ist absolut grundlegend und wendet sich gegen die natürliche und spontane Tendenz des Menschen, revolutionäre Ideen zu verwerfen: „Es wird nicht möglich sein", „es wird nie funktionieren", „mir gefällt es nicht", „nur das nicht", „ich glaube kein Wort davon"... Zu Beginn einer C-Argumentation sind jegliche Werturteile illegitim. Ein C von vornherein zu beurteilen, ist unmöglich. Man ist nicht für oder gegen das Internet im Auto, ebenso ist es keine Frage, daran zu glauben oder nicht. Vielmehr geht man an die Arbeit im Raum K, um Wege zu finden, das C für gültig erklären zu können, es abzuändern oder die Konzeptfindung vollumfänglich zu stoppen. Der Fall der Swatch zeigte, wie sehr ETA-Generaldirektor Ernst Thomke das ursprüngliche Uhrenkonzept „Vulgaris" ernst nahm (das Initialkonzept C0), während die Berufsgattung wiederholt „Häresie" schrie. Auf der Ebene der C zu arbeiten, bedeutet, Vorurteile eliminieren. Zudem wird C schrittweise spezifiziert, indem man ihm über Umwege im Raum K immer mehr Eigenschaften verleiht.

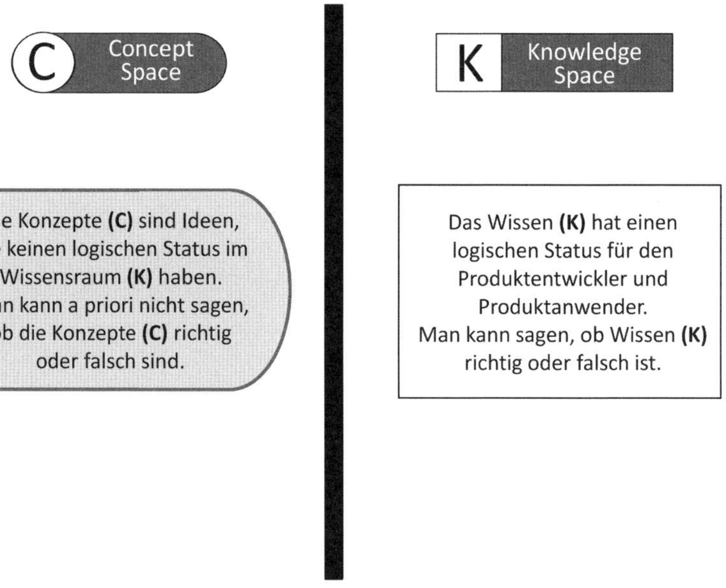
C
Concept Space
K
Knowledge Space
Die Konzepte (C) sind Ideen, die keinen logischen Status im Wissensraum (K) haben. Man kann a priori nicht sagen, ob die Konzepte (C) richtig oder falsch sind.
Das Wissen (K) hat einen logischen Status für den Produktentwickler und Produktanwender. Man kann sagen, ob Wissen (K) richtig oder falsch ist.

Ein C ist immer bezogen auf K, es muss innerhalb von K verständlich sein, selbst wenn K ex ante C nicht ausschliesst; anders gesagt: Der Raum C enthält Vorschläge, die nicht zum Raum K des Konzeptfinders gehören, jedoch mit den Elementen aus K interpretierbar sind. Z. B. ist „ein rosa Fahrrad" ein C, das mit den K über Farbanstriche gut definiert ist. „Ein fliegendes Fahrrad" ist in der Perspektive der K über das Fliegen nicht falsch. Andererseits ist „ein Fahrrad ohne Energie" in Bezug auf K falsch, es sei dann, man baue ein Fahrrad als Museumsstück so, dass es sich nie wird bewegen können ...

3.4.5. Das Konzept der Benetzbarkeit

Die Benetzbarkeit wird definiert als die Eigenschaft einer Fläche, nass zu werden. Sie befasst sich mit der Art, wie eine Flüssigkeit (zum Beispiel Wasser) hergebracht und auf einer Fläche verteilt wird. Massgebend ist die Wirksamkeit der Wasserverteilung. Was für Massnahmen sind erforderlich, damit 100% des verteilten Wassers einem Waschprozess dient? Wie benetzt man sich im Alltagsleben eines industrialisierten Landes? Kann man sich mit weniger Wasser benetzen?

Um mit diesen allgemeinen Fragen vorwärts zu kommen, sind einige Fakten erforderlich. So verbraucht ein Europäer beim Duschen etwa 12 Liter Wasser pro Minute. Zudem müssen die genauen Worte und Ausdrücke gefunden werden; sie qualifizieren was man feststellt und was man sucht. In der funktionellen Analyse ist die bei den Ausdrücken, beim Vokabular erforderliche Präzision gut bekannt. In den Überlegungen des innovativen Konzeptes ist sie ebenfalls sehr wichtig. Man wird also gerne auf die Analogie, die Metapher und natürlich auch den Oxymoron zurückgreifen.

Nehmen wir den Fall der Dusche: was passiert wirklich, wenn man sich benetzt? Man bespritzt sich, man durchnässt sich, man überschwemmt sich wie unter einem Wasserfall. Doch es wäre übertrieben, einen Wasserfall aufzusuchen, um sich zu benetzen; lassen wir dieses Wasser einfach fliessen. Wie soll man denn genau nutzen was notwendig ist, nicht mehr und nicht weniger? In der Natur kann man sich tatsächlich benetzen, ohne unter einen Wasserfall stehen zu müssen: der isländische Nieselregen benetzt nämlich auf sehr wirksame Weise, ähnlich wie die rückprallenden Tropfen eines Wasserfalls oder Geysirs. Die Benetzbarkeit bedeutet sich zu begiessen, sich zu überschwemmen, sich zu durchnässen – aber auch sich zu benieseln. Tatsächlich wird man vom isländischen Nieselregen auf sehr effiziente Weise aber mit ganz wenig Wasser benetzt. Das Gefühl des nass-seins hängt nämlich primär von der Zahl der Tröpfchen pro Zeiteinheit ab.

Für die Konzeptoren, die sich mit solchen Metaphern befassen, steht eine Frage im Vordergrund: wie kann man sich benetzen wie im Nieselregen? In diesem Stadium kommt man nur weiter, wenn man in den K-Raum zurückkehrt und die K der Raumfahrtindustrie in Betracht zieht. Dort werden Tröpfchen von flüssigem Treibstoff atomisiert, um eine Rakete zu starten. Die Pharmakologie andererseits optimiert die Zufuhr von Wirkstoffen durch aerosol-artige Verteilung, was man ebenfalls verstehen muss. In anderen Worten muss man die K anderswo finden, damit sie den C der Benetzbarkeit entsprechen.

Indem sie im Konzept bis zum Limit vorstiess, verwirklichte Creaholic die Joulia genannte Dusche, die zehnmal weniger Wasser verbraucht als eine gewöhnliche Dusche. Abgesehen vom Wasser wird auch Energie gespart, denn die Wärme des Abwassers wird zum Vorwärmen des Frischwassers genutzt. Das Unternehmen entwickelte somit einen schnellen Warmwasser-Benieseler; es wurde eine Dusche erfunden, die nicht wirklich eine Dusche ist.

3.5. Die C-K Konzept-Argumentation

Dank oben formulierter Definitionen können wir nunmehr die Einzelheiten der innovierenden Konzeptfindung abhandeln. Die Konzeptfindung startet mit einem zu verwirklichenden Vorschlag, der C genannt wird und für den es im Rahmen des jetzigen Stands von K keine Lösungen gibt. Zu Beginn einer Konzeptfindungs-Argumentation ist die Aussage C im Raum K gut verständlich, eine Antwort, gar eine offensichtliche, gibt es dort nicht. C ist also in Bezug auf den Raum K teilweise oder ganz unbekannt. Dieser Abstand zwischen C und K wird als „Trennung" bezeichnet (Hatchuel und Weil, 2003). Sobald die Konzeptfindungs-Argumentation es dem C ermöglicht, das zur Verwirklichung benötigte K zu finden, spricht man von „Verbindung".

3.5.1. Trennung und Verbindung

Die Konzeptfindungsarbeit beginnt, wenn ein Objekt (in C) beschrieben werden soll, von dem man nicht weiss, ob seine Existenz (in K) möglich ist. Vom praktischen Standpunkt aus gesehen, ist dies genau dann der Fall, wenn man mit einer Idee bzw. mit einem unvollständigen Pflichtenheft konfrontiert ist. Zu Beginn der Konzeptfindungs-Argumentation verfügt der Vorschlag C im Raum K noch nicht über einen logischen Status. Der Konzeptfindungsprozess besteht im Übergang eines gewünschten Zustands (C) zur konkreten Verwirklichung dieses Zustands (K ermöglicht die Verwirklichung von C). Die C „Auto ohne Räder" oder „Stuhl ohne Beine" assoziieren beide gut bekannte Begriffe, sofern sie isoliert betrachtet werden. Ihre semantische Verbindung verleiht jedoch den C einen in K unbekannten Status. Derartige Objekte sind uns nicht a priori bekannt! Es gibt eindeutig eine Trennung. Am Ende der Konzeptfindungs-Argumentation spricht man von „Verbindung", wenn die K den C eine Wirklichkeit verleihen (Hatchuel und Weil, 2002). Dann existieren das radlose Auto und der beinlose Stuhl wirklich. Damit ist die Konzeptfindungsarbeit abgeschlossen. Der zu Beginn gemachte, ex ante nicht entscheidbare Vorschlag besitzt nun ex post beschreibbare Eigenschaften. C ist damit in K als gültig erklärt.

Der Konzeptfindungsprozess entspricht demgemäss einer Wechselwirkung zwischen dem Raum der C, die sich langsam präzisieren, und dem Raum der K, der sich parallel dazu entwickelt. Die C prüfen und produzieren K, die ihrerseits wiederum die C prüfen und produzieren. Die Schleife funktioniert iterativ. Die C zeigen Lücken in den K auf, die erforscht werden; dies provoziert die Entwicklung von neuen K. Die neuen K werden hernach von den C erneut abgefragt, die sich in neuen Unterteilungen ausdehnen können (vgl. Abbildung).

Die Unterteilungen der C können demnach expansiv sein und neue Eigenschaften hinzufügen oder restriktiv, falls die neue Eigenschaft bereits zum unterteilten C gehört. Die K werden typischerweise in (mehreren) bestimmten abgeschlossenen Bereichen erkundet. Solche Erkundungsbereiche können sich überlappen oder vollständig unabhängig voneinander bleiben. Im Fall der Swatch wurden zwei K-Bereiche zum Prozess und ein Erkundungsbereiche zum Produkt beobachtet.

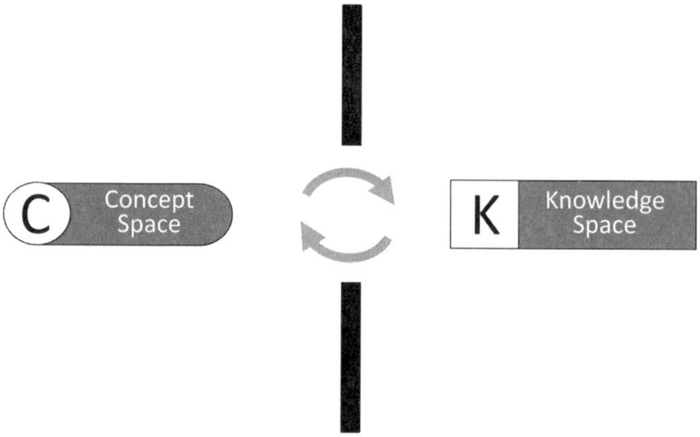

Verschiedenartige und getrennte, aber wechselwirkende Räume

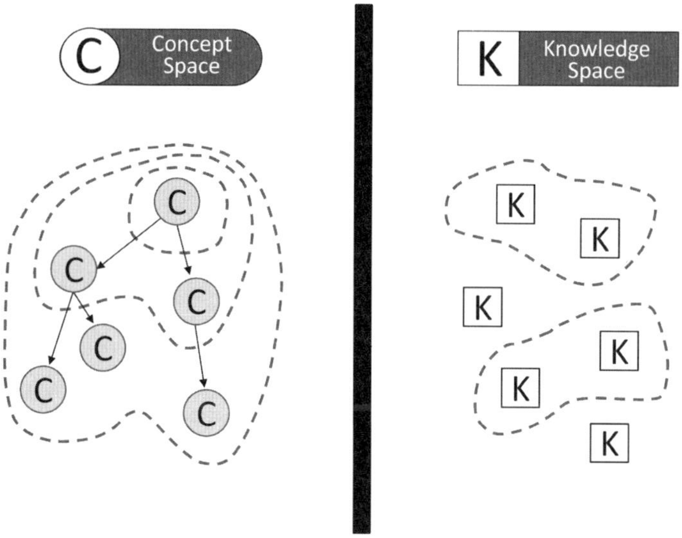

3.5.2. Erweiterung in C und K

Jede Konzeptfindung kann demgemäss als Co-Expansion von C und K dargestellt werden, entsprechend vier voneinander abhängigen „Operationen", deren Wechselwirkungen im Viereck der Konzeptfindung dargestellt werden können (vgl. Schemata). Diese Operationen verweisen auf andersartige „geistige Zustände" (vgl. Kapitel 4).

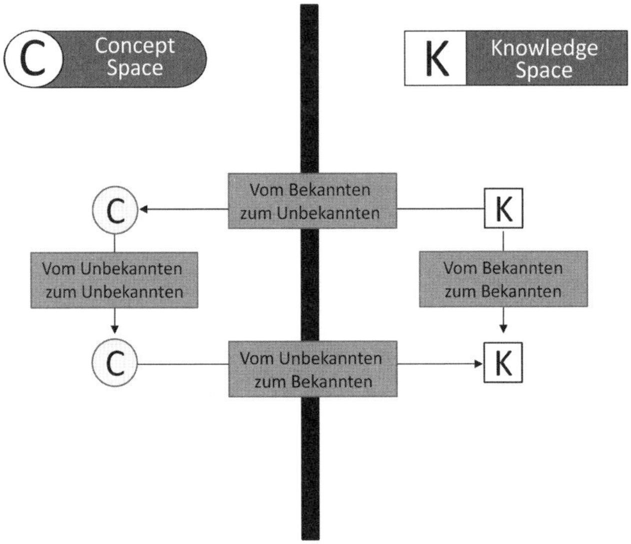

Das Viereck der Konzeptfindung (Hatchuel und Weil, 2003)

Eine neu definierte Architektur für eine einfachere und zuverlässigere Uhr

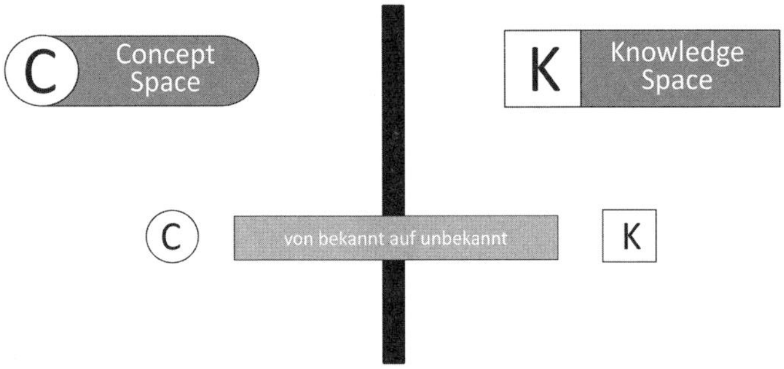

Dieser Operator addiert oder entfernt Eigenschaften im Raum **C**,
die vom Raum **K** kommen.

Erster Operator: von bekannt auf unbekannt

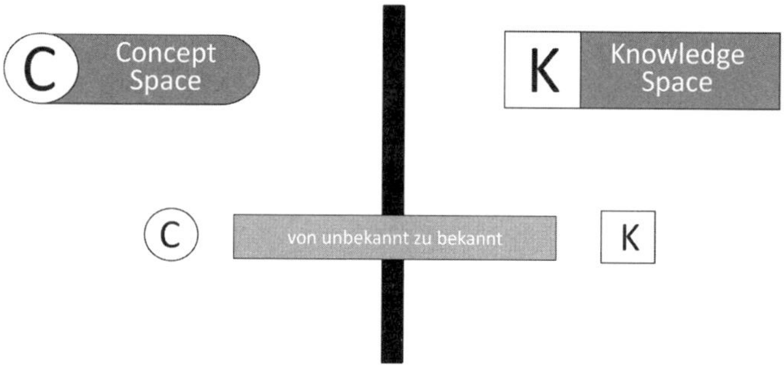

Dieser Operator gibt **C** einen logischen Status. Entweder existieren die durch **C** abgefragten K bereits und bestätigen **C**. Oder dann werden die **K** *ad hoc* entwickelt und der **K**-Raum wird durch **C** erweitert (neue K sind *in fine* bekannt). In der Praxis entspricht dieser Operator Validierungs-Tools oder traditionellen Konzept-Verfahren wie das Konsultieren eines Experten, die Durchführung eines Tests oder von Experimenten, oder noch der Bau eines Prototyps. Ein abgeschlossenes Konzept (Konjunktion) entspricht einem **C** das durch eine genügend hohe Zahl von Vorschlägen charakterisiert ist, die in **K** als wahr oder falsch etabliert werden können.

Zweiter Operator – von unbekannt zu bekannt

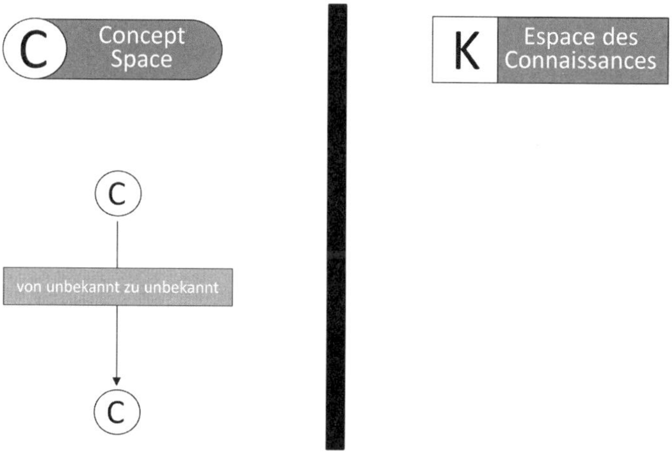

Mit diesem Operator schaffen Konzeptoren neue **C** auf der Basis anderer **C**. Dies ist der Fall während Kreativitäts- und Brainstormingsitzungen, in deren Verlauf Ideen herumgeboten werden. Solche rein konzeptuelle Erweiterungen findet man auch in der Arbeit von Künstlern.

Dritter Operator: Von unbekannt zu unbekannt

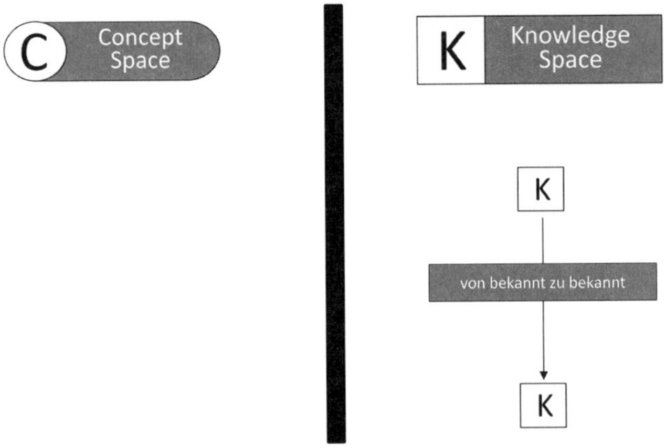

Hier geht es um die Transformation bekannter Tatsachen in weitere bekannte Tatsachen, ohne dass jemals unbekannte Tatsachen eingesetzt würden. Dieser Operator entspricht der Produktion von **K** auf der Basis anderer **K** (Auto-Expansion des Raumes **K**). Forscher in F&E und Naturwissenschafter beherrschen diese Produktionsform von **K** sehr gut.

B Vierter Operator: von bekannt zu bekannt

Beispiel eines K → C Operators:
Die Konzeptfindung der Banshee im Film Avatar

Im Film Avatar von James Cameron, der 2009 in die Kinos kam, ist die Konzeptfindung der Banshees ein ausgezeichnetes Beispiel einer Arbeit, in der das Unbekannte auf der Basis des Bekannten fabriziert wird. Banshees sind fliegende Wesen mit einer Spannweite von 11 Metern. Es sei daran erinnert, dass Cameron und seine Teams für diesen Film ein ganzes Universum auf dem imaginären Planeten Pandora ersannen.

Banshees hat es nie gegeben und auch heute existieren sie nicht. Dennoch haben wir den Eindruck, ihnen schon einmal begegnet zu sein (vgl. weiter unten den Begriff des Widerspruchs). Aufgrund seiner Eigenschaften ist uns der Banshee gleichzeitig vertraut und merkwürdig fremd. Wie haben Cameron und seine Designer dieses Konzept geschaffen? Das ursprüngliche vom Filmemacher definierte Konzept sah eine Mischung aus Drache und Pterodactylus (einem bekannten Flugsaurier) vor, doch wollte Cameron letztlich ein Tier schaffen, das völlig anders war, als was man üblicherweise in den Science Fiction Filmen sieht (unbekannt). Von einem vertrauten Konzept ausgehend, wurden die Film-Teams zum Unbekannten geführt, über einen langen Umweg im Raum der K. „Die Zeichner bereicherten ihre Fantasie durch Berührungen mit der realen Welt. Sie verbrachten ungezählte Stunden mit der Betrachtung von Dokumentarfilmen über Fledermäuse um zu verstehen, wie sich die Membran ihrer Flügel faltet (...). Am schwierigsten (...) war die Verbindung des Vertrauten mit dem Seltsamen, um den Zuschauer nicht ohne Anhaltspunkte zu lassen, ihn aber gleichzeitig ein völlig unbekanntes Tier entdecken zu lassen." (Duncan und Fitzpatrick, 2010, S. 23) Die Konzeptfindung der Banshees erforderte wesentlich mehr Arbeit als jedes andere Tier des imaginären Planeten Avatar. Der C-Raum wurde durch die K fortlaufend unterteilt; Unbekanntes (C) wurde aus Bekanntem (K) geschaffen.

3.6. C-K in der Praxis: C-K-Fallbeispiele

Wir werden zuerst drei einfache Beispiele innovativer Konzeptfindung besprechen, anschliessend einen Fall aus der Arbeit der Firma Creaholic: das Schweissen von Holz. Danach wenden wir uns der KCP-Methodologie zu, die sich auf die Struktur der C-K-Theorie abstützt und sie für Unternehmen und Berater einsetzbar macht.

3.6.1. Ein fliegendes Schiff erfinden

Wir gehen aus vom Ursprungs-C (C0) „ein fliegendes Schiff". Die Worte, die diesen Begriff definieren, sind verständlich, doch ihr Status im Raum der K ist nicht bekannt (Hatchuel und Weil, 2002). Dennoch ist die K-Basis in Bezug auf dieses C nicht leer. Die Konzeptfinder können z. B. K zu Flügeln und Propellern einsetzen, um in den C-Raum zurückzukehren und ihn zu unterteilen. Die Unterteilung des C0 zu „einem fliegenden Schiff ohne Flügel und ohne Propeller (und das kein Wasserflugzeug sein darf, denn wir suchen ja Unbekanntes)" ist eine expansive Unterteilung. Sie führt zu einem neuen Start im Raum K auf der Suche nach K, die a priori überraschend sind (vgl. Schema).

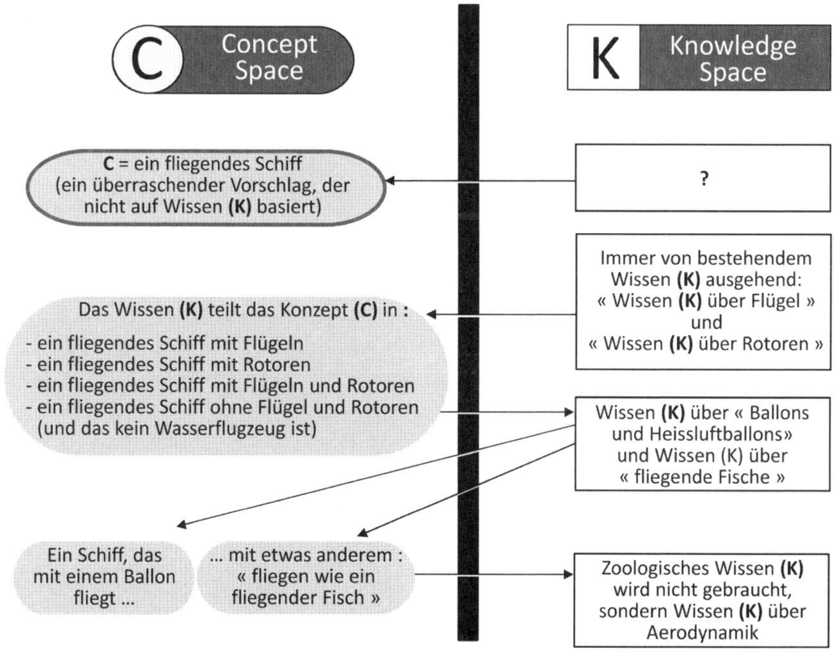

Was fliegt nun ohne Flügel und ohne Propeller? Die Konzeptfinder müssen die K definieren, die sich auf Heissluftballons, Drachen, lenkbare Luftschiffe oder fliegende Fische beziehen. Wenn die K über fliegende Fische vertieft werden, müssen die Konzeptfinder deswegen nicht Zoologen werden. Sie müssen sich lediglich eine K-Basis über die Aerodynamik dieser Tiere aneignen. Zur Vorbereitung auf einen Flug schwimmt der fliegende Fisch schnellstmöglich in Oberflächennähe, wobei die Flossen eng an den Körper gelegt werden. Wenn er sich aus dem Wasser katapultiert, breitet er seine Flügel aus, die nicht schlagen, und beschleunigt weiter. Er benutzt seine Schwanzflosse als Hydrofoil oder Kontaktpunkt mit dem Wasser, um seinen Schwebeflug zu verlängern. Mit diesen K können die Konzeptfinder nun ein „Hydroptère" definieren, ein Boot, das auf Hydrofoils fliegt und nur minimale Kontaktpunkte mit dem Wasser gemein hat. Damit wird der Wasserwiderstand des Schiffsrumpfs aufgehoben (vgl. Zeichnung). Zwischen zwei Wellen fliegt das Boot. Die erhaltene Verbindung definiert ein Objekt mit neuartigen Eigenschaften; die Konzeptfindungsarbeit ist abgeschlossen.

3.6.2. Ein neuartiger Campingstuhl[35]

Gehen wir aus vom C0, „einen ultraleichten Campingstuhl erfinden, mit einem geringem Volumen, der einfach zu verstauen ist, sehr wenig kostet, über annehmbaren Komfort verfügt und sich noch nicht auf dem Markt befindet". Die nichtentscheidbaren Aspekte liegen in „leicht" und „preiswert" sowie in der geforderten Neuheit (auf dem Markt noch nicht erhältlich). Wenn nun jemand einen Campingstuhl zeigt, der C entspricht oder andererseits einfach „unmöglich" sagt, ist die Konzeptfindung abgeschlossen. Die für uns einsetzbaren K führen uns zur Projektion auf C, was wir bereits wissen, d. h., wir müssen einen andersartigen Stuhl erfinden, aber innerhalb restriktiver Unterteilungen. Dies manifestiert sich übrigens in der Geschichte des Stuhldesigns, die schon immer ein ewiger Neubeginn war. Wenn aber C0 seriös verstanden wird, kommen wir unter Umständen auf erstaunliche Ergebnisse. Auf der Basis von Raum K findet man viele bekannte Vorschläge: K über den Preis von Stühlen, deren Verwendung, das Volumen, die Werkstoffe, das Gleichgewicht beim Sitzen, die Verteilungssysteme, das Marketing ... Es sind vor

35 Wie das erste Beispiel wurde auch dieses für die Vorlesungen an der Hochschule Mines Paris Tech entworfen.

allem die K über das „Gleichgewicht in sitzender Stellung", die allgemeingültig sind und auf die sich die Konzeptfinder bei ihrer Arbeit berufen. Weil es darum geht, die Identität des Stuhls neu zu definieren, gehen wir am besten vom Fundament dieser Identität aus: ein Stuhl ist ein Möbel mit vier Beinen (die es den Füssen des Sitzenden meistens ermöglichen, den Boden zu berühren) und einer Lehne, um dem Rücken Halt zu geben. Mit diesen K kann man in den Raum C zurückkehren, unter Aufteilung von C0 zu „einem Campingstuhl mit vier Beinen", „drei Beinen", „zwei Beinen", „einem Bein". Diese Unterteilungen sind restriktiv, denn sie präzisieren das C in Funktion zu den existierenden K, die bereits eine grosse Fülle von Stühlen hervorgebracht haben. So gibt es z. B. Stühle mit einem teleskopisch ein- und ausfahrbaren Bein für Bilderjäger und Fischer, die mit einem Minimum an Gepäck mobil sein wollen und auf den Komfort eines Lehnsessels verzichten können. Führt man die Unterteilung in Bezug auf die Stuhlbeine bis an ihr logisches Ende, erscheint der Stuhl mit null Beinen. Auf den ersten Blick ist dies überraschend, idiotisch und ohne praktische Relevanz. Doch man muss die Sache ernst nehmen. Die Unterteilung des C0 zu „einem Stuhl ohne Beine" ist expansiv, denn sie schafft eine unbekannte Eigenschaft. Um in der Argumentation in Bezug auf diese Unterteilung weiterzukommen, ist ein Operator $C \rightarrow C'$ nützlich, um zwischen „mit dem Menschen" und „ohne den Menschen" zu differenzieren. C wird also danach unterteilt, ob eine Beteiligung des Menschen inbegriffen ist oder nicht. Dieses Kriterium wird übrigens von Konzeptfindern häufig verwendet, denn wenn der Mensch nicht beteiligt ist, kann ein Objekt seine Abwesenheit explizit markieren (vgl. Schema).

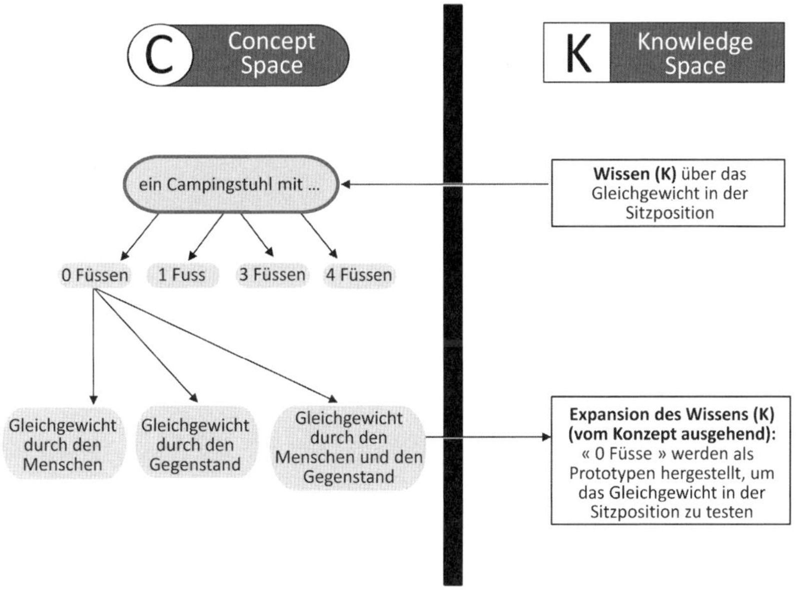

Das C „Stuhl mit null Beinen, ausbalanciert durch den Menschen und das Objekt" führt die Konzeptbildner zu K zurück, was wiederum eine Expansion bedingt, die mittels Versuchen und Tests zu K leitet, die eine Verwirklichung von C ermöglichen. Ein Ergebnis dieser innovierenden Konzeptfindung ist möglicherweise ein simpler Gurt (vgl. Zeichnung).

Der Sitzgurt

Z. B. ist Chairless der Firma Vitra ein kommerziell erhältlicher Gurt mit einer Länge von 185 cm und einer Breite von 5 cm. Er bildet eine Schlaufe und reicht von den Knien bis zum Rücken, was ein angenehmes und stabiles Sitzen ermöglicht. Ein solcher Gurt ist sehr leicht transportierbar, wiegt er doch nur 85 Gramm und passt in gefaltetem Zustand in jede Tasche. Chairless ist nicht nur ein praktischer Notsitz, wenn man nicht zuhause ist, sondern auch eine Alternative zum Stuhl: „Chairless ist ein Sitzzubehör, das für die heutigen Nomaden bestimmt ist. Dieses unverwüstliche Stoffband ermöglicht ein entspanntes Sitzen ohne Sitz und Lehne. Es ist die ideale Lösung wenn keine Sitze verfügbar sind: für einen Lunch im Park, im Warteraum eines überfüllten Flughafens, während einem Konzert, um am Strand lesen zu können und für ungezählte andere Gelegenheiten. Chairless ist so leicht und so kompakt, dass man es überall mitnehmen kann. Chairless unterstützt die Wirbelsäule und die Beine. Es ist nicht mehr nötig, sich anzulehnen oder die Knie anzuziehen. Diese mehrfache Erleichterung löst ein wohltuendes Gefühl der Entspannung im ganzen Körper aus. Zudem bleiben beide Hände frei, um mit seinem i-Pad oder Laptop Computer zu arbeiten oder zum Lesen oder Essen usw." (http://www.vitra.com)[36].

Diese Art von Gurt ist auf den ersten Blick amüsant, denn er steht ausserhalb der traditionellen Definition des Stuhls, der Identität, die normalerweise einem Stuhl zugeschrieben wird. Der Begriff des dominant design verhindert unkonventionelle Lösungen. Ein Stuhlfabrikant, der seine Produkte

36 Offen gesagt wurde dieser Gurt nicht mit Hilfe der C-K-Methode entwickelt, die hier lediglich a posteriori zugezogen wurde. Chairless wurde von einem Sitzgurt inspiriert, der anscheinend bei den Ayoreo-Indianern verbreitet ist. Dieser nomadische Stamm lebt im Grenzgebiet von Paraguay und Bolivien und verwendete schon immer Stoffbänder, um bequem zu sitzen. Der chilenische Architekt Alejandro Aravena entdeckte dies (http://www.architonic.com/fr/pmsht/chairless-vitra11103553, besucht im August 2011). Wir wissen allerdings nicht mit Sicherheit, ob dieser Indianer-Ursprung wirklich wahr ist. Aber falls eine Innovation einmal erschienen ist, wird sie oft in eine Pseudo-Geschichtsschreibung integriert, um ihre Existenz zu rechtfertigen. Indianer vor Chairless, die Delirium Tremens vor der Swatch. Solche Genealogien sprechen den Konsumenten an und geben ihm Vertrauen. Folglich ist zu umgehen, von der Innovation Factory sprechen zu müssen.

kennt und damit alle restriktiven Unterteilungen, die damit verbunden sind, überblickt nicht unbedingt den „Raum der Stühle". Haben die Stuhlfabrikanten jemals die Alternative „am Boden sitzen" untersucht? Beginnt man in diesem Areal zu suchen, kann man dazu verleitet werden, dass man

- den Lotussitz erlernt, oder Kurse anbietet, um „das Sitzen zu erlernen";
- Prothesen untersucht, die auch behinderten Personen ermöglichen, den Komfort des am Boden Sitzens zu geniessen;
- Chairless konzipiert.

Ein Unternehmen kennt seine Produkte, allerdings nicht notwendigerweise die C, die Gelegenheit bieten, daraus auszusteigen. Den Zustand der existenten, hinreichend beherrschten K zu verlassen, schafft Unsicherheit. Freilich ist exakt dies wesenhaft für jede Innovation!

3.6.3. Mit dem Koffer rollen

Stellen wir uns das Team der Konzeptfinder eines Kofferfabrikanten vor, der ausgehend vom Konzept C0 „mit dem Koffer rollen" eine Innovation lancieren will. Der Raum der Konzeptfindung scheint geschlossen, denn viele bekannte Objekte dieser Art tummeln sich bereits auf dem Markt. Wie immer muss man C sehr breit interpretieren[37]. Man soll daher nicht nur im engen Umfeld des uns heute bekannten Koffers suchen, sondern C im Sinn von „Radkoffer" definieren. Man vermag sich unschwer vorzustellen, dass man mit seinem Koffer rollen kann, indem man ihn an ein rollendes Objekt anhängt (Auto, Motorrad, Fahrrad). Die Konzeptfindung orientiert sich demnach auf Schnittstellen zwischen dem Koffer und dem rollenden Objekt. Die hier dargelegte Argumentation beginnt mit einer doppelten Unterteilung des Konzepts eines konventionellen Koffers.

Im vorherigen Beispiel wurde erläutert, dass ein Schlüsselelement der klassischen C-K-Unterteilung in der Unterscheidung „mit" oder „ohne" Beteiligung des Menschen (häufig ist dies der Anwender) besteht. Mit dem Koffer ohne den Menschen zu rollen, führt das Konzeptfindungsteam zu Fernbedienungssystemen über Mikrowellen unter Verwendung eines Mobiltelefons oder eines ähnlichen Systems, das der Verwender mitführt. In diesem Fall würde der Koffer einerseits von selbst neben seinem Besitzer fahren; ein durchaus interessantes, aber kostspieliges Konzept. Falls andererseits die Beteiligung des Menschen einkalkuliert wird, entwirft das Team den Prototyp eines „Kofferrades", das beim Einsatz letztlich nicht nur Vorteile hat, man bedenke etwa das Packen in einen runden Behälter oder das eher mühsame Treppensteigen. Das Team arbeitet überdies

37 Wenn wir „Schlüssel" sagen, können wir a priori und ohne Begrenzungen über ganz verschiedenartige Objekte diskutieren (vgl. Zeichnung). Zeichnung Schlüssel S. 114

an einer Expansion C → C' mit einer Beteiligung des Menschen „neben dem Koffer" (auf dem heutigen Markt finden sich die meisten Innovationen in dieser Kategorie) oder „auf dem Koffer".

Dieser zweite Ast der Beteiligung ist expansiv, denn er fügt allem Bekannten eine neue Eigenschaft hinzu. Nun ergibt sich eine Trennung zwischen „Rollen mit dem Menschen auf dem Koffer" und den K der Profis, die sich auf „Rollen mit dem Menschen neben dem Koffer" festgelegt haben. Die expansive Trennung bringt das Team zur Mobilisierung von K (es gibt sie schon, sie sind aber entfernt) hinsichtlich der städtischen Fahrzeuge wie Skates, Rollschuhe und Roller sowie der Befestigungs- und Gelenksysteme zwischen dem Koffer und solchen Fahrzeugen (vgl. Schema).

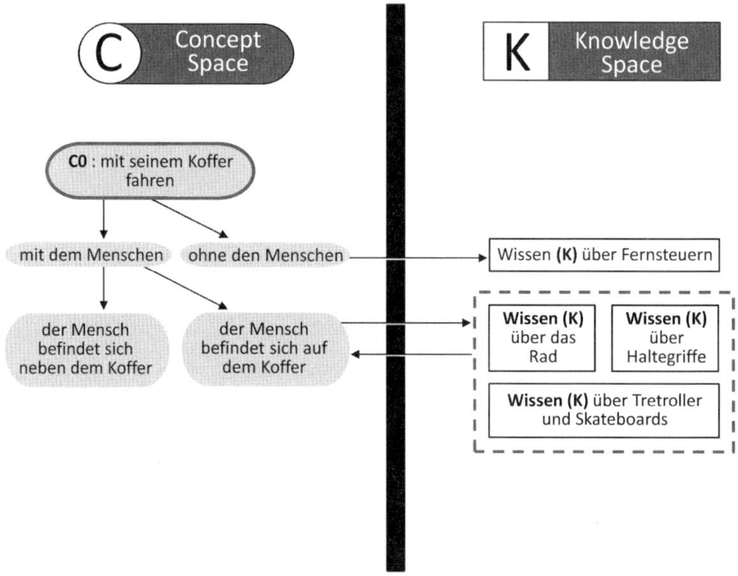

Am Anfang dieses Konzeptbildungsprozesses liess sich nicht voraussagen, dass das Team Skateboards, Roller und ähnliche Systeme ausprobieren würde. Dies wiederum führte zu Roller-Koffern oder Koffer-Rollern. Tatsächlich findet sich ein solches Produkt in Form eines Koffer-Rollers mit hybrider und mehrfach erneuerter Identität auf dem Markt. Er bietet eine neue Form der Mobilität und kann sogar ein Mittel sein um aufzufallen.

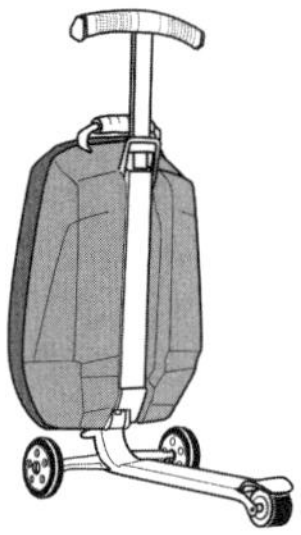

3.6.4. Abgeschlossene Fragen neu aufrollen: Vom Schweissen von Holz zum Schweissen von Knochen

Seit Jahrhunderten wird Holz immer auf dieselbe Weise bearbeitet, seit über 500 Jahren wird es auf dieselbe Weise zusammengefügt. Was man heute bei IKEA weiss, wusste schon Stradivari im 17. Jahrhundert. Aber weshalb soll man Holz nicht verschweissen? Als Creaholic dieses Konzept erstmals vorstellte, wurde es verworfen: „Das ist nutzlos, das ist unmöglich, man verschweisst Stahl und andere Metalle." Tatsächlich denkt man schon seit Langem an das Verschweissen von Holz, doch die Aufgabe wurde wieder aufgegeben. Es ist eine „Nicht-Frage", denn es ist im strengen Sinn der bekannten Technologie des Schweissens unmöglich. Betrachtet man das Konzept jedoch ohne Vorurteile, öffnet sich ein weiter Horizont der Konzeptfindung.

Im Gegensatz zu den gängigen, „tunnelartigen" Kreativitäts-Methodologien, bei denen graduell die schlechten Ideen auf Kosten der guten eliminiert werden, versuchen die Konzeptfinder ihre K-Basis auszudehnen und den Raum der Konzeptfindung zu öffnen. Logischerweise ist der Raum K geschlossen, wenn man weiss, dass das Verschweissen von Stahl nicht auf Holz zu transferieren ist. Schweissen setzt eine flüssige Phase voraus, die den physikalischen Bedingungen von Holz nicht entsprechen: Bei hoher Temperatur zersetzt sich Holz und verbrennt. Nichtsdestoweniger kann man die K zum Schweissen öffnen, wenn man oben auseinandergesetzte traditionelle Definition erweitert. Insbesondere kann man sich fragen, was man über andere Verfahren zum Zusammenfügen von Holz weiss resp. nicht weiss, und ob man „so tun kann", als ob man es verschweissen würde. Mit diesen neuen K kann man zum Raum C zurückkehren, um den Begriff des „Schweissens" zu präzisieren oder zu verschieben. Warum könnte man Holz nicht auf dieser Basis verschweissen? Die Konzeptfinder haben sich auf eine K-Basis begeben. Sie gehen von der Beobachtung von dem aus, was in der Natur funktioniert. So ist ein Baum im Boden weder verschraubt noch vernietet, vernagelt, eingerammt oder verklebt. Dennoch widersteht er hohen Windstärken. Die Wurzeln wirken als fraktale, intime Bindungen, die einzeln eine geringe Festigkeit aufweisen, gesamthaft aber sehr stark sind.

K über Baumwurzeln führen zu einer expansiven Aufteilung der ursprünglichen C zu „fraktale Bindungen". Dieses C ist ein Widerspruch in sich, denn es drückt die Möglichkeit aus, „ohne Schweissen zu schweissen". Die Konzeptfinder gehen vom Schweissen aus, bewahren das Prinzip des festen Zusammenfügens, „wie wenn es geschweisst wäre", ohne Koppelung an die gewöhnlichen K zum konventionellen Schweissen. Mit dem neuen C der „fraktalen Bindung" geht die Konzeptfindung mit einer Rückkehr zu K weiter. Auf dieser Stufe verwendet Creaholic ein seit der Entwicklung der Swatch-Uhr perfekt beherrschtes K. Tatsächlich ermöglichte die Technik des Ultraschallschweissens von Kunststoff die Weiterentwicklung des Konzepts. Aus zahlreichen Versuchen resultierte die Entwicklung eines Zapfens aus spritzgegossenem Kunststoff, der in den Poren zwischen den Holzfasern fliesst. Eine Sonotrode überträgt mechanische Energie in der Form von Schwingungen an das thermoplastische Element, das sich dabei erhitzt. Wenn es verflüssigt ist, infiltriert der Kunststoff den porösen Werkstoff. Innerhalb weniger Sekunden verfestigt sich der Kunststoff und „verschweisst" das Ganze. Auf diese Weise können Holzstücke mit einem Thermoplast verbunden werden. Sie bilden dann eine hochfeste und dauerhafte Einheit (vgl. Zeichnung).

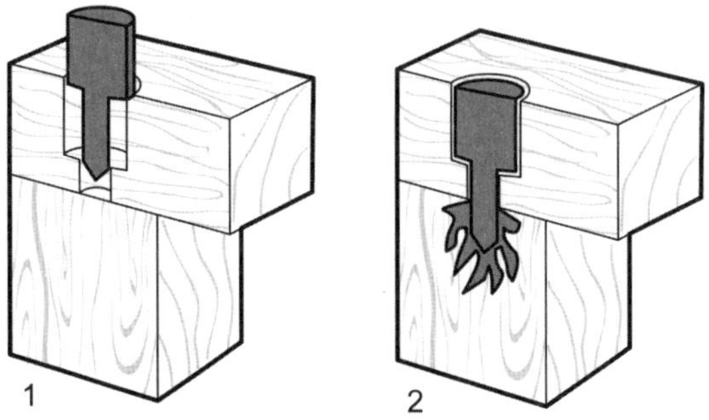

Diese Vorrichtung macht das industriegerechte „Verschweissen“ von Holz möglich. Die Möbelindustrie findet damit z. B. eine kostengünstige und zuverlässige Alternative zu den üblichen Verbindungselementen wie Nägeln, Schrauben oder Klebstoffen. Woodwelding SA ist ein im Juli 1999 gegründeter Spin-off von Creaholic, der das „Schweissen“ von Holz auf kommerzieller Basis propagiert.

Gehen wir einen Schritt weiter: Kann man auch andere Stoffe als Holz verschweissen? Funktioniert das technische Prinzip auch mit anderen porösen Materialien, die einen gewissen Druck tolerieren? Grundsätzliche Hindernisse bestehen nicht, die Argumentation der Konzeptfindung kann weitergehen. Zahlreiche Tests wurden durchgeführt; aufgrund der Erfolge stellte sich die Frage, ob die Technik auch mit lebenden Materialien verwendet werden könnte. Vom Holz zum tierischen Leben ist es nicht weit, doch musste zur Überquerung dieses Grabens eine sehr grosse Zahl von Versuchen durchgeführt werden. Die Eigenschaften von Knochen ähneln denjenigen des Holzes, doch wenn es um Fragen geht, die Menschenleben tangieren, schliesst sich das System, und die Barrieren am Eingang zur nächsten Dimension sind ausgesprochen hoch. Man muss grünes Licht von den Gesundheitsbehörden erhalten, um auf den Markt zu kommen. Das Konzept „Knochen verschweissen“ entstand aus der Herausforderung eines revolutionären Prinzips heraus. Woodwelding SA erhielt 2005 den Swiss KTI Medtech Award für ihr Entwicklungsprojekt medizinischer Anwendung ihrer Technologie, in Zusammenarbeit mit dem Institut Maurice Müller in Bern und der Universität Zürich. Bis heute wurden über 15 000 chirurgische Knochenschweissungen durchgeführt. Das folgende Schema fasst die gesamte Argumentation der Konzeptbildung zusammen.

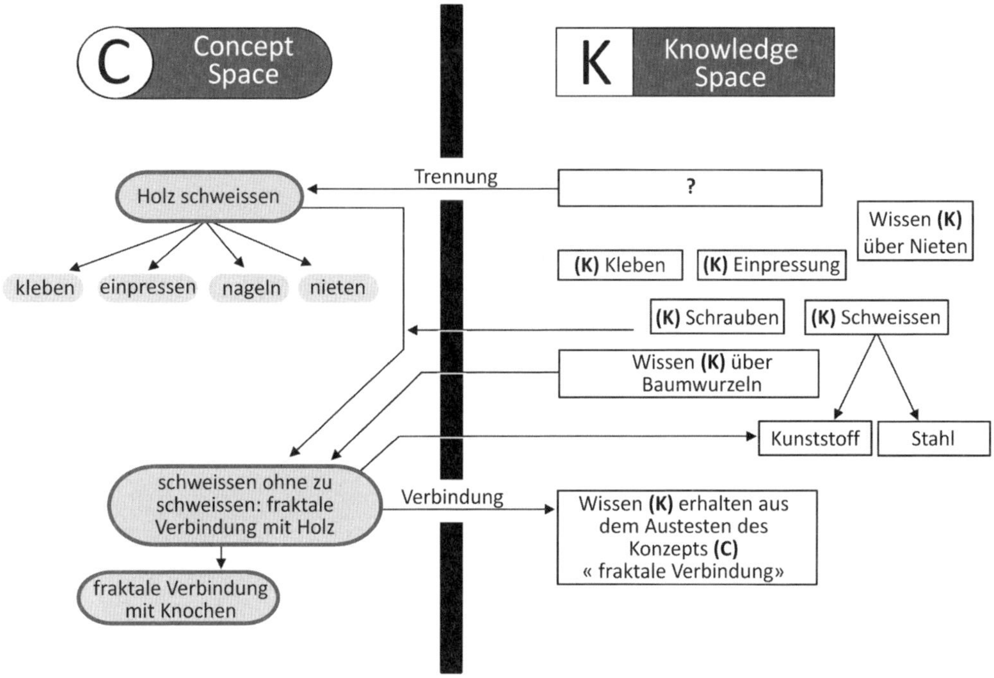

Die C-K-Argumentation des Woodwelding

Die radikale Innovation besteht darin, nicht dorthin zu gehen, wo jedermann hingeht. Die Konzeptbildungsarbeit, die in einer solchen Innovation gipfelt, muss natürlich beweisen, dass das angeblich Unmögliche doch möglich ist.

3.6.5. Zehnmal weniger Wasser zum Händewaschen verbrauchen oder einen Wasserhahn erfinden, der kein Wasserhahn mehr ist

Zu Beginn der Nuller Jahre hatte Creaholic schon eine nahezu zwanzigjährige Erfahrung mit Verschlüssen für Lebensmittelverpackungen. Dieser Markt ist um grosse Verpackungsfirmen wie TetraPak stark strukturiert. Innovationen sind nur noch inkrementell: billiger, robuster, leichter, einfacher zu öffnen und zu schliessen. Anlässlich einer Arbeit für einen Kunden im Lebensmittelsektor ergab sich ein ganz neues innovatives Konzept. Creaholic arbeitete damals an Verschlüssen, die eine genaue, hygienische und reproduzierbare Dosierung ermöglichten. Diese Konzeptfindung im Auftrag eines Kunden brachte Creaholic dazu, eine Strategie der „extraterritorialen Rechte" zu entwickeln. Sie besteht darin, die Nutzungsrechte der Outputs zu erhalten, die sich aus der für den Kunden entwickelten Innovation ergaben und patentiert wurden. Es geht dabei um Nutzungsrechte auf ganz anderen Gebieten, die für den Kunden keine Konkurrenz bedeuten. Im erwähnten Beispiel ging es um die innovative Konzeptfindung im Bereich des Dosierungsverschlusses ausserhalb des Nahrungsmittelsektors.

Zu Beginn stellten sich einfache und grundlegende Fragen: wie soll man seltene Ressourcen einsparen? Wie verhindert man das Verderben kostbarer Güter? Was gibt es für Auswege aus der Alternative Rationieren oder Verschwenden? Ohne sich auf spezialisierte Studien abstützen zu können, teilen sich die Creaholic-Mitarbeiter in der Meinung, dass heute ein Drittel der Weltbevölkerung keinen genügenden Zugang zu sauberem Trinkwasser hat. Die vor allem in den Grossstädten stattfindende Bevölkerungszunahme erhöht noch die Anforderungen an Hygiene, denn Krankheitserreger können sich rasend rasch vermehren. Die Trinkwasserreserven des Planeten nehmen rascher ab als sie wiederaufgefüllt werden. Daraus folgt die Frage wie man die Resource Wasser besser nutzen könnte? Wie soll man sparen ohne einen Mangel zu schaffen? Und wie könnte ein Dosiergerät zur Läsung dieser Probleme beitragen?

3.6.6. Besser waschen und besser spülen

Die Konzeptfindung beginnt mit dem Beobachten der üblichen Praktiken. Betrachten wir den Fall eines Shampoos unter der Dusche oder eines Händewaschens am Lavabo. Diejenigen die das Glück haben, am Wassernetz angeschlossen zu sein, benetzen sich zuerst die Haare bzw. die Hände. Dann appliziert man das Waschmittel, vermischt es mit dem verbleibenden Wasser auf der Haut bzw. Kopfhaut durch kräftiges Reiben und spült schliesslich. Effizient wäscht lediglich die Mischung Wasser/Seife. Wir haben aber die Tendenz, zu viel Seife einzusetzen. Wir denken, es gehe ums Händewaschen, dabei spült man vor allem Seifenreste von der Haut. Händewaschen bedeutet also, dass sehr viel Wasser ungenutzt in die Kanalisation abfliesst. Wir sind uns gar nicht bewusst, dass jedes Mal zwischen 0,5 und 1,5 Liter davon benötigt werden; tatsächlich würde ein Bruchteil genügen.

Unter diesen Bedingungen sollte das zu entwickelnde System die Dosierung der Seife optimieren und eine homogene Mischung Seife/Luft/Wasser abgeben. Benötigt wird ein schäumendes, gut benetzendes Seifenwasser, das besser wäscht und spült als bisherige Produkte. Dies stellt hohe Ansprüche an die innovierende Konzeptarbeit. So entwickelte Creaholic ein System, das Händewaschen unter Einsatz von zehnmal weniger Wasser ermöglicht. Man kann sich tatsächlich die Hände mit einem halben Glas Wasser gut waschen. Diese Innovation wurde im Dezember 2009 vom Spinoff *Smixin* übernommen.

Das von Smixin verwendete Vorführungsmodell (vgl. Zeichnung) besteht in seinem oberen Teil aus einem Seifenreservoir; dazu kommt ein Sofort-Mischsystem, das sich unmittelbar oberhalb der Hände des Nutzers befindet. Eingesetzt wird ein schäumendes Seifenwasser, dessen Konzeptfindung Creaholic zu verdanken ist.

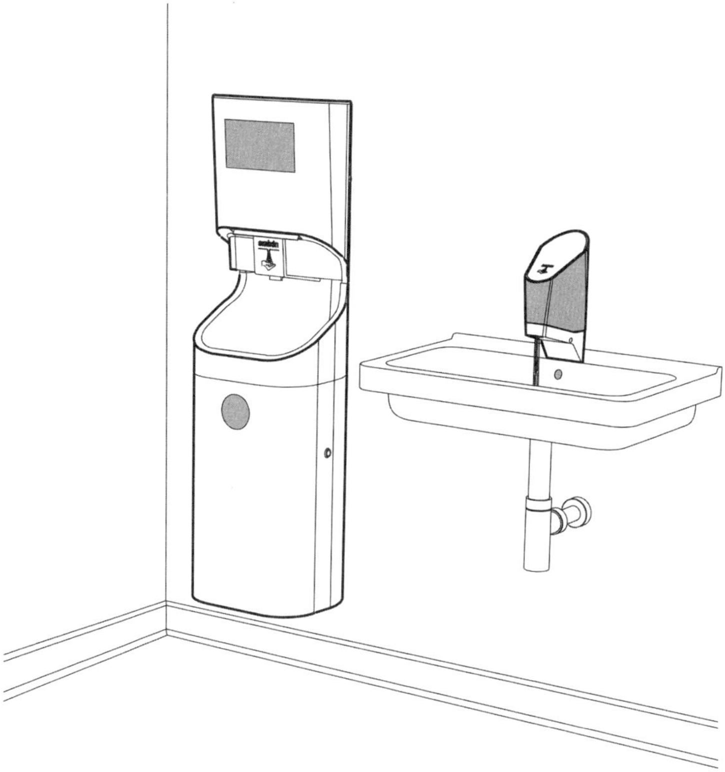

3.6.7. Revolution anstelle von Renovation

Die Creaholic Konzeptoren haben nicht etwa den Wasserhahn verbessert, was der Strategie der installierten Akteure entspricht. Sie entwickelten vielmehr eine neue Produktkategorie indem sie die physikalische, funktionelle und sensorische Beziehung zwischen Seife, Luft und Wasser modifizierten. Ihr Konzept weist die Eigenschaften einer „homogenen Mischung“ und eines technischen Systems mit der Bezeichnung „intelligentes Dosierungs-Mischgerät auf.

1) Ein Sensor bemerkt das Vorhandensein von Händen; das System liefert nun eine optimierte Mischung von Seife, Luft und Wasser.

2) Während einer Systempause wäscht sich der Benutzer die Hände wie er es gewohnt ist.

3) Schliesslich wird mit klarem Wasser nachgespült, ein sehr effizienter Prozess für den sehr wenig Wasser benötigt wird: man muss ja keine Reste von konzentrierter Seifenlösung wegspülen.

3.6.8. Das Sensorische entwerfen

Die Smixin Designer erarbeiteten das Konzept eines Gegenstandes, der eine Art ökologisches Engagement signalisiert: „Hier wäscht man sich die Hände nicht mehr wie anderswo". Die Angelsachsen bezeichnen ein solches Produkt als *„nice to have"*. Das Show-artige ist Teil des Erfolgs einer Innovation: das Design muss sehr „sauber" sein, es werden nur Materialien der höchsten Qualität, Dauerhaftigkeit und Lebensdauer verwendet. Das gewünschte Design muss zeitlos und futuristisch sein, darf aber nicht fremdartig erscheinen. Beim Berühren des Objekts muss man einen seidenartig-weichen, angenehmen, ruhigen und temperierten Eindruck erhalten. Auch der Geruchsinn, der Erinnerungen erweckt und in eine bekannte Welt projiziert, wird beansprucht. Akustisch beschränkt sich das Erlebnis auf den Gesang des fliessenden Wassers, der Ruhe andeutet. Es genügt also nicht, ein Mischsystem auf der Basis von fluidmechanischen Konzepten patentieren zu lassen. Man muss auch die Bedingungen eruieren, unter denen die Nutzung des Geräts einen angenehmen und symbolträchtigen Eindruck hinterlässt.

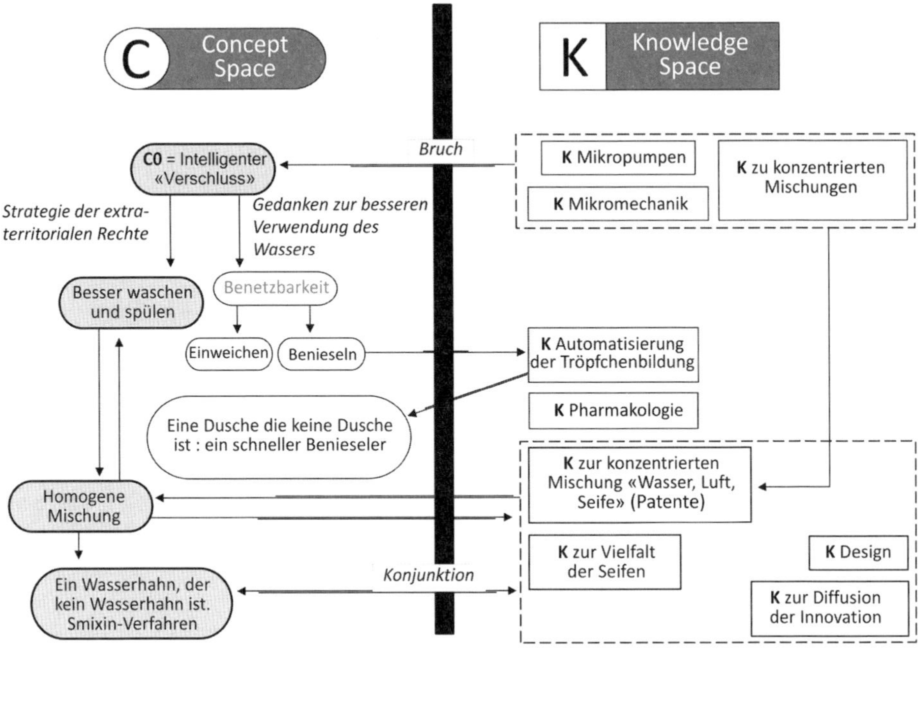

3.6.9. Die C-K Argumentation des Smixin Wasserhahns

Bei dieser Innovation geht es nicht ums Rationieren, sondern ums anders machen. Es geht nicht ums weniger konsumieren, sondern ums besser konsumieren. Die Innovation macht es möglich, anders zu handeln und doch wie zuvor zu handeln. Sie ist ein gleichzeitig potenter und beruhigender Oxymoron, nämlich ein Wasserhahn, der kein Wasserhahn mehr ist. Potent weil es effiziente Neuheit einführt, beruhigend weil es Innovationen in der Kontinuität einführt. Die Konzeptoren verwerten bekannte und gut beherrschte K (die Konzeptressourcen sind somit minimalisiert). Die Kontinuität vermittelt den Benutzern Referenzpunkte, damit sie von der Innovation nicht vollständig verwirrt werden: „es sieht aus wie ein Wasserhahn, es ist ein Lavabo da, es wäscht die Hände, alles wie bisher".

3.6.10. C-K in der Praxis: die KCP-Methode

C-K ist eine einsichtige Darstellung der wirksamen Konzeptbildungsprozesse. Eine nützliche und evidente Anwendung von C-K ist die nachträgliche Vergegenwärtigung eines Konzeptfindungsprozesses. Doch reicht die Theorie aus, um die „Innovation Factory" unter Kontrolle zu halten und zu führen? In diese Debatte wollen wir an dieser Stelle nicht eintreten (Choulier et al., 2010), sondern nehmen als gegeben an, dass C-K ein Rahmen ist, um die Konzeptfindung durchzudenken und darzustellen, sowie ebenfalls ein Tool, um Konzeptfindung zu betreiben.

Nun kann eine Methodologie die Konzeptfindung unterstützen. Sie heisst KCP und stützt sich auf die C-K-Theorie (Hatchuel, Le Masson und Weil, 2009: Elmquist und Segrestin, 2009). KCP ist eine innovative und kollektive Methode zur Konzeptfindung. Sie wurde an der Ecole des Mines Paris Tech zusammen mit Industriepartnern entwickelt und ermöglicht, eine innovative Konzeptfindung durchzuführen, die zahlreiche Abteilungen eines Unternehmens sowie seine Partner integriert. Bezweckt wird, Innovationen zu finden, indem man auf originelle Weise neue Verwendungsmöglichkeiten, neue wirtschaftliche Modelle und neue Technologien zusammenführt. KCP-Konzeptfindungsteams umfassen 20 bis 40 Mitarbeiter. Die Methode ist 2008 zur offiziellen Unternehmensmethode der RATP (der Pariser S-Bahn) geworden. Sie wird zudem in etlichen grossen Unternehmen eingesetzt (z. B. Thales, Sagem, Vallourec, Turbomeca, Areva, Moveo, Volvo). Die Methodik umfasst drei Phasen:

1) Die Phase K wird in kollektiven Sitzungen organisiert, um ein gemeinsames K-Fundament zu determinieren. In diesem Stadium ist keine Kreativität erforderlich, es ist allein der Aufarbeitung der K dienlich. D. h., es wird K unterteilt, um die „Rückkehr zu C" oder das Auftauchen von neuartigen C vorzubereiten. Von der überhasteten Suche nach Lösungen wird dringlich abgeraten. KCP basiert auf der Vorstellung, dass die kollektive Ausarbeitung innovativer Konzepte nur möglich ist, wenn man auf umfangreichem und multidisziplinärem Wissen aufbauen kann. Sie sollen einerseits klären, weshalb sich die aktuellen Lösungen nicht eignen, andererseits neues Entwicklungspotenzial aufdecken. Je grösser die Wissensbasis (K-Basis desto besser kann man auf der Ebene der Konzepte C arbeiten). Diese Etappe ist immer sehr vielfältig und kann den Zuzug externer Partner wie Lieferanten und Kunden erfordern. Im Vergleich zu den Kreativitätsmethoden werden die C hier als Ausgangspunkt zur Suche nach Ks genutzt, nicht etwa als blosse endogene Expansion, die auf den Raum C beschränkt bleibt ($C \rightarrow C'$). Die Bestandesaufnahme der K ist sehr breit und soll nicht einschränkend sein. Im Zentrum stehen können K der Anwender, womöglich die Strategie des Unternehmens, der Stand des technisch-wissenschaftlichen Wissens oder K der Phänomenologie oder der Soziologie. Die Phase K besteht zwar aus der Erhebung von Information, jedoch unterscheidet sie sich von einer gewöhnlichen Bestandesaufnahme des Wissens, insofern ihr nicht nur um das etablierte

Wissen (State of the Art), sondern ebenso um das Nebensächliche (des State of the Non-Art) zu tun ist. Zahlreiche Arbeiten und Methodologien zur Kreativität beziehen sich bekanntlich auf das „out of the box thinking". Sie präzisieren hingegen nicht, was „Out-of-the-box"-K sind. Ein KCP-Workshop soll den Stand des Wissens sowie den Stand des Nicht-Wissens präzisieren. Die K-Phase ist daher nicht nur die Summe der K, die alle Mitarbeiter im Team besitzen. Der Stand des Nicht- Wissens hilft, die Fragestellung zu konkretisieren und den Bruch zu den C besser zu akzeptieren. Hierbei wird die Frage beantwortet: „Was wissen wir nicht?" Damit werden Grenzen und Schwächen der K des Unternehmens manifest. Diese Fragestellung trägt bisweilen paradoxe, zwei- oder mehrdeutige, manchmal merkwürdige, mutige Züge, erleichtert nichtsdestotrotz die „Rückkehr zum innovativen C".

Für den Fall des Woodwelding haben wir bereits konstatiert, dass man Holz nicht verschweissen kann. Dennoch wurde es möglich, „als ob" zu lernen, also eine K-Basis über das Schweissen von normalerweise nicht-schweissbaren Werkstoffen zu definieren. Die K-Phase ist nicht nur eine Aufzählung etablierter und stabiler Fakten, sondern präzisiert des Weiteren die vielschichtigen Bedeutungen und die schrittweise Annäherung der K, sowohl an existente, als auch zu konzipierende Objekte.

2) Mit der Phase C beginnt der Kreativitätsschritt, der vom Leiter des Teams geführt werden muss. In Abgrenzung zu zahlreichen Kreativitätsmethoden soll diese Phase nicht etwa ein besonders hohes Quantum von Ideen hervorbringen, sondern in erster Linie besonders originelle und divergierende C (im Sinn der expansiven Trennungen). Das Team, das bereits das K-Fundament gelegt hat, wird nunmehr in Untergruppen aufgeteilt, die von einem Initaial-C ausgehend zu arbeiten beginnen. Jede Gruppe soll ein C untersuchen und geeignete Lösungen (K) vorschlagen bzw. fehlende K eruieren. Im Lauf dieses Prozesses erinnern sich die Beteiligten an die K, über die sie verfügen, die sie aber bis zum Auftreten der expansiven Trennungen nicht als relevant erachtet haben. Wir werden im Zusammenhang mit dem Fall Smixin in Kapitel 5 etwa sehen, wie K, die aus der Dosierung in Kaffeemaschinen oder Glace-Dosiersystemen stammen, ein C zu einem System erzeugen können, das wiederum möglich macht, sich die Hände mit zehnmal weniger Wasser zu waschen als bisher. Dergestalt definieren die Gruppen die ihnen fehlenden K und eventuell erforderliche Forschungsrichtungen (Rückkehr zu K).

Im Lauf der Phase C stellen sich die Gruppen gegenseitig ihre Ergebnisse vor, was die kreative Kraft des Teams verstärkt. Spezifische K-Bereiche reicht eine Gruppe der anderen weiter. Das bedeutet, dass jede Gruppe nicht einfach „ihre Lösung" erarbeitet, sondern dass sie ebenfalls die von anderen Gruppen erarbeiteten Trennungen kombiniert bzw. teilt. Im Gegensatz zum Chaos der ungeordnet Divergenzen suchenden Kreativitätsmethoden verwaltet die Phase C die Eigenschaftserweiterungen des ursprünglichen C ganz gezielt.

3) Die Phase P (P steht für Projekte) ermöglicht die Überprüfung und konkrete Ausarbeitung der aus der Phase C hervorgegangenen originellen Vorschläge in Prototypen, Modellen sowie die Entwicklung neuer Produkte und Dienstleistungen, die Suche nach neuen Partnern und die Initiierung neuer Forschungsprogramme.

Der Einsatz der aus KCP hervorgehenden innovativen Konzeptfindung beschränkt sich nicht auf Ideen für Produkte und Dienstleistungen. Sie erlaubt vielmehr, ein koordiniertes und fokussiertes Programm sofortiger Massnahmen zu definieren (z. B. Lösungen oder vorhandene K zu einem originellen C zu mobilisieren). Hinzu treten mittelfristige Massnahmen, beispielsweise der Test noch nicht vollständig entwickelter Produkte oder die Erprobung eines Prototyps unter Beizug potenzieller Nutzer. Langfristig ist zudem die Erarbeitung neuer K über neue Forschungsprogramme möglich. Hier wird für ein Team eine gemeinsame Agenda einer werdenden Innovation festgelegt, die zahlreiche originelle Alternativen dokumentiert und eine radikale Innovation anbahnt. In dieser Phase muss die Unternehmensführung zugezogen werden, denn P bereitet auf Innovationen vor. Die Manager werden informiert, ihre Aufmerksamkeit wird auf die vielen Dinge gelenkt, die vom Unternehmen gelernt wurden bzw. noch gelernt werden müssen.

3.7. Schlussfolgerung: wie Konzepte entstehen

Ein Konzept (C) fällt nicht vom Himmel. Es kann von der Umwelt wie im Fall der Swatch angeregt werden, wo eine kleine, preiswerte Plastikuhr die Antwort auf die japanische Offensive war. Ein C kann aber auch direkt von den Konzeptfindern kommen, als Frucht ihrer Kreativität und/oder ihres Wissens. Die Qualität einer Konzeptfindung hängt in hohem Mass von der Definition des C0 ab, also von der Qualität des (initialen) Startkonzeptes. Eine Kreativitätssitzung reicht normalerweise nicht aus, um ein qualitativ hochstehendes C0 zu definieren. Man sollte dazu mindestens auf zwei Arten vorgehen: erstens über den Begriff des Oxymorons, über einen Widerspruch in sich, zweitens über eine Metapher.

3.7.1. Durch einen Widerspruch in sich definiertes Konzept

Das Oxymoron ist ein Stilmittel, eine rhetorische Figur, in der meist ein Substantiv und ein Adjektiv unmittelbar verbunden sind, die im logischen Widerspruch zu einander stehen: ein Widerspruch in sich also (Beispiele: bredtes Schweigen, stummer Schrei, virtuelle Realität, schwarze Sonne, süss-saure Sauce, Riesenzwerge, herrenloses Damenfahrrad, Eile mit Weile). Das Oxymoron öffnet den Beschreibungsraum einer Situation, einer Person oder eines Konzepts. Mit der Schaffung einer neuen Realität bestätigt das Oxymoron das Unerwartete, die Überraschung, das Absurde, das Unvorstellbare. Gewisse Autoren bedienen sich seiner auf breiter Basis, um in der Sprache Innovationen, sogenannte Neologismen, einzuführen. Arthur Rimbaud ist wohl in dieser Hinsicht die Galionsfigur. Er nutzte häufig die brillanten Effekte des Oxymorons.

Mit der Swatch zeigte sich einmal mehr, wie fruchtbar solche Widersprüche in sich selbst (Oxymora) für die Formulierung von C sind. Das Oxymoron eröffnet neue Horizonte der Konzeptfindung, während die traditionelle Vorgehensweise im Gegensatz dazu Existierendes einfach verbessert. Das Oxymoron verbindet unbekannte Eigenschaften mit bekannten: eine Uhr, die keine Uhr mehr ist, ein Stuhl, der kein Stuhl mehr ist, ein Wasserhahn, der kein Wasserhahn mehr ist. Die Radikalität der Innovation wird hauptsächlich in der Fähigkeit liegen, bekannte Charakteristika zu wahren und gleichzeitig bekannte Identitäten umstossen.

**„Frittieren ohne zu frittieren" –
eine innovierende Konzeptfindung auf der Basis eines Oxymorons (Chapel, 1999)**

Vincent Chapel beteiligt sich mit der SEB-Unternehmensgruppe an der innovierenden Konzeptfindung zur „Verminderung des beim Frittieren auftretenden Geruchs". Das Ausgangsproblem ist simpel: Beim Frittieren entstehen bekanntlich olfaktorische Belastungen und lang anhaltende Gerüche. Diese Störfaktoren sollen vermindert oder ganz eliminieret werden. Chapel formuliert die SEB-Problematik in der Form eines oxymoronartigen Konzepts: Frittieren ohne zu frittieren. Es sollte eine Vorrichtung erfunden werden, um frittierte Nahrungsmittel in der üblichen Qualität, jedoch ohne geruchliche Belästigung herzustellen.

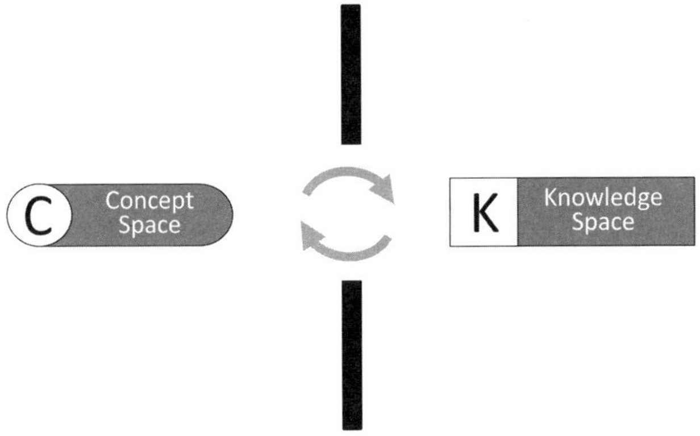

Verschiedenartige und getrennte, aber wechselwirkende Räume

Auf dem Hintergrund dieses bewusst paradox formulierten Vorschlags rekognoszieren die Konzeptfinder das Feld der K auf der Ebene der Nahrungsmittel[38], der Zubereitungsart[39] und der gasförmigen Ausdünstungen[40].

38 Um frittierte Nahrungsmittel konsumieren zu können ohne sie zu frittieren, kann man als Erstes die Frittierfunktion auslagern und bereits frittierte Nahrungsmittel vom Typ „Pommes frites im Ofen" kaufen oder Nahrungsmittel konsumieren, die ausserhalb der eigenen vier Wände frittiert wurden. Tatsächlich essen heutigetags zwei Drittel der Konsumenten ihre Pommes frites auswärts. Das Unternehmen kann demnach sein Geschäftsmodell von der Produktion von Frittierpfannen zum Verkauf von Pommes frites verschieben.

39 Man kann ebenso alternative Zubereitungsarten in Betracht ziehen, die vergleichbare Ergebnisse zeitigen, z. B. Kochen in heissem Dampf.

40 Schliesslich steht zur Disposition, die olfaktorische Belastung an der Quelle zu verringern oder zu eliminieren. Mithin lassen sich die Qualität des Öls verbessern oder die gasförmigen Emissionen behandeln. Experten gewahren bezüglich der gasförmigen Emissionen drei Möglichkeiten: auffangen, eliminieren oder umwandeln. Das Auffangen der Gase wurde unter Einsatz diverser Aktivkohlefilter schon öfters untersucht, doch wurde diese Idee bald verworfen, da das Filterelement periodisch ersetzt bzw. rezykliert werden muss. Die Elimination gasförmiger Emissionen ist wiederum überaus komplex und liesse sich deshalb nicht in massenweise vermarkteten Systemen einsetzen; bleibt endlich die Möglichkeit, gasförmige Emissionen umzuwandeln. Dies ist mit drei verschiedenen Verfahren zu erreichen: das Waschen, die Fotokatalyse und das von der Automobilindustrie übernommene Katalysatorsystem. Dieses letzte K wurde gewählt; daher rührt die Fritteuse SEB Azura Purair©, die als erfolgreiche Innovation der Marke gelten darf.

3.7.2. Die Metapher der Perle

Gewisse Muscheln produzieren Perlen als Schutz gegen Störfaktoren. Wenn ein solcher Störfaktor (z. B. ein Parasit) in die Muschel gerät, entsteht eine Zyste. Die Muschel bildet dann Perlmutt, um diesen Störfaktor zu umhüllen. Die vollkommen glatte Oberfläche des Perlmutts stört nicht mehr. Diese Metapher ausweitend, lässt sich festhalten, dass Innovationen allgemein geschaffen werden, um Probleme zu lösen, das Leben zu erleichtern oder Störungen zu eliminieren. Innovation spielt für die Gesellschaft dieselbe Rolle wie die Perle für die Muschel. Wir haben gelernt, unser soziales Leben zu organisieren indem wir uns mit Störfaktoren abfinden. Unschwer gewöhnen wir uns an eine gegebene Situation, passen uns Schwierigkeiten an. Man „kann damit leben" und ist nicht ohne weiteres bereit, alte Gewohnheiten abzulegen. Häufig verursacht Wechsel Unannehmlichkeiten. Warum zum Unbekannten wechseln, wenn man sich im Bekannten eingerichtet hat? Um die Perle zu finden, muss man Gewohnheiten überwinden und Störungen eliminieren, die uns umgeben; auch solche, die wir noch gar nicht bemerkt haben ...

Die Kreativität als Definition von innovativen Konzepten ist eine besondere Art, Störfaktoren zu isolieren und Lösungen zu finden, um ebendiese Störungen zu eliminieren. Kreativität beinhaltet immer ein Potenzial zur Zerstörung von Objekten. Man spricht zu Recht von „kreativer Zerstörung", um hier den berühmten Satz des Ökonomen Joseph Schumpeter zu zitieren. Der kreative Mensch ist nie zufrieden, er sucht die Revolution, nicht lediglich die Renovation des Bestehenden. Die grösste Schwierigkeit liegt in diesem Kontext einstweilen im unglaublichen Potenzial der Menschen, sich Störfaktoren anzupassen bzw. sich mit halben Lösungen zufriedenzugeben, die einzig auf die Symptome abzielen, ohne die ursächlichen Probleme faktisch zu lösen. Oft fühlt man sich in der Mittelmässigkeit durchaus wohl: Man ängstigt sich vor Veränderungen, vor neuen Regeln, vor dem Abweichen, dem Schöpfen von Neuem.

Schliesslich besteht die Konzeptfindung aus der gezielten Expansion des C, um das Konzept letztendlich mittels geeigneter K zu realisieren. Bei der Konzeptfindung ist kein Ziel vorgegeben; oder anders gesagt: Das Ziel ist die Konzepterweiterung an sich. Das eigentliche Ziel kann erst nachträglich benannt werden. Der Wert der Konzeptfindung beschränkt sich dabei nicht notwendigerweise auf die Verbindung von „C" und „K", sondern liegt ebenfalls in den noch diffusen Konzepten und im Wissen, das im Lauf der Konzeptfindung neu entstanden ist.

Im vorliegenden Kapitel haben wir uns darum bemüht, neues Wissen zu schaffen, um die Identität bekannter Objekte aufzubrechen und ihre Identität zu erneuern. Damit legen wir gegen das Paradigma des traditionellen Denkens, das seit dem 17. Jahrhundert von der westlichen Ratio geprägt ist, unser Veto ein. Die Ratio schreitet vom Wahren zum Wahren, vom Bekannten zum Bekannten, vom Wissen zum Wissen. Um Innovationen zu finden, muss man jedoch zugleich im C- und im K-Raum sowie an beider Schnittstellen arbeiten. Die C-K-Theorie verbindet die zwei Denkorientierungen der Kreativität und des Wissens. Designer, Ingenieure, Marketing-Fachleute, aber gleichermassen Einkäufer und Investoren – sie alle entwickeln gemeinsam Konzepte und müssen folgerichtig der Denkweise beider Räume folgen. Die Rolle der Konzeptfinder ist, Unerwartetes zu schaffen. Die formale Sprache der C-K-Theorie mag kompliziert erscheinen, beherrscht man sie indes, lässt sie einen die besonderen Eigenschaften des Konzeptfindungsprozesses verstehen.

Wir werden im Weiteren den Rahmen der C-K-Theorie benutzen, um eine vor kurzem verwirklichte Innovation zu analysieren, deren Kommerzialisierung erst am Anfang steht. Die Konzeptfindung begann bei Creaholic, dem von Elmar Mock gegründeten Unternehmen.

Nach der Swatch durchlief Mock eine depressive Phase. Der Blues des Schöpfers von Innovationen gehört zu den bekannten Gemütszuständen von Konzeptfindern. Die Trauerperioden am Ende eines Projekts sind seit langem bekannt und wurden gründlich untersucht, nicht minder die Frage, wie Individuen wieder aus der Depression herausfinden. Nicht uninteressant ist, dass die Basis grosser Innovationen oft in diesen für die betroffenen Individuen depressiven und schwierigen Übergangszeiten gelegt wird.

4
Die molekulare Metapher der Innovation: Gas, Flüssigkeit, Kristall

4.1. Der Blues des Innovators

Am Ende des ersten Kapitels hatten wir die Eltern der Swatch in der Euphorie des Projektabschlusses und des Erfolgs dieser Innovation beschrieben. Doch bekanntlich folgt Entbindungen nicht selten ein Post-partum-Blues. Ähnliches gilt für grosse Projekte. Nachdem ein Projekt erfolgreich beendet wurde, überlässt man es nur schweren Herzens anderen. Nach zwei Jahren Quasi-Schwarzarbeit sowie vier Jahren Entwicklung von Produkt und Produktionsprozessen, dem Verfassen von Patentschriften und raschem Hochfahren der Produktion wurde die Swatch zur Innovation, zum aufregenden neuen Produkt auf dem Markt. Es ist der Lauf der Dinge, dass sich das „Kind" langsam von den Erfindern „abnabelt" und zu denjenigen geht, die produzieren, nutzen und vermarkten. Doch wer einmal das „süsse Gift" der erfolgreichen, innovativen Konzeptfindung kostete und sich daran berauschte, muss am Ende des Bravourstücks Zeit für sich nehmen. Man sollte danach pausieren, um Energie zu tanken, damit die Lust zurückkommt, etwas Neues zu beginnen und sich einmal mehr in das Abenteuer der Innovation zu stürzen.

„Ich war mir gar nicht bewusst, dass ich die ersten zehn Jahre meiner beruflichen Karriere in einem schützenden Kokon verbracht hatte ... Ich hatte mich nie um Verwaltung, Buchhaltung, Umsatz und Kommunikation gekümmert. Ich konnte meine ganze Zeit mit der Suche nach Erkenntnissen und Problemlösungen verbringen, rein empirisch die erdachten Konzepte austesten und mich im Lauf unzähliger Sitzungen mit den Kollegen und Partnern im Unternehmen austauschen. Doch der während der Swatch- und Rockwatchzeit akkumulierte Stress wie Meinungsverschiedenheiten mit dem Management des Unternehmens, das sich mittlerweile zur Unternehmensgruppe entwickelt hatte,[41] machten mich immer unzufriedener. Ich hatte zudem den brennenden Wunsch, andere Industrien und andere Horizonte zu entdecken ... Mich selbständig machen, völlig unabhängig sein, war anscheinend der einzige Ausweg, denn ich hatte den Eindruck, eingesperrt zu sein", sagt Elmar Mock.

Um sich im Blues nicht zu verlieren, sondern vielmehr den Stress in Aktion zu transformieren, bietet sich Unabhängigkeit oft als einziger Ausweg. Doch „draussen" herrschen raue Sitten: Niemand wartet auf einen erfolgreichen Erfinder. Zudem wirkt das „drinnen" so verhasste Management auch draussen. Jedermann spricht zwar von Innovation, doch nur wenige sind bereit, sie wirklich kompromisslos zu implementieren.

---

41 Ein Jahr nach der Lancierung der Swatch entsteht die SMH-Gruppe unter der Leitung von Nicolas G. Hayek. Ein weitgehend zentralisiertes Managementsystem wird eingeführt. Das Unternehmen stellt sich auf eine effiziente Nutzung der Swatch ein und integriert Unternehmen und Marken, die früher ein Eigenleben führten. Später werden wir sehen, dass sich die Gruppe „kristallisierte", was in diesem Entwicklungsstadium völlig normal ist.

Der Topos der radikalen Innovation wird in zahlreichen Manager-Ansprachen gebetsmühlenartig erwähnt, nachgerade heraufbeschwört. Die Werbung aller Medien, die geradezu lyrischen Reden der Politiker und die Mitteilungen der Verwaltungsräte oder der Generaldirektionen: Alle sind überzeugt von der Notwendigkeit radikaler Veränderungen, dass man die Nase weiter vorn haben müsse als die Konkurrenz, dass man den Bruch mit der Vergangenheit wagen müsse. Jedermann schreit nach Innovationen, aber was wirklich realisiert wird, sind bestenfalls Renovationen, inkrementelle Fortschritte, keine grundlegenden Quantensprüngen. Man möchte ja gerne innovative Konzeptfindung betreiben, verbleibt aber im streng regulierten Modus. Der Druck kurzfristiger Probleme, der vielleicht vorhandenen Aktionäre, der mangelnden Ressourcen, der Managementstruktur, der Boni, der Karrierepläne, des übertrieben starken Rückgriffs auf das Risikomanagement sowie generell das Prinzip „Vorsicht vor allem anderen“ verhindern von vorneherein, überhaupt in Betracht zu ziehen, dass das Unmögliche möglich sein könnte, dass man das Unbekannte zum Bekannten machen könnte. Zudem führt jeder Misserfolg bei der Suche nach einem Durchbruch zur unmittelbaren Konzentration auf die verursachten Verluste. Der Schöpfer eines erfolglosen Konzepts riskiert, an den Pranger gestellt zu werden, und muss damit rechnen, das Vertrauen seiner Vorgesetzten zu verlieren.

Während seiner Zeit als Professor an der Harvard Business School beleuchtete Clayton Christensen mit seltener Klarheit, warum führende grosse Unternehmen die unterstützende Innovation der disruptiven Innovation vorziehen[42]. Christensen meint, es mangele gewiss nicht an Kompetenz; schuld seien vielmehr gegebenene Managementstrukturen und die Rücksicht auf die „Umwelt“, insbesondere auf die wichtigen Kunden (vgl. Kasten).

Warum führende Unternehmen die unterstützende Innovation der disruptiven Innovation vorziehen (Christensen, 1997)

Das Bestreben, dem Interesse der grossen, rentablen Kunden zu dienen, lenkt von allem ab, was diese Kunden nicht direkt interessiert. Dies eröffnet den Konkurrenten die Chance, durchbruchartige Innovationen, sogenannte disruptive Innovationen, zu lancieren. Die Zuteilung von Ressourcen erfolgt nämlich entsprechend den Prioritäten der wichtigsten Kunden. Ebendiese verlangen ihrerseits eher Verbesserungen als fundamentale Umbrüche.

Je grösser und erfolgreicher ein Unternehmen wird, desto mehr ist es auf etablierte Märkte angewiesen, dank derer es seine Wachstumsrate aufrecht erhalten kann.

Grosse, technologisch dominierende Unternehmen sehen sich in einem Netzwerk von Kunden, Lieferanten, Partnern und Routinen gefangen, die unterstützende Innovationen fördern. Dementsprechend ist das mittlere Kader nicht daran interessiert, Risiken auf sich zu nehmen, wenn in erster Linie der Status quo gefragt ist.

So lange zu warten, bis ein Markt zur Investition reif geworden ist, ist in Bezug auf die Risikobilanz durchaus rational. Das grosse, oft marktführende Unternehmen tendiert dazu, neu ent-

42 Nach Christensen verbessern unterstützende Innovationen die etablierten Produkte, ohne die Spielregeln für die im Markt Tätigen zu verändern. Disruptive Innovationen hingegen führen ganz neue Werte im Markt ein. Unterstützende Innovationen verbessern das Existierende, während disruptive Innovationen die Spielregeln modifizieren, indem das „Dominant Design“ der Dinge verändert wird.

stehende und damit naturgemäss kleinere Märkte zu vernachlässigen. Doch gerade dort breiten sich echte Innovationen aus, die das etablierte Angebot zu umgehen vermögen.

In den grossen Unternehmen geht eine sehr reelle Angst vor dem Scheitern um – wer gross ist, fällt tief!

Wie soll man diesen Widerspruch, den „Doubletalk" zwischen Innovation und Renovation aufheben? Wie kann man sich aktiv für radikale Innovationen einsetzen? Man kann diese Fragen mit dem Argument der Konzeptfindung beantworten, wie wir dies im vorhergehenden Kapitel mit der C-K-Theorie getan haben. Ebenso anerbietet sich, das Problem organisatorisch angehen: sich geeignet organisieren, insbesondere hinsichtlich der erforderlichen geistigen Zustände.

Die Implementierung einer Innovationsabteilung mit einer geeigneten Führung ist zwar notwendig, aber nicht hinreichend. Eine Organisation allein war noch nie in der Lage, echte Innovationen zu schaffen. Die Organisation bestimmt lediglich die Randbedingungen für ihre Mitglieder, sie engt ein oder sie schafft Freiräume. Eine Innovation erfordert immer gemeinsames Wirken und ein organisiertes Umfeld mit den erforderlichen Kompetenzen, einem geeigneten sozialen Umfeld und den notwendigen Ressourcen. Letztlich ist der Schlüssel zum Erfolg immer der Mensch: Menschen müssen zusammenarbeiten, Konzepte formulieren und auswählen, Know-how einsetzen oder entwickeln. Die Struktur ist ein Hilfsmittel, das die kreative Intuition und den Einsatz von Know-how fördern kann, aber die Struktur schafft diese Dinge niemals direkt. Wenn die Organisation die Schaffung von Innovationen erleichtert, muss man die Analyse des „menschlichen Faktors" weitertreiben, der von der Organisation entweder gefördert oder gehemmt wird.

Wir werden nun die sogenannten „geistigen Zustände" untersuchen, und zwar aus der Optik einer molekularen Metapher. Gewisse geistige Zustände führen dazu, dass man Renovation der Innovation vorzieht und umgekehrt. Wir tragen tief in unserem Unterbewusstsein Züge, die für innovatives Tun mehr oder weniger gut geeignet sind.

4.2. Die molekulare Metapher und ihr Ursprung

Wenn wir schon die Gesellschaft nicht verändern können – zumindest nicht allein und nicht kurzfristig – können wir wenigstens versuchen zu verstehen, warum es so schwierig ist, im Zusammenhang mit Innovationen mit ihr zu arbeiten. Aufgrund des allgemeinen Mangels an Verständnis für dieses Thema muss man sich ein eigenes Bild machen. Im Gegensatz zur in Kapitel 3 beschriebenen C-K-Theorie wurde die molekulare Metapher weder von einem Team von Forschern ausgearbeitet noch einer Peer-Review unterzogen. Man kann diese Analyse als „Gebrauchstheorie"[43] bezeichnen, die auf praktischer Erfahrung beruht und spezifisch für die Praxis der Innovation geschaffen wurde.

---

43 Chris Argyris und Donald Schön (1996), zwei bekannte Spezialisten für organisatorische Lernprozesse, unterscheiden zwischen der „Bekennungstheorie", die dem entspricht, was man tun zu wollen behauptet, und der „Gebrauchstheorie", die meint, was man wirklich tut, also die verwirklichte Tätigkeit.

Als Elmar Mock 1986 die SMH verlässt, hat er den Eindruck, der einzige Innovator in einem Unternehmen zu sein, das Innovationen hemmt. Nach der Kündigung erkennt er jedoch, dass dies keine Eigenheit der SMH ist. In einer solchen Situation erhält man leicht den Eindruck, als Einziger auf der Welt recht zu haben. Lange kann man diese Einstellung aber nicht aufrechterhalten. Sie gleicht derjenigen des „Geisterfahrers" auf der Autobahn, der sich (zumindest während einiger Zeit) darüber aufregt, dass alle anderen unverantwortlich sind, weil sie ja offensichtlich alle falsch fahren. Die molekulare Metapher ist in erster Linie eine „Theorie", die von einem Innovator entwickelt wurde, der verstehen wollte, was ihm geschehen ist, und der sich mit dem Rest der Welt in Einklang bringen, vielleicht versöhnen möchte. Eric Von Hippel (1986) würde sagen, dass es sich um eine „Pilot-Gebrauchstheorie" handelt: Sie wurde zum Lösen eigener Probleme entwickelt, für die es keine Lösung und keine Erklärung gab.

Elmar Mock musste also seine eigene Theorie entwickeln um zu verstehen, was ihm passiert ist, und vor allem, um die Sache potenziellen Mitarbeitern erklären zu können. Die Metapher hilft bei der Positionierung, bei der Wechselwirkung mit anderen. Anfänglich ist sie ein vereinfachtes Modell, das hilft, Unterschiede bei der Analyse und beim Verhalten hinsichtlich einer Innovation zu verstehen. Das Modell erweist sich zudem hilfreich, um allfällige Missverständnisse auszuräumen. Es erklärt unterschiedliche rationale Verhaltensmuster und erlaubt, sich von Vorurteilen zu befreien (z. B.: Alle ausser mir sind Idioten). Man kann lernen, sich so zu verhalten, dass man darauf hoffen darf, zum „Serien-Innovator" zu werden. Obige „Theorie" steht am Anfang der Schaffung von Creaholic und wurde im Lauf von 25 Jahren Innovationspraxis laufend bestätigt und verstärkt. Sie dient ganz der Innovation und der Wechselwirkung des Innovators mit den anderen – mit allen anderen ...

4.3. Die molekulare Metapher oder die Geisteszustände des Innovators

Ist die leidenschaftliche Suche nach neuen Wegen und Durchbrüchen, dieses anarchische Bedürfnis nach Infragestellung etablierter Überzeugungen, dieses brennende Interesse für Revolutionen etwas Seltenes? Oder anders gesagt: Ist Kreativität eigentlich verbreitet? Die Frage ist zu beantworten. Die Fähigkeit, Neues zu schaffen, ist eine völlig normale Eigenschaft eigentlich jedes Menschen. Teresa Amabile (1996), eine weltweit anerkannte Spezialistin bezüglich Kreativität und Professorin an der Harvard Business School, lässt daran keine Zweifel. Selbst wenn ein grosser Teil der Kaderpersonen davon überzeugt ist, dass nur wenig Leute kreativ sind, kann es doch jedermann sein, wenn auch mehr oder weniger ausgeprägt. Bei der Geburt besitzt die überwiegende Mehrheit der Menschen ein starkes kreatives Potenzial. Aufgrund ihrer Arbeit sind eigenmotivierte Menschen oft hochgradig kreativ. Allerdings sind sich die meisten Leute ihres kreativen Potenzials gar nicht bewusst, zum Teil weil sie sich in einer Umwelt bewegen, die der kreativen Motivation schadet. Kreativität ist kein Monopol kreativer Individuen: Wir alle sind kreativ!

Und dennoch: Wo sind die Erwachsenen, die dieses nicht zu unterdrückende Knistern, diese unbändige Lust am Schaffen von Neuem in ihrem Berufsleben erhalten konnten? Was passierte mit den vielen anderen? Warum ist der Dialog mit dem mittleren Kader so schwierig? Warum sind derartige Auseinandersetzungen häufig, wenngleich wir alle kreativ sind? Warum sind Innovationen so selten, warum gibt es so wenige Disruptionen, wo doch eine so grosse Zahl von Unternehmen auf den Märkten tätig ist?

Nehmen wir als Metapher das Wassermolekül: Dampfschwade, Tropfen oder Schneeflocke. Die Formel des Wassermoleküls ändert sich nicht. Was sich ändert, ist lediglich der Aggregatzustand: gasförmig, flüssig oder kristallin. Wir Menschen besitzen – metaphorisch ausgedrückt – ebenfalls verschiedene geistige Aggregatzustände. Die molekulare Metapher hilft, sie zu erfassen, sie zu unterscheiden und zu verstehen, unter welchen Bedingungen sie miteinander sprechen und sich verständigen können.

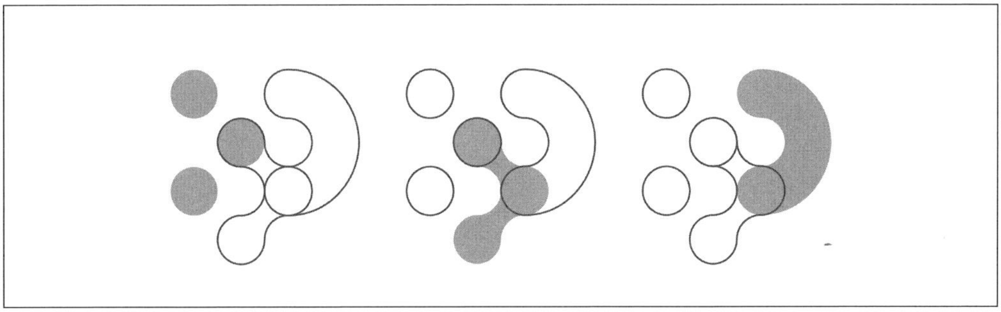

Der gasförmige Geisteszustand 97

4.4. Der gasförmige Geisteszustand

Das Gasförmige ist der Geisteszustand der rohen Kreativität. Es beschreibt den Geisteszustand all derjenigen, die erfinden, ausdenken, verstehen, träumen. Der gasförmige Geisteszustand lässt sich nicht präzise definieren, doch können wir ihn periphrasieren, um seine zahlreichen Facetten zu beleuchten. Intuition, Inspiration, Traum, Freiheit, Phantasie, Kreativität sind oft verwendete Begriffe, um die positiven Aspekte des kreativen Geisteszustands zu beschreiben. Fata Morgana, Chaos, Illusion, Utopie, Einbildung, Lüge repräsentieren die Schattenseiten des gasförmigen Zustands. Dieser „Aggregatzustand" stellt nicht die reine Wahrheit dar, er kann sowohl ein Genie als auch ein Monster produzieren. Im gasförmigen Geisteszustand muss man ein gewisses Mass an Utopie in Kauf nehmen. Letzteres kann ein signifikantes Risiko sein, sie birgt aber gleichermassen das Potenzial einer genialen Revolution.

Im Geisteszustand des Neugeborenen, des kindlichen Spiels findet sich die Regeln absoluter Freiheit, der Illusion und Fantasie (vgl. Kasten). Dieser Zustand kann uns nicht fremd sein, er ist ganz in der Nähe des Ursprungszustands des Kindes angesiedelt, das wir alle gewesen sind, von dessen Mentalität und Esprit aber der grösste Teil aus unserem bewussten Gedächtnis gelöscht wurde.

Das kindliche Denken oder die Kunst des Abweichens

Im Kindesalter sind wir am meisten begabt zum Träumen, zum Schaffen von gänzlich Neuem. Später geht man zur Schule, wird langsam erwachsen und entdeckt die Wirklichkeit, die Logik, die Systeme, die Macht, die Leistung, die Effizienz und die ISO-9000-Normen. All diese Dinge reifen schliesslich in der eignen Person: Sie bilden die Leitplanken unserer Gesellschaft, aber zugleich mächtige Hemmfaktoren für die Kreativität. Elmar Mock erinnert sich: „Als Kind prägte mich ein ziemlich nebensächlicher Zwischenfall: Ich brach mir beim Skifahren das Bein." „Hals- und Beinbruch", wünschen sich Schauspieler im deutschen Sprachraum vor ihrem Auftritt, denn das bringt der Überlieferung nach Glück. Im Französischen andererseits hat der Ausdruck „ça vaut mieux que de se casser une jambe" (besser als ein Bein brechen) keinerlei positiven Beigeschmack. Für Elmar Mock war dieser Beinbruch und der folgende längere Krankenhausaufenthalt eine Zeit der Isolation und der inneren Rückschau. „Ich entdeckte das immense Vergnügen des Träumens und Fabulierens ... Meine real existierende und konzeptbezogene Umwelt war mein Spielfeld."

Wer ist nicht zutiefst berührt von der mühelosen, spielerischen Weise, mit der Kleinkinder die sie umgebende Welt absorbieren, in Frage stellen und sich schliesslich zu eigen machen? Allzu oft vergisst man, dass diese Mentalität noch im Erwachsenenalter vorhanden ist – als verdecktes Potenzial oder (selten) als ständig wirkende Kraft.

Der gasförmige Aggregatzustand an sich ist wenig brauchbar. Er darf nicht Selbstzweck sein. Vielmehr muss er umgewandelt werden, damit er nutzbar wird. Mit den Emotionen des Dichters verhält es sich analog: Andere können sie nicht mitempfinden, solange sie nicht in lesbare Texte umgesetzt sind, die wiederum die Emotionen weitervermitteln können. Das Gas muss demzufolge in einen anderen Aggregatzustand gebracht werden: Durch Kondensation wird es zur Flüssigkeit. Organisationen und Unternehmen schaffen aber nur selten die Randbedingungen, die eine solche Umwandlung befördern. Folgerichtig entgehen ihnen die kreativen Aspekte der gasförmigen Geisteszustände.

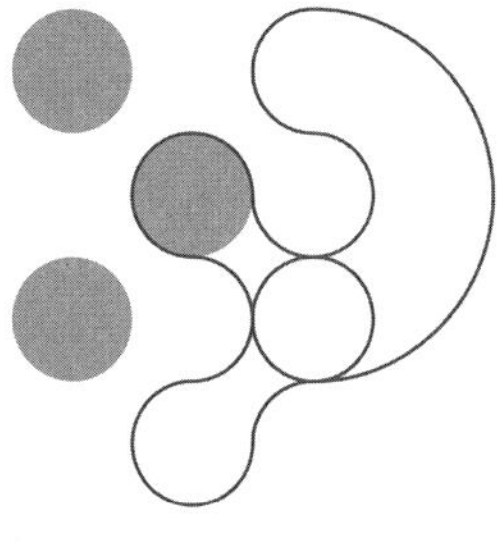

Schlüsselwörter: Intuition, Freiheit, Bewegung, Phantasie

Die Geschichte der Swatch ist geprägt von der Gefahr des Verschwindens der gesamten Uhrenindustrie und damit einer riesigen Pleite. Dies führt zu akutem Stress und zu einem gasförmigen Zustand, der das Unvorhersehbare auftauchen lässt.

4.5. Der flüssige Geisteszustand

Der flüssige Zustand entspricht dem Lernen, der Schule, der Entwicklung, der Umwandlung, der Transformation. Dieser Geisteszustand kennzeichnet die Entwickler, die Umwandler. Er gebiert Evolution, Ausbildung, ästhetische Kriterien, Beweise und Wahrheit. In diesem Zustand „wachsen" die Dinge: Gemeinsame Sichtweisen bauen sich auf und stabilisieren sich.

Den flüssigen Zustand erreicht man durch Schmelzen oder Kondensation. Das Phänomen des Schmelzens steht für die Wiederauferstehung einer alten Idee, eines überkommenen Konzepts, bereits existierenden Wissens, für die neues Leben entsteht: Es geht um „alten Wein in neuen Schläuchen". Den flüssigen Geisteszustand kennzeichnet die Fähigkeit, Ideen zu reaktivieren und umzuschmelzen resp. daraus neue zu machen: Die Mode bietet uns hierfür zahlreiche Beispiele. Bei der Kondensation werden dagegen nicht etwa bewährte Ideen neu belebt, sondern vollends neue Idee materialisieren sich, werden gewissermassen konkretisiert. Auf diese Weise erfolgt der direkte Übergang von der Utopie zur Realität. Ein gutes Beispiel ist die Entwicklung des i-Phones von Apple: Mit seiner Lancierung im Jahr 2007 wurde eine firmeneigene Utopie verwirklicht.

Bei der kommerziellen Lancierung erscheint es als ganz neues Produkt, das die bekannte Identität des Mobiltelefons auf den Kopf stellt, neu definiert. Die Flüssigkeit träumt nicht mehr, sie wandelt um und verwirklicht. In diesem Geisteszustand sind die „Dinge" noch nicht definitiv festgelegt: Bewegung, Evolution bleiben möglich. Dieser Geisteszustand kann durch Fliessbewegungen charakterisiert werden, die weitgehend erschütterungsfrei sind. Dies bedeutet eher laminares als turbulentes Fliessen, das Fluidum ist im Zentrum. In der flüssigen Phase gelten im Unternehmen Regeln für die Konzeptfindung, die Prozesse, den zeitlichen Rahmen (Planung und Beschaffung), die Wirtschaftlichkeit (Zielvorgaben, Business-Plan). Allerdings darf man die mit diesem Geisteszustand verbundenen Schwierigkeiten und Leiden nicht unterschätzen. Er beinhaltet die sprichwörtlichen Blut, Schweiss und Tränen, denn auch bei der Transformation sind zahlreiche Hindernisse zu gewärtigen.

Die Tatsache, dass ein gegebenes Konzept feststeht, heisst noch längst nicht, dass es einfach ist! Die Erfahrungen, die wir im Lauf unserer ersten Schuljahre machten, bleiben in der Regel memorisiert: Das war der Übergang zum flüssigen Geisteszustand, der ebenfalls eine wichtige Rolle in Organisationen spielt, die sozial legitimiertes Wissen und Expertise schaffen, die zertifizieren und damit die Aussagen eines Herstellers bestätigen (Beispiele sind Bildungsstätten und F & E Laboratorien).

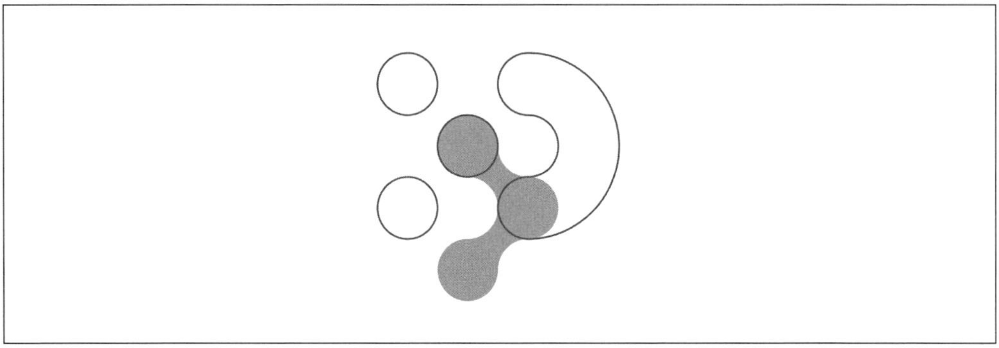

Der flüssige Geisteszustand

4.6. Der kristalline Geisteszustand

Der kristalline Zustand ist charakteristisch für die in den westlichen Gesellschaften dominierende rationale Welt. Ordnung, Regeln, Stabilität, Seriosität, Struktur, Macht, Reife, Konkretes, Verfahren, Wiederholbarkeit determinieren ihn. Der kristalline Geisteszustand macht sich oft als Selbstzweck bemerkbar, als politisches Programm, als Ausweis verantwortungsbewusster Reife, als Ergebnis eines Vorgangs, der ursprünglich kreativ sein wollte, aber seiner Quintessenz verlustig gegangen hat. Genetisch und physisch haben wir uns in den letzten 5000 Jahren kaum verändert, unsere existenziellen Ängste plagten schon unsere fernen Vorfahren. Wir haben immer noch Angst vor dem nächsten Tag, der Tod erschreckt uns zutiefst. Abgesehen von Medikamenten verfügen wir dank Wissenschaft und Technik über grossartige Mittel, um unsere Ängste zu lindern. Ein ganz einfaches Beispiel ist die Agenda: Mit all den Terminen, die wir für die nächsten Monate geplant haben, wird der Tod unmöglich bzw. ist sterben schlicht keine Alternative. Die Business-, Karriere- und Ruhestandspläne, Lebensversicherungen, Budgets, politische Programme sind Projektionen in die Zukunft, die uns beruhigen und unser instinktives Entsetzen vor dem Unbekannten lindern.

Erste Erfahrungen mit dem kristallinen Geisteszustand machen wir in der Regel im Rahmen unserer beruflichen und/oder schulischen Ausbildung – mit dem Erwerb musikalischer und/oder handwerklicher Virtuosität, also mit dem Eintritt in die Welt der Erwachsenen. Dank dieses geistigen Zustandes wird es möglich, das Existierende, das Bekannte zu verbessern. Es ist der geistige Zustand des „immer Besser“ sowie des „immer Dasselbe“. Jedes erfolgreiche Produkt, jede erfolgreiche Dienstleistung ist in der Wertschöpfungskette kristallin strukturiert. Freilich: Nicht die Produktion von immer mehr Kerzen, sondern die Erfindung elektrischer Lampen bringt Fortschritte in der Beleuchtungstechnik.

Je höher der Ordnungszustand, umso reiner ist der Kristall und umso ferner ist die Erinnerung an seine Entstehung im gasförmigen Zustand. Die kristallinen Organisationen garantieren die Routinen der Zusammenarbeit, produzieren und vervielfältigen Standards und Normen. Sie funktionieren auf der Basis von stabilen Regeln und Hierarchien. Sie wissen, wie man Werte und Spezifikationen definiert. Sie kennen die beruflichen Regeln, die Gültigkeits- und Leistungsregeln (Beispiele sind die Armee, die Fabrik). Eine umfangreiche Literatur zur Theorie der Organisationen hat sie untersucht und dokumentiert, dass sie die Stabilität und Identität der Objekte bewahren können – um das Vokabular der innovativen Konzeptfindung zu verwenden.

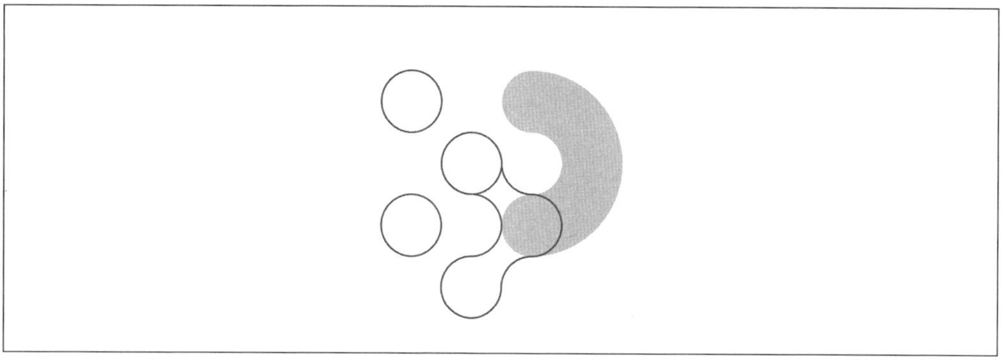

Der kristalline Geisteszustand

4.7. Vom Dialog der Gehörlosen zum Dialog zwischen Geisteszuständen

Die drei bisher besprochenen Zustände – gasförmig, flüssig, kristallin – sind sehr verschiedenartig und untereinander in keiner Weise koordiniert. Selbst wenn sie dieselbe Sprache sprechen, derselben Kultur angehören oder dieselbe Ausbildung erhielten, bekunden zwei Personen, die zwei verschiedenen geistigen Zuständen angehören, dennoch die grösste Mühe, einen sinnvollen Dialog zu führen. Ein solcher Dialog ist sogar fast unmöglich zwischen den Anhängern des gasförmigen Zustands und denjenigen des kristallinen Zustands. Wenn nämlich der kristalline geistige Zustand mit dem gasförmigen geistigen Zustand kommuniziert, ist er schockiert: „Dieser Typ ist unkontrollierbar, chaotisch, unzuverlässig! Warum macht er nicht, was ich ihm gesagt habe? Warum schlägt er mir schon wieder eine Idee vor, wo er doch die vorgestern vorgeschlagene noch bei weitem nicht verwirklicht hat? Er hält sich weder an sein Budget noch an die Termine. Er soll sich doch bitte organisieren, wie ich es tue! Ich bezahle ihn, um meine Probleme zu lösen, nicht, um mir ständig neue Probleme aufzubürden“.

Wenn sich der Gasförmige über den Kristallinen amüsiert, sind die Kommentare genauso bösartig und ohne jegliches Verständnis: „Dieser Typ hat Dollarzeichen in den Augen und einen viereckigen Kopf. Er begreift nicht, dass sich die Welt verändert. Mit seinem Spitzhelm ist er einen Krieg zu spät dran. Er rast direkt in die Mauer: Jede Idee, die ich ihm gebe, ist eine vor die Schweine geworfene Perle.“ Die Gegnerschaft ist instinktiv und generisch. Kommt es zur Auseinandersetzung, ist der Gewinner vorprogrammiert: Der Kristalline behält stets die Oberhand. Dabei geht es gar nicht um die Konfrontation, sondern um Wechselwirkung, Verständnis und Zusammenarbeit. Die drei Zustände schliessen sich nicht aus und sind nicht definitiv, sie koexistieren sogar innerhalb jedes Individuums. Das extreme Beispiel des kristallinen Zustands ist die Armee; aber im Ernstfall gebärdeten sich Generäle mitunter hochkreativ.

Beim Übergang vom Kind zum Erwachsenen haben wir alle drei Geisteszustände durchlebt. Der ausgeglichene Mensch kann vom einen in den anderen Zustand wechseln, den unterschiedlichen Aufgaben im Alltagsleben entsprechend. So kann sich ein Richter in seiner Freizeit für moderne Musik begeistern, ein Künstler einen Hort des Friedens im geordneten Familienleben finden, ein Finanzexperte sich am Wochenende der abstrakten Malerei widmen. Bei der Konzeptfindung der Swatch haben wir gesehen, wie Ingenieure kreativ wurden und Designer sich in Prozess-Engineering ausbildeten. Die drei Zustände können aber nicht gleichzeitig gelebt werden, das würde zur Schizophrenie, zur inneren Zerrissenheit führen. Doch der Übergang vom einen zum anderen Zustand ist für ein gegebenes Individuum grundsätzlich möglich. Ausserdem können sich Individuen mit Schwerpunkt auf jeweils anderen Zuständen grundsätzlich verstehen, wenn auch oft mit etwelcher Mühe. Und genau dies steht auf dem Spiel.

Um ein „guter" Gasförmiger zu sein (gut im Sinn des Innovationspotenzials), hilft es deshalb, Erfahrung in kristalliner Umgebung zu haben. Hier finden sich die Lehren des Swatch-Kapitels und des vorhergehenden Kapitels was die notwendige Akkumulierung einer grossen Wissensbasis anbelangt, um die Regeln des Bekannten auszuhebeln. Man muss viel Virtuosität im Bereich des Wissens akkumuliert haben, um innovative Konzepte erforschen zu können.

Die molekulare Metapher dient zumindest dazu, sich im Vergleich zu den anderen zu positionieren. Was für einem Geisteszustand entspricht sie? Wo stehe ich in dieser Hinsicht? Wie soll ich mit ihnen sprechen? Wie können sie mich verstehen? Die Antwort auf diese Fragen befreit uns von unserer ursprünglichen Blockierung: Ich gegen den Rest der Welt, die nichts versteht. Die Geisteszustände sollen nicht zu Werturteilen führen. Sie erlauben vielmehr, die inneren Konflikte und die Frustrationen der Innovatoren zu verstehen, die in einer kristallinen Welt agieren müssen. Die Metapher macht auch klar, warum es so schwierig ist, durchbruchartige Innovationen zu produzieren. Die Geschäftswelt des heutigen Kapitalismus ist zutiefst kristallin, während die Herausforderungen der Innovation direkte Bezüge zum gasförmigen und flüssigen Geisteszustand bedingen.

Die im kristallinen Zustand erstarrten Unternehmen tendieren dazu, in ihrer Struktur den gasförmigen Zustand auszuschalten. Er wird als allzu abwegig betrachtet (in dieser Hinsicht ist die frühe Swatch eine historische Ausnahme). Hingegen wird der flüssige Zustand toleriert, man braucht ihn und kennt seinen Nutzen: Es handelt sich ja um die Wachstumszone des Kristalls. Aus der Perspektive eines Unternehmens, das sich der innovierenden Konzeptfindung verschrieben hat und das versucht, immer wieder durchbruchartige Innovationen zu schaffen, muss man sich auf den gasförmigen Zustand konzentrieren und zwar unter Zugabe einer flüssigen Kapazität, damit über eine Zone des Austauschs und des gegenseitigen Verstehens mit kristallin-flüssigen Kunden und Partnern kommuniziert werden kann.

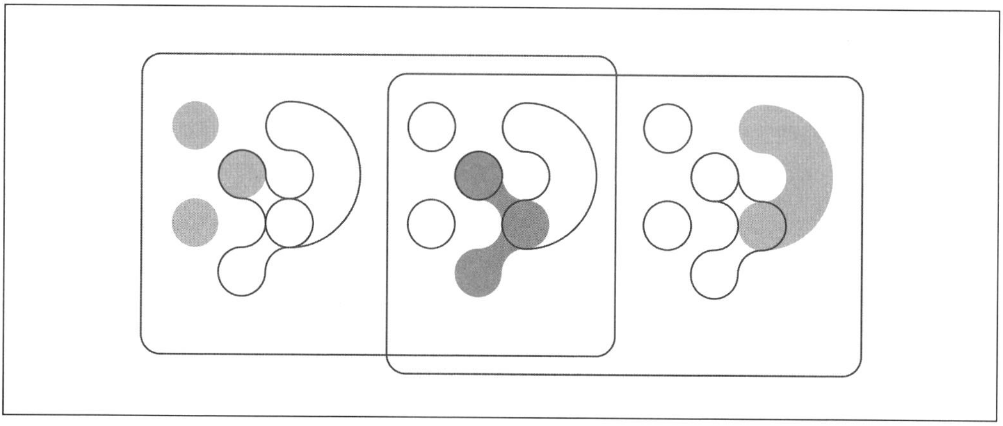

Der flüssige Geisteszustand als Berührungsfläche zwischen den beiden anderen Geisteszuständen

4.8. Creaholic, ein molekulares Unternehmen

Ganz konkret ermöglichte die molekulare Metapher Elmar Mock, all die inneren Konflikte und Frustrationen zu verstehen, die ja schlussendlich seine Kündigung bei der (künftigen) Swatch Group begründeten. Die Metapher zeigt ferner, warum die Verwirklichung einer durchbruchartigen Innovation so schwierig ist und weshalb derart wenig eigensinnig kreative Mitarbeiter in der Welt der Industrie und der Dienstleistungen aktiv sind. Diese Überlegungen wie der unbändige Drang nach einer auf durchbruchartige Innovationen fokussierten Tätigkeit veranlassten 1986 die Schaffung von Creaholic (vgl. Kasten).

Creaholic, die Innovations-Schmiede

Creaholic ist ein Unternehmen, das schon an sich ein innovatives Konzept darstellt. Es versteht sich als kreatives Laboratorium, das auf die Konzeptfindung und Entwicklung neuer Produkte, neuer Technologien sowie auf ihre Industrialisierung spezialisiert ist. Das Unternehmen arbeitet sowohl an eigenen, als auch an Projekten für Kunden. Innovation als Dienstleistung für externe Kunden, seien es Grosskonzerne oder KMU, beansprucht etwa 80 Prozent der Arbeitszeit der etwa dreissig Creaholic-Mitarbeiter. Ihr Ursprung und ihre Kultur sind sehr vielfältig, zudem haben sie alle ganz unterschiedliche Spezialisierungen. Das Team besteht aus Ingenieuren, Designern, Handwerkern (z. B. für die Bearbeitung von Holz oder Kunststoff) und Experten für Fragen des geistigen Eigentums. Die Aktivität von Creaholic reicht von der Konzeptfindung bis zur Probeserie; wichtige Stationen sind die ästhetische Studie, die Ingenieurarbeit, die Konstruktion, die Suche nach Patenten sowie der konkreten Ausformulierung, der Prototypenbau, die Analyse und die Wahl geeigneter Werkstoffe und Formen. Creaholic ist überdies ein multidisziplinäres Team, das Grenzen zwischen den Disziplinen, den Dienstleistungen und den Wirtschaftszweigen konsequent ignoriert, ergo „quer" arbeitet. Ausgetretene Pfade verlassen, aussergewöhnliche Konzepte vorschlagen, kreative Gedanken fördern – all dies verleiht der Creaholic-Kultur deren zweifelsfrei einzigartiges Gepräge. Indem Technologie und Ästhetik in kleinen, ad hoc zusammengestellten Gruppen vollständig integriert werden, unterstützt Creaholic seine Kunden im Prozess der Konzeptfindung und der Schaffung von neuem Know-how. Seit der Gründung von Creaholic beteiligte sich das Unternehmen an über 700 innovativen Projekten, meldete rund 200 Patente an und gewann mehrere Technologie- und Designpreise. Eigene Entwicklungen führten zu Spinoffs wie Miniswys SA für Mikromotoren, WoodWelding SA für das Schweissen von Holz und Knochen, Smixin SA für den ultra-sparsamen Einsatz von Wasser beim Händewaschen oder Joulia SA für grüne Energie.

Die durchbruchartige Innovation ist kein natürliches Bedürfnis einer wohlstrukturierten Organisation. Das Vergnügen, die Freude am Erfinden ist nicht ihr Antrieb. Aufgrund dieser Lücke wurde die Firma Creaholic mit Zielen und Methoden geschaffen und entwickelt, die im Kern gewiss nicht mit denjenigen wohlorganisierter Unternehmen übereinstimmen. Die wichtigste Aufgabe von Creaholic ist die Schaffung von Konzepten, Techniken, Designs, Produkten und Systemen in Zusammenarbeit mit den Kunden, um ihnen im Endeffekt einen Vorsprung gegenüber ihrer Konkurrenz zu geben. Hinter dieser scheinbar simplen Mission eines Unternehmens, das sich die innovative Konzeptfindung auf die Fahne geschrieben hat und das für Kunden arbeitet, steckt keine klassische „B2B"-Beziehung. Es bleibt nämlich schwierig zu entscheiden, wer in einer solchen Konstellation denn eigentlich wirklich innovativ wirkt: Ist es der Kunde, der den Output der Konzeptfindung auf dem Markt umsetzt, oder ist es das Unternehmen, dem das Konzept zu verdanken ist? Und wie soll man die Tätigkeit dieses Unternehmens definieren, messen, honorieren? Das den innovativen Konzepten verschriebene Unternehmen muss gleichsam eine Quadratur des Zirkels vornehmen:

- Soll man den gasförmigen Zustand strukturieren?
- Wie stellt man sich den Herausforderungen des Marktes, ohne sich zu spezialisieren, zu kristallisieren? Der gasförmige bzw. flüssige Zustand muss ja unbedingt beibehalten werden, nur dies garantiert einen nachhaltigen Innovationsprozess.

Weil diese Fragen ernst genommen wurden, konnten einige zwar leicht verständliche, aber schwer durchsetzbare Organisationsprinzipien der Firma Creaholic während über 25 Jahren deren Kohärenz und das Unternehmensziel der innovativen Konzeptfindung bewahren:

1) Die Ergebnisse der Konzeptfindung weder produzieren noch auf dem Markt verkaufen. Wenn Creaholic dies tun würde, müsste sie auskristallisieren, insofern sie ihre Tätigkeit auf die Evolution früherer Erfolge zentrieren würde (produzieren, verteilen, verbessern).

2) Nicht mit den Konkurrenten von Kunden zusammenarbeiten. Durchbruchartige Innovationen zu erarbeiten, bedeutet, die Zukunft des Kunden zu kennen oder sie gar zu bestimmen. Das gegenseitige Vertrauen ist eine unentbehrliche Bedingung für diese heikle Sache. Die Berücksichtigung dieses Prinzips zwingt Creaholic ständig dazu, neue Katego-

rien von Produkten, Dienstleistungen, Konzepten und Know-how zu finden, in denen das Unternehmen nicht als spezialisiert gilt. Auf diese Weise kommt Creaholic in eine bessere Lage, um neue Vorschläge (Erweiterung der Wissensbasis – K – der Kunden!) durchzusetzen.

3) Als Folge der Erweiterung des Tätigkeitsgebiets muss das Team extrem multidisziplinär sein und gleichzeitig die Falle der Spezialisierung umgehen, denn Letztere führt zur Kristallisierung. Die Notwendigkeit des Wachstums und die permanente Instabilität, die das Nichtvorhandensein repetitiver oder langfristiger Projekte bewirkt, nötigt das Creaholic-Team nachgerade stets, von ihm bisher nicht bearbeitete Tätigkeitsgebiete zu finden (die Auslastungsplanung geht nie weiter als drei bis sechs Monate). Diese erzwungenen ständigen Änderungen führen zur Entdeckung immer neuer Wissensgebiete (also neue K!). Hierbei ist mitnichten beabsichtigt, das neugewonnene Wissen optimal zu nutzen. Vielmehr soll die K-Basis des Unternehmens ständig ausgeweitet werden. „Wir werden oft mit einem Ingenieurbüro verwechselt, obwohl unsere Aufgabe genau dort aufhört, wo deren Aufgabe beginnt", erklärt Elmar Mock. Creaholic erweitert ihre Wissensbasis dort, wo sie ein Ingenieurbüro effizient nutzen würde. Auf diese Weise bewahrt Creaholic den gasförmigen und flüssigen Zustand.

4) Eine traditionelle Struktur der Hierarchie und des Kapitals läuft der innovativen Konzeptfindung entgegen. Auf diese Weise ersann das Kader von Creaholic ihr eigenes Organisationsschema, natürlich in Form eines Oxymorons: die kapitalistische Kolchose. Totale Transparenz innerhalb des Unternehmens, selbst hinsichtlich sensibler Aspekte wie jedermanns Gehalt, zeichnet sie aus. Die gesamte Buchhaltung oder der Stand des Bestellungseingangs sind für alle Mitarbeiter einsehbar. Ein weiterer, wesentlicher struktureller Unterschied ist die Tatsache, dass die Beteiligung am Kapital nicht übertragbar ist und darum gezwungenermassen mit einer Tätigkeit innerhalb von Creaholic verbunden ist. Zudem werden alle wichtigen Entscheidungen per Mehrheitsbeschluss der Anwesenden gefällt, unabhängig vom jeweiligen Kapitalanteil. Der Entscheidungsprozess erfolgt nach einer breiten Diskussion: Jeder soll sich ausdrücken und seinen Standpunkt auseinandersetzen, ihn verteidigen. Diese Art der Führung will nicht egalitär, sondern motivierend und gerecht sein. Sie beruft sich auf den Willen, den Auftrag des Unternehmens optimal zu erfüllen, womit sich das Team der Instabilität seiner Tätigkeit flexibel anzupassen vermag.

5) Bei Creaholic ist man der Meinung, dass Übung den Meister macht, und dass man die direkte Kommerzialisierung ausschliessen muss. In der zweiten Hälfte der 1990er Jahre beschloss das Management trotzdem, neben der Tätigkeit der Konzeptfindung im Dienst seiner Kunden auch einen Inkubator zu schaffen, um firmeneigene Ideen als Spinoffs verselbständigen zu können. Sicher arbeitet Creaholic in erster Linie für externe Kunden, aber das Unternehmen schafft durchaus auch eigene Innovationen. Man muss sich dann den Realitäten der Finanzierung unterwerfen und die Idee bis zum Markt tragen. Dieses zweite Standbein des Unternehmens beansprucht etwa 20 Prozent der Arbeitszeit. Die Inkubationstätigkeit bringt ebenfalls neues Know-how ins Unternehmen, was wiederum der gesamten Firma zugute kommt. Zudem werden angepasste Geschäftsmodelle definiert und getestet. Die Spinoffs von Creaholic verstärken die Glaubwürdigkeit der Haupttätig-

keit und differenzieren das Unternehmen von anderen Firmen, die ebenfalls in den Bereichen Beratung und Innovation tätig sind. Es handelt sich damit überdies um einen Kommunikationsvektor über die „Innovation Factory" („wir tun selber, was wir Ihnen vorschlagen"). Im nächsten Kapitel werden wir die Gründung der Firma Smixin besprechen, die dem Creaholic-Inkubator entsprang.

5
Das Innovationskonzept organisieren

5.1. Die Metapher der Matriarchin

Wie funktioniert die mit Innovationskonzepten verbundene Tätigkeit? In diesem Kapitel wird ausführlich der Fall von Creaholic besprochen. Es handelt sich um ein auf innovative Konzepte spezialisiertes Unternehmen, aber auch um ein kreatives Laboratorium, wo neue Produkte sowie neue Technologien und deren Industrialisierung konzipiert und entwickelt werden.

Anschliessend wird dieser Fall verallgemeinert, um das spezifische Funktionieren eines Unternehmens zu verstehen, das selbst ein Innovationskonzept verkörpert und im Rahmen der „Innovation Factory" spezialisiert und professionalisiert ist. Solche Firmen arbeiten vorwiegend für externe Kunden; oft sind es grosse Unternehmen. Am Ende des Kapitels wird auf die Organisation des Innovationskonzeptes in der Optik solcher Unternehmen eingegangen. Sollen sie ihre Innovationen in Zusammenarbeit mit kleinen, externen Firmen entwickeln, oder gibt es andere Wege?

Creaholic arbeitet an eigenen Projekten wie auch an denjenigen ihrer Kunden. Der Innovationsdienst für externe Kunden – seien es multinationale Konzerne oder KMU – umfasst 80 % der Gesamttätigkeit von Creaholic. Das Unternehmen hat etwa 60 wichtige Kunden; seit seiner Gründung im Jahr 1986 wurden über 750 Innovationen entwickelt, 180 Patentfamilien angemeldet und 8 Startups gegründet. Creaholic hat etwa 30 Mitarbeiter, die aus den verschiedensten Ländern und kulturellen Kreisen stammen und in ganz andersartigen Spezialgebieten ausgebildet wurden.

Im Lauf von 30 Jahren haben nicht einmal zehn Mitarbeiter die Firma verlassen; sie hat sich durch organisches Wachstum stetig weiterentwickelt. Gut vertreten sind Physik, Materialwissenschaften (Kunststoffe, Holz), Elektronik, Chemie, Mathematik, Rechtswissenschaften oder geistiges Eigentum, Innenarchitektur, Design, Wirtschaftswissenschaften und kommerzielle Verwertung. Creaholic verfolgt ein Projekt vom Konzept bis zur Kleinserie, unter Einschluss der Konstruktion, von ästhetischen Studien, des Engineering, der Forschung, des Schreibens und Anmeldens von Patenten, dem Prototypbau, der Analytik sowie dem Einsatz von geeigneten Werkstoffen und der korrekten Formgebung.

5.2. Professionelle Erfinder

In der Optik der Kunden ist eine Firma wie Creaholic ein Dienstleistungsunternehmen, das Innovationskonzepte schafft. Allen jenen, die vor lauter „Sich im Kreis drehen" gestresst sind, bietet Creaholic die Möglichkeit, anders, frisch und vergnüglich zu denken, aber auch damit zu beginnen, etwas zu tun. Das von Epinal geprägte, falsche Bild der sympathischen, jungen und ungestressten Innovatoren verbirgt die Realität professioneller Erfinder, die routinemässig Kreativität, Kompetenz, Flexibilität und Effizienz in den verschiedensten Anwendungsbereichen kombinieren.

Heute wird der Begriff der Innovation sträflich missbraucht und oft zu Unrecht eingesetzt. Darum ist es notwendig, die Spezifizität jener Unternehmen hervorzuheben, die sich wirklich mit Innovationskonzepten befassen. Sie arbeiten nicht nur mit Ideen und Konzepten, sondern verwirklichen und liefern ein innovatives Output. Ganz konkret fabrizieren sie Innovationen. In der Fortsetzung des Kapitels wird die Positionierung solcher Unternehmen gegenüber Ingenieur- und Entwicklungsbüros klargestellt. Global gesehen verwalten die Innovationsfabrikanten mit grösster Leichtigkeit schattige Bereiche, die etablierte Firmen eher meiden.

Historisch gesehen baute der Gigant Edison zuerst in Menlo Park, dann in West Orange (New Jersey, USA) eine hochdiversifizierte, systematische und reproduzierbare Innovationsorganisation. Edisons Innovation factory arbeitete gleichzeitig in unglaublich vielen verschiedenen Bereichen an der Entwicklung neuer Technologien und neuartiger Distributionsmodelle (z. B. jenem der lizenzierten Verkäufer). Dazu kam die Konzeptentwicklung kompletter neuartiger industrieller Systeme, z. B. zur Aufzeichnung von Tonsignalen bis hin zur (bezahlten) Distribution von Tonträgern. Darüber hinaus explorierte Edisons Unternehmen neuartige Kundenkonzepte wie z. B. auf Ton- und Bildaufnahmen zentrierte Massenfreizeitmärkte, Wie arbeiten im Vergleich die heutigen Fabrikanten von Durchbruchinnovationen? Wie sind die professionellen Erfinder organisiert?

Die Durchbruchinnovation gehört nicht (mehr) zu den Grundbedürfnissen einer gut geregelten Organisation: der Genuss, die Freude des Erfindens sind nicht ihre Triebkraft. Vielmehr geht es primär um die optimierte Nutzung des Bestehenden. Andererseits wurde die Firma Creaholic nicht nach geregelten Konzepten und Führungsprinzipien gegründet; entsprechend verlief auch ihre Entwicklung. Primäres Ziel war es von Anfang an in Zusammenarbeit mit dem Kunden Konzepte, Technologien, Designs, Produkte und Geschäftsmodelle zu entwickeln. Letztere sollten die Konkurrenzfähigkeit des Kunden verbessern und ihm die legendäre Nasenlänge Vorsprung geben.

Langfristig muss die Aktivität der Innovation factory stetig wiederholt werden: es ist unumgänglich immer wieder neue Durchbrüche zu schaffen. Aber wie soll eine dem Innovationskonzept dedizierte Firma organisiert werden, muss sie doch ständig die nächsten Tätigkeitsgenerationen vorbereiten? Soll sie die gasförmigen und flüssigen Geisteszustände strukturieren? Muss sie sich den Marktkräften mit eigenen Innovationen stellen? In diesem Fall riskiert sie, sich zu kristallisieren, indem sie eine regelmässige und spezialisierte Tätigkeit verfolgt.

5.3. Einzigartige Organisationsprinzipien

Einige anscheinend einfache aber schwierig zu implementierende Organisationsprinzipien haben es Creaholic ermöglicht, während einer gut dreissigjährigen Existenz ihre Kohärenz und die Unternehmensziele im Sinne der neu-geschaffenen Innovationskonzepte zu bewahren.

1) Die Ergebnisse der Konzeptfindung weder produzieren noch vermarkten. Würde das Unternehmen dies tun, so wäre es gezwungen, sich zu kristallisieren indem es sich von der Exploration zur Nutzung hinwenden würde: produzieren, liefern, verbessern. In diesem Fall wird ein Unternehmen durch frühere Entwicklungen strukturiert und nicht von der Innovation factory.

2) Niemals mit der Konkurrenz von Kunden zusammenarbeiten. Die Produktion von innovativen Durchbrüchen könnte die Zukunft des Kunden bestimmen. Das gegenseitige Vertrauen ist eine *Conditio sine qua non* des Gelingens dieser heiklen Massnahme. Das Befolgen dieses Grundprinzips zwingt Creaholic ständig neue Territorien in Bezug auf Produkte, Dienstleistungen und Erkennntniskonzepte zu suchen, auch wenn das Unternehmen nicht bereits als Spezialist in diesen Bereichen gilt. Doch auf diese Weise wird es besser gewappnet sein, um neue Vorschläge zu dokumentieren (Erweiterung der Wissensbasis – K – der Kunden!). De facto arbeitet das Unternehmen in den verschiedensten Bereichen wie z. B. Nahrungsmittel, Pharma, Motorfahrzeuge, Chemie, Verpackung, Uhren usw.

3) Als Folge der stetigen Erweiterung des Aktivitätsgebiets, muss das Team extrem multidisziplinär sein und die Falle der Spezialisierung vermeiden, was die Kristallisierung mit sich zieht. Die Notwendigkeit zu wachsen und die inhärente Instabilität bedingt durch den Mangel an repetitiven Projekten (die Auftragsbücher reichen selten über mehr als drei bis sechs Monate), zwingen das Creaholic Team immer wieder neue Betätigungsfelder zu suchen. „Wir sind ständig unterwegs“ meint eine der Führungskräfte des Unternehmens.

4) Diese erzwungenen Veränderungen haben zur Folge, dass ständig neue K-Räume erschlossen werden. Ziel des Unternehmens ist nicht etwa die bestmögliche Nutzung der erworbenen K, sondern deren Erweiterung. „Man verwechselt uns oft mit einem Ingenieurbüro; dabei endet unsere Tätigkeit genau dort, wo die ihrige beginnt“ präzisiert Elmar Mock. Creaholic erweitert seine K in Bereichen, die das Ingenieurbüro routinemässig anwendet. Auf diese Weise werden der gasförmige und der flüssige Zustand erhalten.

5) Eine traditionelle Struktur in Bezug auf Hierarchie und Kapital ist für die Entwicklung innovativer Konzepte absolut kontraproduktiv. Creaholic hat darum einen Führungsmodus gesucht, der mit kreativen Köpfen kompatibel ist. Es sollte die Kreativität möglichst fördern, dem Bedarf nach Anerkennung nachkommen und die Empfindlichkeit gegenüber Ungerechtigkeit nachvollziehen. Die Führungskräfte von Creaholic haben darum ihr eigenes Organisationssystem erdacht. Es nahm die Form eines Oxymorons an, nämlich einer *kapitalistischen Kolchose.* Sie ist gekennzeichnet durch eine totale betriebsinterne Transparenz, selbst in Bezug auf heikle Themen wie das Einkommen jedes Mitarbeiters, die Boni, die gesamte Buchhaltung und den Auftragseingang.

Ein wesentlicher weiterer Unterschied im Managementsystem ist, dass die Beteiligung am Kapital nicht übertragbar ist und obligatorisch mit einer Tätigkeit innerhalb von Creaholic verbunden ist. Dies hat wichtige Konsequenzen für das Verhalten jedes einzelnen. Alle wichtigen Entscheidungen werden mit dem Mehr der anwesenden Aktionäre getroffen, ohne Rücksicht auf den jeweils gehaltenen Anteil am Aktienkapital. Der Entscheidungsprozess ist deliberativ: jeder kann daran teilnehmen, seine Meinung sagen und seine Argumente verteidigen. Dieses Führungssystem ist nicht egalitär, doch motivierend und gerecht. Es sollte die Ziele des Unternehmens bestmöglich unterstützen und sich der Instabilität seiner Tätigkeiten anpassen können.

Weil Übung bekanntlich den Meister macht, Creaholic jedoch gemäss seiner Statuten keine direkte Kommerzialisierung erlaubt ist, trafen die Führungskräfte in der zweiten Hälfte der 1990er Jahre eine wichtige Entscheidung. Parallel zur Konzeptfindungsarbeit für externe Kunden würde man künftig eine Art Inkubator betreiben, um eigene Ideen in der Form von Startups zu verwirklichen und kommerziell zu nutzen.

Seither liegt der Schwerpunkt der Tätigkeiten von Creaholic weiterhin grossmehrheitlich auf der Arbeit für ihre Kunden, doch schafft das Unternehmen auch seine eigenen Innovationen. Man muss sich dabei den Realitäten der Finanzierung fügen und das Produkt auf den Markt bringen. Dieser sekundäre Zweck des Unternehmens absorbiert etwa 20% der gesamten Arbeitskraft. Er macht es möglich, neue K zu gewinnen, die letztlich auch den Kunden zugute kommen. Zudem werden neue Geschäftsmodelle erprobt. Die Startups von Creaholic verstärken dessen Glaubwürdigkeit gegenüber der Hauptaktivität und differenzieren die Firma im Vergleich mit Ingenieurbüros und Consultants. Sie spielen auch die Rolle eines Kommunikationsvektors der Innovation Factory („Wir machen schon für uns was man Euch verspricht").

Unter den Startups von Creaholic findet man Miniswys SA (Mikromotoren), WoodWelding SA (Verschweissen von Holz und Knochen), Smixin SA (ultra-sparsame Abgabe von Wasser fürs Händewaschen), Joulia SA (grüne Energie). Etwa alle zwei Jahre spaltet Creaholic ein neues Startup ab. Wie bereits im Kapitel 3 im Zusammenhang mit Smixin erwähnt, entwickelte Creaholic die Strategie der „extraterritorialen Rechte" – natürlich nur mit Firmen, die dazu ihr Einverständnis geben. In einem solchen Fall „erbt" Creaholic die Nutzungsrechte der Outputs, die sich aus der für den Kunden entwickelten Innovation ergeben und die meist auch patentiert wurden, doch in einem ganz anderen Bereich, der für den Kunden keine Konkurrenz bedeutet. Mit einem Kunden im Sektor Motorfahrzeuge wird man zum Beispiel über die Möglichkeit verhandeln, für diesen entwickelte C und K ausserhalb des Automobilsektors zu verwerten.

Creaholic macht einen Jahresumsatz von fünf bis sechs Millionen Schweizerfranken. Sie ist nicht nur ein gasförmiger Geisteszustand, der für kristallisierte Unternehmen arbeitet, sondern auch ein flüssiger Geisteszustand, der sich selbst organisieren kann. Abgesehen von den Grundprinzipien oder Management Metaregeln, die in diesem Kapitel behandelt wurden, stellt sich die Frage wie eine Innovation factory funktioniert. Vorderhand verbleiben wir beim Beispiel von Creaholic; später werden wir die Perspektive erweitern und uns mit der Verwaltung der Spannungen zwischen Exploration und Nutzung befassen.

5.4. Die interne Organisation von Creaholic

Die Partner

Jede bei Creaholic tätige Person gilt als „Partner“; damit wird jegliche Andeutung auf das Angestelltenverhältnis aus dem Alltagsvokabular verbannt. Alle Partner werden in Bezug auf wichtige unternehmerische Entscheidungen informiert; sie haben unbeschränkten Zugang zu allen strategischen Informationen. Ein Partner kann auch ein Investor sein, wenn er sich mit einem Startup-Projekt „abnabelt“. Diese Beteiligungen gehören zum Vermögen des Partners und nicht zu demjenigen von Creaholic. Alle Partner können entsprechend ihrem Verdienst Aktionäre werden, was bei einem guten Drittel der Partner der Fall ist.

Die Aktionäre

Creaholic Aktionär kann man nur werden, wenn man in der Firma arbeitet und zu ihrem Wohlergehen beigetragen hat. Das Aktienkapital ist vollumfänglich in den Händen der Partner-Aktionäre; Externe können sich nicht daran beteiligen. Dies ist aber nicht der Fall für Creaholic-Startups, die sehr wohl externe Investoren akzeptieren dürfen. Das Kapital kann weder vererbt noch geteilt oder an Nicht-Partner verkauft werden. Daraus geht hervor, dass das Aktionariat die Geschichte des Unternehmens und seiner Entwicklung getreu widerspiegelt.

Creaholic hat ganz bewusst seine Tätigkeit mit dem Besitz des Unternehmens verbunden, um kapitalistisches Verhalten zu verhindern. Im letzteren Fall riskiert man, Rentner heranzuzüchten, die voll auf das Besitztum fokussiert sind und von dessen Gewinn leben. Der Wert des Unternehmens wird auf das absolute Minimum, d. h. auf ca. einen Drittel des Jahresumsatzes festgelegt. Der Kauf- und Verkaufspreis der Aktien wird minimiert, wodurch das Vermögen des Unternehmens bewusst beschränkt wird. Reich kann man bei Creaholic nicht von den Aktien sondern ausschliesslich von den Innovationen werden.

Es sei wiederholt: nur aktive Creaholic-Partner können Aktionäre werden, externes Kapital kann sich nicht am Unternehmen beteiligen, der Wert der Aktien ist gering, Creaholic weigert sich, mit den Konkurrenten seiner Kunden zu arbeiten. Aus allen diesen Gründen schafft lediglich die Entwicklung des Unternehmens Neuwert. Weder Rente, noch Renovation noch Repetition. Unter diesen Bedingungen sind die Partner zur Innovation richtiggehend gezwungen.

Die Verteilung des Aktienkapitals ist nicht gleichmacherisch: ein Drittel der Aktionäre soll mehr als zwei Drittel der Aktien besitzen. Die Firma sichert sich so einen „harten“, erfahrenen Kern (de facto halten fünf Aktionäre 90% des Aktienkapitals. Doch auf der bereits erwähnten egalitären Basis (one man, one vote) werden alle strategischen Entscheide getroffen: Verträge, Boni, Gehaltserhöhungen, Startup Lancierungen, Aktienkapitalerhöhungen, Neu-Anstellungen, Strategie, Investitionen, Partnerschaften usw. Ein Aktionär bzw. Partner ist auch ein Investor wenn er beschliesst, ein neues Startup mitzufinanzieren. Die betroffenen Angestellten dürfen ihren Anteil behalten, auch wenn sie das Unternehmen verlassen. Auf diese Weise wird bei Creaholic der Verlust an Dividenden ausgeglichen: Creaholic investiert ihr Geld in Startups und verteilt es nicht an ihre Partner. Immer dieselbe Idee, dass man sich aufgrund der Aktivität des Unternehmens bezahlt und nicht aufgrund von Renten. Der Gewinn der Aktionäre besteht aus Dividenden und Beteiligungen an Startups; er stammt nicht aus dem Verkauf von Aktien.

Verlässt ein Aktionär das Unternehmen, so müssen seine Creaholic Aktien veräussert werden. Neu-Aktionär kann nur werden, wer signifikante Verdienste in Bezug auf das Unternehmen vorweisen kann und die von den vorhandenen Aktionären anerkannt werden. 2015 hatte Creaholic drei Hauptaktionäre: Elmar Mock (30%), Marcel Aeschlimann (Mocks erster Partner, 30%), und ein dritter Partner, André Klopfenstein (20%). Diese Prozentzahlen werden sich künftig verändern, soll doch das Unternehmen mittelfristig von einer neuen Generation übernommen werden.

Die Gehälter

Der feste Teil der von Creaholic ausbezahlten Gehälter ist geringer als was der Markt bietet und was die Mitarbeiter von Creaholic in anderen, ähnlichen Unternehmen erhalten würden. In Krisenzeiten und wenn nicht viel lief, haben es die relativ niedrigen Grundgehälter Creaholic ermöglicht, den Personalbestand aufrecht zu erhalten. In guten Jahren kann je nach dem ein Teil der zusätzlichen Gewinne an die Partner verteilt werden. Die Beteiligung am Jahresgewinn erfolgt nach einem einfachen Schlüssel: ein Drittel den Partnern, zwei Drittel den Aktionären. Innovations-Keyplayers können ebenfalls jedes Jahr belohnt werden. Diese Belohnung wird auf der Basis einer kollektiven Debatte ausgerichtet; individuelle Beiträge werden aufgrund der Zeit identifiziert, die für jedes Projekt aufgewendet wird. In Bezug auf die Verwaltung ist Kontrolle der Arbeitszeit und deren Verwendung sehr genau: das Unternehmen kennt in Echtzeit den Umsatz, den jeder Partner generiert. Alle diese Daten sind auf dem Computersystem des Unternehmens frei zugänglich. Nicht etwa eine *de facto* inexistente Hierarchie bestimmt die Leistung der Partner, sondern die Gemeinschaft der Aktionäre entsprechend der „One man, one vote“ Regel.

Die Organisation des Arbeitsablaufs

Es gibt bei Creaholic keine Departements; vielmehr ist sie ein offener Raum mit drei verschiedenen Schwerpunkten:

- Zellen oder Plattformen, wo die für ein bestimmtes Projekt verantwortlichen Teams arbeiten;
- Zusammenarbeits- oder Austauschräume, die sich aus der direkten Beteiligung an bestimmten Projekten ergeben. Es gibt zwei Sorten solcher Räume: einerseits die Auditorien, andererseits informelle Räume wie die Kaffeebar und die Relax-Zone. Dort nehmen die Partner oft das Mittagessen ein. Einmal pro Woche muss jeder Partner ohne Ausnahme im Turnus ein Mittagessen kochen, wobei die Kosten möglichst tief sein sollen.

- Experimentierzonen wo getestet und gelernt wird sowie Laboratorien mit 3D Druckern, Laserschneidmaschinen, Metallverarbeitungsmaschinen, Spritzgussmaschinen für Kunststoffe und eine Schreinerei. Dies ist eine der Stärken von Creaholic: Die Schaffung von Innovationen ist auf schnelles und häufiges Experimentieren unbedingt angewiesen. Zu minimalen Kosten soll ein Konzept in „Hardware" umgesetzt werden. In diesen Räumen ist kein dediziertes, technisches Personal tätig: Aktionär-Partner benutzen sie selbständig. Dies ist die logische Konsequenz des Nicht-Vorhandenseins einer Hierarchie (einerseits die Chefs, andererseits die Macher) und der Notwendigkeit, intellektuelle und manuelle Fähigkeiten zu integrieren.

5.5 Die Matriarchin als Metapher der Verwaltung der Zweihändigkeit

Unternehmen, mit denen Creaholic arbeitet, verwerten ihre Ressourcen auf nachhaltige Weise um ihr Angebot an Produkten und Dienstleistungen zu optimieren. Sie müssen aber auch die nächsten Generationen von Produkten vorbereiten, indem sie innovieren. Wir riskieren im folgenden Abschnitt einen Vergleich der Industrie mit der Welt des Lebendigen. Als Matriarchin bezeichnen wir die Mutter, die ihre Kinder ins Erwachsenenleben führt indem sie ihre Entwicklung stetig begleitet. Eine Matriarche wird nicht versuchen, die Zahl ihrer Kinder bis ins Unendliche zu vermehren. Vielmehr wird sie die Geburtenrate so anpassen, dass das Überleben der Art gewährleistet ist. Diese vermehrungsbezogene Anstrengung darf natürlich die Ausbildung der bereits geborenen Kinder nicht beeinträchtigen.

Für die Industrie ist Innovation das Äquivalent der Geburtenrate in der Welt des Lebens. Auch darf die Kopulationsfrequanz nicht mit der Geburtenrate verwechselt werden ... Innovation heisst Geburtenrate, während Kreativität das Generieren neuer Ideen bedeutet. Kreativitätsseminare können beliebig vermehrt werden, man kann jede Menge von Innovationskonzepten schaffen ohne dass daraus auch nur eine einzige Innovation hervorginge. Wie soll man die Entstehung von Innovationen fördern? Innovationskonzepte werden offensichtlich von bestimmten Organisationsformen und Strategien gefördert. Und wie soll man Innovation mit Renovation, Exploration und Nutzung korrelieren?

Überleben und erhalten

Die Mutter ist hin und her gerissen zwischen dem kurzfristigen Überlebensinstinkt und dem langfristigen Instinkt der Arterhaltung. Man weiss, dass z. B. Löwen ihre eigenen Jungen fressen, falls die Beute fehlen sollte. Überleben und Erhalten haben nicht dieselbe Priorität und auch nicht denselben Zeithorizont, doch muss die Mutter beide gleichzeitig berücksichtigen. In einer ständig in schneller Bewegung befindlichen Welt genügt es zum Überleben nicht, sich um die nächste Woche zu kümmern. Man muss tagtäglich leben und essen, dabei aber die nächsten Generationen vorbereiten. Man muss jagen und sich vermehren, man muss nutzen und explorieren. Diese Spannung ist in den Innovations-Management Kreisen gut bekannt und wird als Zweihändigkeit bezeichnet.

Zweihändigkeit: die Organisation nutzt und exploriert gleichzeitig

Die Organisationswissenschaften haben die Zweihändigkeit schon lange integriert, obwohl es schwierig ist, gleichzeitig antagonistischen Logiken das Wort zu geben. Die Zweihändigkeit bezeichnet die Art und Weise, wie eine Organisation mit Nutzung und Innovation umgeht. In der Verwaltung der Zweihändigkeit muss eine doppelte Perspektive berücksichtigt werden: die Unterschiede der beiden nutzen um der einen mit der anderen zu helfen; gleichzeitig muss eine gegenseitig Störung vermieden werden. Peter Drucker (1974) war einer der ersten, der auf die Unmöglichkeit hinwies, in derselben Organisation das Existierende zu verwalten und Neuheiten zu generieren.

Alle Publikationen, die den Ausdruck „Exploration" verwenden, beziehen sich auf den Gründertext von James G. March (1991). Dieser Erforscher des Management definierte die Exploration als eine in alle Richtungen mit ungewissen und neuartigen Alternativen experimentierende Entität. Sie steht in einem Spannungsverhältnis mit der Nutzung; sie verbessert und erweitert das Existierende. Nach March „beinhaltet die Exploration Dinge, die man innerhalb der Ausdrücke Forschung, Variation, Risiken, Experimentieren, Spiel, Flexibilität, Entdeckung, Innovation findet." Seither setzen sich die Management-Autoren für eine „Spezialisierung in" (man könnte auch sagen „Differenzierung zwischen") Exploration und Nutzung ein. In der Literatur werden drei Organisationsformen erwähnt:

- Strukturelle Zweihändigkeit, bei welcher Exploration und Nutzung in getrennten, spezialisierten Organisationen desselben Unternehmens verteilt sind.

- Zweihändigkeit im Kontext: Exploration und Nutzung sind Teil verschiedener Projekte derselben Organisation, die dann verschiedene, mehr oder weniger exploratorische Projekte durchführt.

- Netzwerk-Zweihändigkeit: Exploration und Nutzung sind in rechtlich verschiedene Einheiten aufgetrennt, die von verschiedenen aber komplementären und gut definierten Organisationen abhängen.

Viele Unternehmen haben versucht (und tun es immer noch), selbständig zu innovieren. Um Innovationen intern entwickeln zu können, müssen zwei Bedingungen erfüllt sein. Nach der Metapher der Matriarchin fängt Innovation mit dem Willen der Mutter an. Wenn sie nicht will, passiert gar nichts. Wenn die Führung des Unternehmens keine Innovationen wünscht und solche nicht konkret unterstützt, gibt es keine Befruchtung. Dabei muss die Unterstützung deutlich weitergehen als nur motivierende Reden. Die Mutter beschliesst, schwanger zu werden, sie hat aber auch das Recht abzutreiben, den Prozess zu unterbrechen oder zum Beispiel das Innovations-Budget zu stoppen. Die zweite Bedingung ist die Fähigkeit, etwas durchzuführen: es ist eine dedizierte Organisation erforderlich, die Innovationen überhaupt schaffen kann.

Strategie und Organisation des Innovationskonzeptes

Wir werden nun sehen, dass die Factory von Durchbruchinnovationen durchaus mit der laufenden Nutzung routinemässiger Tätigkeit kompatibel ist. Die drei dazu geeigneten Organisationsformen entsprechen den drei erwähnten Formen der Zweihändigkeit (Brion et al., 2008). Der von uns angenommene Standpunkt ist derjenige eines Unternehmens, das gleichzeitig nutzt und exploriert; es stellt sich auch ganz konkret die Frage nach der optimalen Strategie des Innovationskonzeptes. Es ist in einem solchen Fall durchaus denkbar, in einem externen innovativen Umfeld zu arbeiten statt zu versuchen, Innovationen selbst zu produzieren.

Das eigene Nest

Falls das Unternehmen alles was mit dem Innovationskonzept zu tun hat autonom macht, entspricht dies der strukturellen Zweihändigkeit. Dabei wird die Exploration vom Rest der laufenden Aktivität strikt getrennt. In anderen Worten wird der gasförmige Geisteszustand vom Kristallisierten isoliert. Dieses Vorgehen birgt zwei gewichtige Risiken. Erstens versucht der nicht-innovierende Teil der Organisation die Innovation abzutöten. Zweitens wird dazu tendiert, einen Klon der Mutter zu produzieren und nicht ein neues Kind. Um eine Unternehmensdirektion zu beruhigen, die über keine eigentliche Innovationsstrategie verfügt, ziehen es die Innovationsteams vor, ein bereits bekanntes Angebot zu replizieren oder davon Variationen zu produzieren. So werden unangenehme Überraschungen vermieden und man riskiert nicht, wegen Draufgängertum gerügt zu werden. Die Beute lässt man um ihres Schattens willen nicht fahren.

Kehren wir zum ersten Risiko zurück: es besteht darin, dass die Nutzungspatrouille die Explorationspatrouille überholt ... Das bedeutet, dass das neue Kind die Mutter durcheinanderbringt und verändert. Das zu gebärende Kind ist ein störender Fremdkörper: der Körper der Mutter kann ihn abstossen, wenn er allzu stark andersartig ist. Dabei spielt sich ein subtiles Ringen zwischen der Aggression des Organismus gegen den Eindringling und den schützenden Antikörpern ab. Beim Management von Innovationen ist es vor allem wichtig, den explorierenden Teil vor der kalten Logik des nutzenden Teils zu schützen.

Für das Unternehmen besteht immer die Versuchung, der Nutzung gegenüber der Exploration den Vortritt zu geben. Ein eher ängstliches Management wird sich zwischen kurzfristigem Gewinn und langfristigem Risiko rasch entscheiden können ... Die Erhaltung der betriebseigenen Innovationskultur erfordert eine räumliche oder gar geographische Trennung. Dazu kommen eine dedizierte Struktur und Managementprinzipien die sicherstellen, dass die Exploration nicht wie die Nutzung verwaltet wird(Lenfle, 2008). Dabei ist es vor allem wichtig die Methoden der kommerziellen Evaluation und traditionelle Leistungsindikatoren (z. B. *Key Performance Indicators,* KPI) zu vergessen, um die Innovation nicht schon im Ei abzutöten.

Die Innovation ist ja nicht a priori rentabel und kann sogar die Wertedefinition auf den Kopf stellen. Der Brennpunkt der Evaluation muss oft verschoben werden um die Exploration mindestens zeitweise zu schützen. Durchaus legitime Fragen beziehen sich auf den Mehrwert für den Endnutzer bei der Verbesserung seines Vorgehens, sowie die Originalität, Attraktivität und Wünschenswertigkeit des explorierten Bereichs. Wichtig ist auch, dass das neue „Ding“ zuverlässig, robust, attraktiv und bequem ist. Niemand konnte den Wert (und darum den Preis) einer Dampfmaschine abschätzen, bevor James Watt und Matthew Boulton damit anfingen, solche Maschinen zu entwickeln und im kommerziellen Massstab zu produzieren. Man erreichte schliesslich realistische Zahlen auf der Basis der eingesparten Pferde!

Die Adoption

Im Fall der Adoption wird das Kind nicht von der Mutter ausgetragen. Es gibt es, aber in der Optik der Matriarchin entwickelte es sich *in vitro* und kann adoptiert werden. Die Adoptionsstrategie macht die Befruchtung überflüssig. Es wird also für den Alltag gejagt, doch die Adoption erfolgt aus Sorge für die Zukunft. Die *Corporate venture* Einheiten grosser Gruppen (Garel und Jumel, 2015) erleichtern die Untersuchung und den Ankauf innovativer Startups. Der Kaufpreis kann sehr hoch sein, wenn er einen Teil der erwarteten Profite berücksichtigt. Allerdings ist die Misserfolgsrate dieser Strategie sehr hoch. Dennoch ist sie in gewissen Industriezweigen wie Chemie-Pharma besonders in Kalifornien gang und gäbe. Dort sind enorme Summen in der Form von Risikokapital verfügbar, es gibt auch zahlreiche vielversprechende, innovative Startups. Ein Startup ist ein mutterloses Kind. Es läuft nicht das Risiko von der internen Organisation angegriffen zu werden. ist es doch auf ein neues Tätigkeitsgebiet fokussiert. Es gibt keinen internen Feind, doch die Umwelt ist grundsätzlich feindlich eingestellt und bedroht das Überleben. Um sich erfolgreich zu entwickeln, muss der Startup von einer Matriarchin adoptiert werden, aber nicht zu früh, müssen doch einige gute Produkte vorhanden sein, zudem muss die Grösse einen kritischen Wert überschritten haben. Der Traum des Startup ist es in seiner Umwelt aus eigener Kraft zu überleben, oder von einer Elefanten-Matriarchin adoptiert zu werden. Sie weiss, wie man die Wüste durchquert und wo es für jede Etappe Wasserlöcher gibt. Eine der Schlüsselbedingungen für den Erfolg der Adoptionsstrategie ist die Kompatibilität der beiden Unternehmenskulturen, die sich ja letztlich integrieren müssen. Die Mutter will ihre Kultur durchsetzen während der Startup Widerstand leistet weil er seine eigene Kultur nicht zurücklassen will. Eine gute kulturelle Integration spielt tatsächlich eine zentrale Rolle beim Erfolg der Adoptionsstrategie.

Das fremde Nest

Die Strategie des fremden Nestes besteht im Auslagern der Innovationskonzepte an ein externes Dienstleistungsunternehmen wie zum Beispiel Creaholic. Diese Strategie macht es der Matriarchin möglich, mit externen Ressourcen „Produkte“ zu entwickeln die anders als die eigenen sind. Sobald sie existieren werden sie jedoch als die eigenen betrachtet. Diese gleichzeitig externe und interne Befruchtung ist eine der Stärken von Creaholic. Letztere ist nicht etwa eine Matriarchin, sondern ein Mann, der Gene einbringt und für seine Kunden die Entwicklung des Embryos beschleunigt oder sogar verändert.

Die Kunden geben Creaholic Aufträge auf der Basis einer exploratorischen Konzeptskizze oder einer innovativen technologischen Herausforderung. Nach jeder Etappe wird der Auftrag neu definiert, diskutiert, angepasst, modifiziert und gemeinsam mit dem Kunden neu konzipiert. Weil die Mutter von Anfang an in das Konzept eingebunden wird, ist die Wahrscheinlichkeit der Akzeptanz einer Tochter die anders ist als sie selbst, letztlich besonders hoch. Es gibt weniger kulturelle Überraschungen wenn die Mutter in alle Etappen der Befruchtung und Empfängnis integriert war. Wichtig ist auch, dass der Erfolg – falls es einen solchen gibt – ausschliesslich der Mutter gehört. Der Kunde ist dazu berechtigt, sich den Erfolg der von ihm finanzierten Innovation zuzuschreiben und sie vollumfänglich zu nutzen.

Dies bedingt auch, dass die kreativen Leute sich in aller Demut zurückhalten müssen: dies ist manchmal schwierig, denn sie möchten verständlicherweise ihren Namen mit „ihrer" Innovation verbunden sehen. Das Label „Creaholic inside" ist eine diskrete und wirksame Erinnerung, der Endkunde will sie aber nicht sehen. Die Teams des Dienstleistungsunternehmens, das Innovationen produziert, sind nur für die Befruchtung und die frühe Ausbildung des Kindes zuständig. Ähnlich wie nestbauende Vögel, stimulieren und begleiten sie das Wachstum junger Zweige. Für die weiteren Wachstumsphasen ist der Kunde verantwortlich. Die auf Innovationskonzepte spezialisierte Firma brachte einen Teil ihres Genoms zur Fabrikation der Innovation ein; sie engagiert sich aber nicht bei der Nutzung um die eigene Flexibilität zu wahren und um bereit zu bleiben, allseits befruchtend zu wirken.

5.6. Multidisziplinarität und Mehrfachbefruchtung

Bei dem auf Innovationskonzepte spezialisierten Unternehmen suchen die Kunden auch das Potenzial einer Mehrfachbefruchtung, die nicht mit der Multidisziplinarität verwechselt werden darf. Die Multidisziplinarität ist ein Austausch zwischen Vertretern verschiedener Disziplinen in Bezug auf ein bestimmten Gebiet. Jede der Disziplinen behält ihr eigenes Deutungssystem; es wird durch diese Wechselwirkung nicht modifiziert. Die Überlagerung der disziplinspezifischen Perspektiven erweitert das Kenntnisfeld (breitere K-Basis), doch bleibt der Ingenieur ingenieurspezifisch, der Designer bleibt kreativ. Jeder bleibt auf seine eigene Disziplin ausgerichtet. Diese Art von Koordination nutzt die komplementären Aspekte diverser Spezialisten. Sie wirkt im Fall stabiler Architekturen und geregelter oder renovierter Konzeptstrategien.

Die Mehrfachbefruchtung andererseits verändert die Kenntnisse der Betroffenen. Sie geht viel weiter als die blosse Überlagerung verschiedener Disziplinen. Weil sie aus der Konfrontation neuer Ideen hervorgeht, öffnet sie dem bereits verfügbaren Wissen neue Perspektiven und bringt sie radikal durcheinander. Die Experten stolpern gemeinsam über unbekannte, instabile, explorative Fragen. Wenn Elektroniker zusammen mit anderen Spezialisten sich zum ersten Mal mit der Ernährung befassen, so bleiben sie Elektroniker, stellen aber neuartige Fragen weil sie sich in einem ungewohnten Umfeld befinden. Wenn aber diese Elektroniker bereits in verschiedenen anderen Disziplinen „fremdgegangen" sind, so sind sie potenzielle Mehrfachbefruchter. „Für unsere Kunden sind wir keine Spezialisten in ihrem eigenen Bereich, doch haben wir schon viel Neues entdeckt und das interessiert sie" erklären die Führungskräfte von Creaholic. Die Biene sucht nach verschiedenen Arten von Pollen, der Kunde interessiert sich für die Frucht. Die Wiener Violine tönt anders als die Cajun Violine. Dennoch handelt es sich um dasselbe Instrument, doch unterschiedliche Länder, Geschichte und Kultur haben in zwei verschiedenen Einsatzgebieten zu zwei verschiedene Klangfarben geführt. Die Creaholic-Teams sind weit herumgekommen und beherrschen beide Instrumentenarten. Dies ist besonders nützlich, wenn gewisse Kunden innerhalb einer gegebenen Kultur als Spezialisten eines einzigen Instruments anerkannt und respektiert sind. In der untenstehenden Grafik stellt die Breite des T das Ausmass der Kenntnisse dar (breite K-Basis); seine Tiefe symbolisiert die Spezialisierung der Kenntnisse die erforderlich ist, um eine effiziente Nutzung zu gewährleisten.

Die Innovation Factory geht nach aussen wenn sie eine Mehrfachbefruchtung benötigt (Breite der K), die interne Ressourcen allein nicht produzieren können (Tiefe der K). „Unsere Kunden sind Spezialisten, wir bringen ihnen die Vielfalt unserer Erfahrungen und die Sicherheit, dass wir keine Konkurrenten sind" fassen die Führungskräfte von Creaholic zusammen.

Natürlich gibt es noch andere Organisationen und Innovationsstrategien die es fertig bringen, die Zwänge der Zweihändigkeit zu versöhnen. So wurde die Rolle der nationalen Regierungen nicht erwähnt, ebenso wenig wie die zahlreichen territorialen Innovations-Ecosysteme, die öffentliche und private Strategien verbinden. Der Begriff der offenen Innovation macht Furore, trotz der damit verbundenen Tautologie, gibt es doch kaum geschlossene Innovationsprozesse. Die offene Innovation läuft in physischen, kollaborativen und offenen Räumen ab (*fablabs, hackerspaces, techshops* usw). Es gibt auch virtuelle Plattformen die mehr oder weniger Privatbesitz, offen und modular sind. Sie arbeiten im Bereich der Finanzierung, der Kreativität und der Problemlösung. Die „beste" Innovations-Organisation gibt es nicht, es gibt lediglich gute Organisationsprinzipien. Zwei davon seien zum Abschluss dieses Kapitels erwähnt:

- Nutzung und Exploration sind nicht die Sache derselben Organisation;
- Die „gute" Organisation ist nicht notwendigerweise betriebsintern.

Die Innovation Factory für Durchbruchinnovationen besorgt den Aufbau von Beziehungen mit einer innovierenden Umwelt für Unternehmen, die in ihrer Spezialisierung schon zu weit gegangen sind und einer Erweiterung ihrer Horizonte bedürfen.

Schlussfolgerung: Fortschritte der Innovation kommen voran

Innovation gilt gleichzeitig als Ergebnis innovierender Tätigkeit und als Tätigkeit selbst. Wir haben uns aber eindeutig auf die Seite des innovierenden Vorgangs geschlagen. Innovieren ist eine spezifische Handlung mit eigenem Charakter der sie von anderen Handlungen unterscheidet oder sogar differenziert. Dies obwohl sie häufig wie andere Tätigkeiten, z. B. Produktion oder Entscheidung gemanaged wird. Im Lauf der vorangehenden Kapitel haben wir die These vertreten, dass diese spezifische Tätigkeit nach eigenen Prinzipien geführt werden muss[44]. Wie fabriziert man Innovationen? Durch welche Management-Prinzipien wird Innovation gefördert oder verhindert? Die traditionellen Formen des Innovationsmanagements dürften zur Beantwortung der obigen Fragen wichtige Beiträge leisten.

Wie soll innoviert werden? Traditionelle Formen des Innovationsmanagements

Die Innovation ist eine nicht-wiederholbare Einzelleistung.

Es handelt sich um die Leistung einer besonderen Kategorie von Fachleuten: Ingenieure, Marketingleute, Designer.

Gute, originelle Ideen haben, kreativ sein.

Sehr viele Kompetenzen zusammenführen, Instruktionen geben, entscheiden.

Experimente können missraten.

In F&E investieren.

Die Antwort auf Erwartung und Bedarf.

Incentive-bildende Politik.

Unternehmenskultur.

Verwaltung des Projekts.

Corporate venturing: Ausschwärmen, Zukauf, Inkubation.

44 Zur Problematik des Themas „Lässt sich Innovation verwalten“ vgl. http://media.cnam.fr/peut-on-gerer-l-innovation-470355.kjsp

Alle diese Näherungen werden von zwei wichtigen Konzept-Managementprinzipien durchquert: der geregelte Modus und der innovierende Modus (Le Masson, Weil und Hatchuel, 2007). Entweder renoviert man oder dann revolutioniert man; entweder verbleibt man in der inkrementellen Innovation, oder man nimmt das Risiko einer radikalen Innovation in Kauf. Entweder revidiert man die Identität der Objekte, oder dann verbleibt man im parametrischen, etablierten *dominant design*[45]. Es gibt tatsächlich zwei ganz verschieden Arten der Konzeptfindung und der Fabrikation von Innovationen. Man soll sie aber nicht auf der Basis von Werturteilen gegeneinander ausspielen (wie z. B. „es wäre besser, innovativ zu sein, als geregelt") sondern verstehen, dass man nicht beides gleichzeitig tun kann.

Die Managementprinzipien der geregelten Konzeptfindung verunmöglichen eine innovative Konzeptfindung. Letztere setzt voraus, dass Konzept und Kenntnisse miteinander verbunden werden. Der „Cirque du Soleil", der den Zirkus revolutionierte, benötigt gleich viele Ingenieure als Artisten um den Traum zu verwirklichen, den er uns verkauft. Ähnlich war es bei der Swatch: um sie zu verwirklichen waren kreative Ingenieure und im Engineering ausgebildete Designer erforderlich. Darum haben wir versucht, weit verbreitete, innovationsbezogene Clichés zu vermeiden. Sie reduzieren die Innovationsfabrikation entweder auf kreative Leistung oder auf Wissen.

Dank der C-K Theorie konnten wir die Konzepte klar vom Wissen trennen; dabei wurde es auch möglich zu präzisieren, wie das Wissen von der Konzeptfindung beeinflusst wird. Konzepte sind erwünschte Unbekannte die es möglich machen aus dem Postulat auszubrechen „betonen was man beweisen kann". Bei der Formulierung eines Konzeptes kann man sich erlauben zu fantasieren oder gar zu träumen. Das Wissen andererseits bringt uns zu den Prinzipien von Beweis und Wahrheit zurück: sie haben einen logikbegründeten Status. Kreativität setzt keine Genialität voraus, es ist auch nicht mehr notwendig (bloss) ein Gelehrter zu sein.

Das C-K Innovationskonzept zwingt die Konzepte, sich zu erweitern und ihre Definition durch neues Wissen zu präzisieren. Umgekehrt führen neue Konzepte zum Erwerb neuen Wissens oder zu dessen Schaffung. Im Fall der Swatch haben wir gesehen dass kunststofftechnisches Wissen ohne das Konzept der innovativen, kostengünstigen Plastikuhr nutzlos ist. Zudem zwingt das Konzept zu einer Erweiterung des Wissens von der Kunststofftechnik zum Design und zum Marketing. Die Bedingungen dieser Versöhnung von Konzept und Wissen sind komplex aber beherrschbar.

Verstehen wir uns richtig: wenn ein Innovationsprozess beherrschbar ist heisst das noch lange nicht, dass er voraussehbar ist. Keine Organisation weltweit kann *ex ante* sicher sein, dass sie radikal innovieren wird. Andererseits kann sie sicher sein, dass ihr dies niemals gelingen wird, wenn sie Konzepte und Wissen nicht koordiniert. Es ist die Rolle des flüssigen Geisteszustands (Kapitel 4) diesen unentbehrlichen Austauschraum von Konzepten und Wissen zu erhalten.

Bei der Fabrikation radikaler Innovationen muss das „Machen" privilegiert werden: man muss von einer vorbereitenden, planenden, voraussagenden Logik zu einer Logik des Handelns über-

45 Mit bekannten Parametern, bekannten Identitäten, bekannten Objekten spielen: kleiner, billiger, schneller, leichter!

gehen. Letztere beinhaltet den Aufbau von Szenarios und Prototypen, Versuche, Experimente, d. h. alle Formen des aktiven Handelns. Man muss etwas tun, um zu wissen. Am Beispiel der „Schnapsidee" der Swatch lässt sich dies gut erörtern: es geht um die absolut erste gezeichnete Darstellung der zukünftigen Uhr. Ernst Thomke verstand sie, denn die uhrmacherische Mikrotechnik war ihm vertraut und er konnte Pläne lesen. Und weil er das Konzept einer solchen Uhr bereits im Kopf hatte, konnte er das enorme Potenzial der Zeichnung realistisch abschätzen.

Für die Schöpfer der Innovation war es unumgänglich, über eine Darstellung ihres Objekts zu verfügen, mit der kommuniziert werden konnte, also eine Zeichnung, ein Modell, ein Prototyp – real oder virtuell. Solche Darstellungen oder Objekte spielen eine sehr wichtige Rolle bei der Innovationsfabrikation. Sie stellen dar, was (noch) gar nicht existiert; auch kann man damit Alternativen vergleichen, den Fabrikationsprozess grob planen, validieren, kontrollieren, testen und simulieren. Der Rückgriff auf existierende Objekte ist ein privilegierter Darstellungsmodus eines vielleicht einmal real werdenden Objekts. Durch die Mobilisierung solcher Objektdarstellungen können die Konzeptoren miteinander kommunizieren, unter Einschluss „stummer" Aspekte. Ähnlich wie der Musiklehrer seinem Schüler eine Note vorspielt damit er genau weiss, was von ihm erwartet wird.

Eine Erkenntnis oder ein Konzept muss sich ausdrücken, sozial existieren, sich formalisieren; es darf nicht auf die manchmal symbolische Welt ihrer Schöpfer beschränkt bleiben. „Im Kopf haben wir die Idee einer revolutionären Uhr". „Sehr gut, zeigen sie!" Was wir wissen drückt sich nicht nur mit Sprache aus, sondern auch bildlich: Zeichnungen, Fotos, Tonaufnahmen, Modellierpaste für schnelle Darstellungen. Prototypen ermöglichen die Mobilisierung virtueller Realität. Existierende Objekte unterstützen und erleichtern die Darstellung von dem, das wir im Kopf haben. Sie ermöglichen das Verständnis des anderen indem er zuhört und mitfühlt.

Der Forscher Ikujiro Nonaka (1994) bezeichnet diesen Vorgang als Externalisation, bei welchem das „stumme" Wissen sich in explizites Wissen umwandelt („Ich kann wissen und weiss wie man es macht, aber ich kann nicht erklären was ich weiss, noch wie ich es mache"). Innovieren bedeutet, dass alle schnellen Ausdrucksformen genutzt werden; die Schaffung von Innovationskonzepten bevorzugt den direkten Bezug auf das Terrain und die Nutzung. Man weiss dass es völlig nutzlos ist, den Kunden in Bezug auf radikale Innovationen zu befragen, er weiss ja ohnehin nicht, was er will. Die Kunden nicht zu befragen bedeutet nicht, dass das Konzept abgetötet wird. „Ich weiss überhaupt nicht was ich will, aber ich sage es ihnen, sobald ich es sehe (Thomke und Bell, 2001). „Das ist genau was ich Sie zu entwickeln bat, aber es ist nicht, was ich will" (Thomke, 2001).

In Anbetracht von umwerfenden Konzepten und destabilisierender Versprechen radikaler Innovationen, sollten die Entscheidungsträger nicht allzu viel grübeln oder über die Risiken nachdenken. Man muss den Reflex zahlreicher Manager unterbinden, „den Regenschirm zu öffnen" und eine finanzielle Analyse zu verlangen bevor man eine Innovation unterstützt. Das Beispiel der Distribution der Swatch spricht Bände: Thomke und ETA haben alles versucht, ganz ohne Vorurteile. Weil die Uhrendetaillisten die Plastikuhr nicht verkaufen wollten, wendete man sich an die Supermärkte, Sportgeschäfte, hard discount Geschäfte ... Vorgefasste Meinungen blockieren die innovierende Tätigkeit. Wenn es keine gut definierte Zielscheibe gibt, wie bei einem Entwicklungsprojekt mit Chargenheft, so baut sich das Ziel nach und nach auf, entsprechend dem laufend gelernten. Bei der radikalen Innovation ist Aktivität am wichtigsten. Man weiss ja nicht genau wo es hingeht, darum versucht man alles Mögliche, dabei lernt man und passt an. Parallele und sequentielle Modi sind erlaubt, auch Kombinationen von beiden – alles geht. Alle Lernprozesse muss man durcharbeiten, Arbeit im Geheimen, experimentieren, akquirieren, ausbilden, teilen, forschen ...

Wir haben die Managementprinzipien von Creaholic erläutert, eine Firma deren Konzept selbst eine Innovation darstellt, die von einem Mann mit gasförmigem Geisteszustand gegründet wurde, der von den Kristallisierten frustriert war. Sein Team kreativer, multidisziplinärer Experten erfindet und eröffnet seit über 30 Jahren neue Konzepträume für die Kunden und für sich selbst. Die Innovation Factory, reproduzierbar – kann das gehen? Perlen züchten wobei man weiss, wie Fehlstellen vermieden werden können, Lücken zwischen Wissen und Konzepten identifizieren, sich mit den Kristallisierten austauschen um den Übergang von der Exploration zur Nutzung zu schaffen, Wissen akquirieren, beherrschen, vermehren. Mit der Innovation factory begeht man einen komplizierten und gefährlichen Weg, doch bleiben wir zuversichtlich. Wir haben uns in diesem Buch redlich bemüht zu zeigen, dass Innovation gemanaged werden kann.

Epilog: Die Uhr der Zukunft

Smartwatches oder der Innovationskrieg am Handgelenk

Und jetzt? Das Innovationskonzept kann kein Epilog haben, denn es macht es ja möglich die Grenzlinie des Wissenshorizonts immer weiter zurück zu stossen während man die Zukunft neu erfindet ... In diesem letzten Teil des Buches möchten wir den roten Faden der Uhrmacherei wieder aufnehmen und uns fragen, was für einzigartig neue Herausforderungen auf diesen Industriesektor niedergehen. Was ist denn jetzt wieder mit den Uhrmachern los? Was für neue Konzepte braucht die Uhrmacherei? Wo liegen die neuen Horizonte?

Man sollte die Uhr nicht (mehr) mit der Uhrmacherei verwechseln. Die Uhr ist ein Gegenstand, den man am Handgelenk trägt. Die Uhrmacherei ist der Industriesektor, der diesen Gegenstand während langer Zeit entwickelte, fabrizierte und verkaufte. Zu Beginn des 21. Jahrhunderts hat das Mobiltelefon die Taschenuhr ersetzt, und was viele von uns bereits am Handgelenk tragen ist ein neuer Oxymoron: eine Uhr, die keine Uhr mehr ist, sondern eine Smartwatch. Die beste Innovation im Uhrensektor ist ... die Uhr. Allerdings eine ganz andersartige Uhr, die auf ihre Konzeptbühne neue, sehr leistungsfähige Unternehmen bringt.

Die Langlebigkeit der Swatch bezeugt einen unglaublichen Erfolg, doch die kleine Plastikuhr befindet sich heute auf dem absteigenden Ast. Global gesehen spielt sich die uhrmacherische Innovation ausserhalb der Schweiz und in Unternehmen ab, denen die uhrmacherische Tradition der Schweiz völlig fremd ist. Es geht natürlich um Apple und Samsung, aber auch um Sony, Lenovo, Garmin und LG; sie alle haben in den letzten Jahren Smartwatches als bahnbrechende Innovationen lanciert. Die Uhrmacherei hat sich im Lauf ihrer Geschichte mehrere Male neu erfunden, sie entwickelte sich vom tragbaren Zeitmesser zum Modeaccessoire bis zum altväterlichen Wertgegenstand.

Zudem nimmt die Kommunikation mit Dingen auf atemraubende Weise zu. Gewisse Quellen schätzen, dass bis 2020 etwa 50 Milliarden Dinge miteinander vernetzt sein werden, was einem Umsatz von 7000 Milliarden Dollar generieren sollte. Diesbezügliche ethische und umwelttechnische Diskussionen sind bereits im Gang. Im Rahmen der mit dem Internet verbundenen Dinge sticht vor allem die Uhr heraus. Eine Smartwatch ist hochtechnologisches Objekt, das am Handgelenk getragen wird, über eine IP-Adresse verfügt und eine grosse Zahl von Anwendungen ermöglicht über welche der Träger der Uhr sie mit sich selbst, mit anderen Menschen und mit seinem materiellen Umfeld vernetzen kann. „Intelligente Uhren" gab es schon Anfang der 1980er Jahre, doch konnten sie nur relativ einfache Dinge wie rechnen und Agendaführung. Richtige Smartwatches erschienen erst um 2010 auf dem Markt.

Es ist noch zu früh, um die Situation abschliessend zu beurteilen, doch nach einer Studie von Statista wurden 2014 weltweit 6,8 Millionen Smartwatches verkauft. Im gleichen Jahr exportierte die Schweiz 26,8 Millionen Fertiguhren, wobei der Weltmarkt etwa 1,2 Milliarden Stück absorbiert. Entsteht da ein neuer Markt? Handelt es sich um ein nur vorübergehend populäres

Gadget? Wie zu Beginn der Diffusion jeder Innovation, widersteht das Bestehende und weiss nicht recht, wie es das Neue beurteilen soll. So werden die Smartwatches von vielen Seiten kritisiert, vor allem in Bezug auf ihren Nutzen[46]. Wir wollen uns hier nicht an die Aktualität des Themas festkleben. Vielmehr wollen wir es entsprechend seinen Herausforderungen beurteilen und den neuen Funktionen, die es bietet.

VON EINER KOORDINIERTEN ZU EINER VERNETZTEN WELT

Die Zeit beobachtete man lange bevor man sie messen konnte. Im Sommer wurde länger gearbeitet weil die Tage ja länger waren. Jahrtausendelang wurde die Zeit am Schatten eines schiefen Stabes, eines Gnomons abgelesen. Die Zyklen von Tag und Nacht, der Jahreszeiten und des Sterndurchgangs definierten die „natürliche" Zeit. Solange Astronomie und Astrologie in den Kalendern verbunden waren, solange derjenige, der die Glocken anschlug die Zeit des Gebets anzeigte, bezeugte die Zeit die göttliche Gegenwart. Nur ganz langsam aber stetig ersetzte die Zeit der Wissenschaft die Zeit Gottes. Die Sonnenuhren auf den europäischen Kirchtürmen wurden vom Mittelalter an durch mechanische Grossuhren ersetzt.

Als Nachfolger von Kopernikus vertritt Galileo Galilei im 17. Jahrhundert eine mechanistische Definition der Zeit und ihrer Berechnung, also eine physikalische Zeit. Diese neue Zeit ist der Wissenschaft und dem Handel angepasst. Sie ermöglicht die Koordination des Handels in einer bereits internationalisierten Welt. Die Zeit wird tragbar, verschiebbar, sogar auf hoher See. Die Uhrentechnik verbessert sich, die Zeitmesser werden immer genauer. Im 20. Jahrhundert, als der Kapitalismus triumphiert, ermöglicht die ubiquitäre Uhr die grossmassstäbliche Koordination der Menschen bei der Arbeit, am Bahnhof oder Flughafen und selbst die Synchronisierung von Maschinen.

Die Uhr war schon immer ein mit der Umwelt verbundenes Objekt, die Zeit als Selbstzweck macht keinen Sinn. Der Begriff der Vernetzung war immer eng mit der Uhr gekoppelt. Doch die Art und der Umfang der heutigen Vernetzungen sind neue Phänomene und bringen uns dazu, Vernetzung und Koordination zu unterscheiden. Als Nokia Anfang der 1990 Jahre ihre neue Ausrichtung auf die Telekommunikation bekannt gab, lancierte das Unternehmen einen Slogan, der Furore machen sollte: *„Connecting people"*. Damit wurde die Vernetzung erweitert und beschleunigt: Verbindung mit sich selbst, mit Gegenständen, mit anderen Menschen, mit dem ungeheuren Informationsfluss der öffentlichen und privaten Welt.

Wir haben natürlich die Einzelbekanntschaft längst überwunden (Ich weiss, jemand anderes weiss ebenfalls), aber auch die kollektive Bekanntschaft (jedermann weiss). Wir haben geschaffen was Soziologen und Informationsspezialisten schon lange als „globale Kenntnis" bezeichnen (jedermann weiss dass die anderen auch wissen). Unter solchen Bedingungen kann man als Netzwerk von Peers funktionieren. Der Dorfmarktplatz ist gigantisch geworden. Diese Verbindung

46 Erinnern wir uns daran dass in Frankreich, wenige Jahre vor der „Explosion" des Handys, die meisten Leute die man dazu befragte der Meinung waren, dass es für solche Dinge keinen Markt geben würde. Schliesslich hatte jedermann zuhause ein Telefon, es gab für unterwegs überall Telefonkabinen. Nur Ärzte und andere Berufsleute mussten jederzeit und überall erreichbar sein.

ist tragbar und nimmt Teil an der Beschleunigung unserer Gesellschaft (Hartmut, 2010): der Informationsfluss erreicht uns ständig, wo wir uns auch befinden mögen.

In einer vernetzten und digitalen Welt macht die Beherrschung der Komplexität mechanischer Uhrwerke keinen Sinn mehr, insbesondere im Massstab eines weltweiten Massenmarkts. Die Schweizer Uhrenbarone haben bisher ihre Rettung im Nischenmarkt der Luxusuhren gefunden. Aber wir sind keine Shivas mit vielen Armen, künftig werden wir sicher nicht am einen Handgelenk eine traditionelle Uhr tragen, am anderen eine Smartwatch. Die heutige Generation westlicher junger Leute braucht längst keine Uhr mehr, um die Zeit abzulesen. Telefon, Uhr und Agenda sind miteinander vernetzt. Sie machen es möglich, sich ohne genaue vorherige Koordination in Bezug auf Ort und Zeit zu treffen. Ein Treffen wird durch eine Koordination in letzter Minute organisiert: „Ich bin jetzt hier, wer aus meinem Bekanntenkreis will mich treffen?" Beim Einsatz der Konkurrenz geht es um eine neue Definition von dem, was wir künftig am Handgelenk tragen werden.

DER WIRTSCHAFTSKRIEG AM HANDGELENK

Mit dem Smartphone haben grosse Unternehmen den Telekommunikationsmarkt vollständig umgestellt. Dieselben Firmen greifen heute das Handgelenk an. Dieser Wirtschaftskrieg hat längst begonnen. Die Führungskräfte im Bereich der Hochtechnologie für alle haben in weniger als zehn Jahren den Markt des Mobiltelefons durcheinandergebracht und suchen nun nach neuen Wachtumsbereichen.

Für diese Firmen, die über gigantische finanzielle Mittel verfügen, ist die Smartwatch ein „gefundenes Fressen": sie ist klein, tragbar und man kann damit ansprechende Profitmargen erwirtschaften. Die betreffenden Unternehmen beherrschen auch die Algorithmen der *big data,* Inhaltsplattformen und Betriebssysteme wie Android Wear von Google. Dies ist eine grosse Herausforderung für das Internet der Dinge. Die Kontrolle des Betriebssystems der neuen, vernetzten Geräte sichert die Kontrolle von potenziell gigantischen Märkten: Gesundheit, Medizin, Telekommunikation, Heimelektronik, Bezahlung, Freizeit usw.

Wie geht es nun mit der Schweiz weiter? Jahr für Jahr nimmt das Land eine Spitzenstellung unter den am meisten innovierenden Nationen ein. Das zur Konzeptfindung einer intelligenten Uhr erforderliche Knowhow ist dem Jurabogen entlang vorhanden: Anzeigetechnologien, Miniatursensoren, Drahtloskommunikation auf niedrigem Energieniveau, optimierte Energienutzung, mit oder ohne Akkumulator. Denken wir an all die fortgeschrittenen Technologien, die vom CSEM (Centre suisse d'électronique et de microtechnique) beherrscht werden. Und doch sind die ersten Smartwatches vom Silicon Valley gekommen. Wiederholt sich die Geschichte?

Im Kapitel 2 haben wir die Krise der 1970er Jahre und ihre Auswirkungen auf die Uhrenindustrie erläutert. Wir haben auch daran erinnert, dass die Uhrenbarone überzeugt waren, dass die technologische Umwälzung nur temporär sein würde und dass die Schweiz die bösartigen Angriffe aus Asien überstehen würde. Heute ist es klar, dass die riesigen Unternehmen im Bereich der Informatik, der Software und der Telekommunikation massive Mengen von Smartwatches produzieren werden.

Dabei hätte die Schweizer Uhrenindustrie durchaus die Initiative ergreifen können. Man weiss, dass Apple die Swatch Group kontaktierte – und einen Korb bekam. Sobald die Rolle der neuen Spieler klar war, hätte man reagieren sollen, unter Ausspielen von Trumpfkarten wie historischer Vorsprung und Beherrschung des Luxusmarktes[47]. Zuerst waren die Führungskräfte der Uhrenindustrie indifferent, abgeneigt[48], nicht interessiert. Doch bemerkt man seit 2015 eine Umkehrung, seit die Apple Watch vorgestellt wurde. So entwickelte TAG Heuer ein eigenes Modell in Zusammenarbeit mit Intel und Google. Guess, Breitling und sogar Swatch lancierten ihre eigenen Versionen von Smartwatches im selben Jahr. Was spielt sich bei dieser Neuerfindung der Uhr ... und der Uhrmacherei wirklich ab?

DAS HANDGELENK – EINE INNOVATIVE LOKALISIERUNG

Die am Handgelenk getragene Uhr ist ein Produkt der neueren Geschichte. Bis zum Ende des Ersten Weltkriegs trug der Mann seine Taschenuhr in der Gilettasche. Die Armbanduhr begann ihre Karriere als Schmuckstück für Damen. Im Ersten Weltkrieg wurde sie von den Soldaten adoptiert, die ihre Taschenuhr unmöglich aus der Vollpackung hervorklauben konnten und doch auf die genaue Zeit angewiesen waren. In den folgenden Jahrzehnten gewann die Uhr am Handgelenk rasch an Popularität, weil sie von Tauchern, Fliegern und Sportlern getragen wurde, meistens mit Unterstützung der grossen Uhrenmarken. Die vernetzte Uhr nutzt heute diese ungewöhnliche Lokalisierung des Objekts auf dem menschlichen Körper.

Die Handlesekunst betrachtet das Handgelenk als Glückszone, die Juweliere wissen traditionell, dass es eine Zone der Freude und der Verführung ist. Vor allem ist das Handgelenk einer der empfindlichsten Teile des menschlichen Körpers; dort akkumulieren sich viele Nervenendungen. Zudem ist es in höchstem Mass sichtbar, damit erleichtert es schon die Kommunikation. Es gibt Technologien, die diese Empfindlichkeit nutzen[49]. So sind die Smartwatches propriozeptiv: sie geben die Position des Körpers gegenüber dem Schwerefeld der Erde an.

Zudem übertragen dreidimensionale Sensoren Vibrationen an das Handgelenk. So wird die Uhr zum tragbaren Blindenstock, zum Orientierungssystem am Handgelenk, ein elektronisches Bewegungskontrollsystem. Der direkte Kontakt des Uhrbodens mit der Haut eröffnet zahlreiche Möglichkeiten, die schon das Smartphone bot. Bin ich schön? Bin ich gesund? Man will ständig beruhigt werden. Uhren können Barrieren überwinden, an denen die Mobiltelefone stecken blieben, nämlich die Physiologie. Da geht es nicht mehr um den Bildschirm, aber um die Sensoren

47 Solange die vernetzte Uhr am Handgelenk bleibt, ist sie Teil der uhrmacherischen Semiologie (auch Semiotik, d. h. die Lehre vom sprachlichen und aussersprachlichen Zeichen und ihren Systemen). Die Uhr ist auch ein Talisman, ein soziales Symbol, eine Ausdrucksweise für Befürchtungen und Überzeugungen, ein Lebensstil. Die vernetzte Uhr profitiert von der Symbolkraft, von der Orientierung und des Imaginären, das diesem Gegenstand mit extrem teuren und innovationsfreudigen Designs umgibt. Die Geschichte geht weiter. Eine Uhr von Cartier kauft man nicht, um die Zeit abzulesen, eine Apple Watch aus Rosagold zu 20 000 Dollar (jetzt storniert) kaufte man nicht, um seine SMS zu lesen.

48 Bevor er seine Meinung änderte liess des Besitzer und CEO der Swatch Group Nick Hayek wissen, dass seine Gruppe kein Interesse am Lancieren eines tragbaren Telefons für das Handgelenk habe.

49 Roland Moreno, der Erfinder der Chipkarte, meldete 1974 ein Patent an, bei welchem es um einen Chip auf einem Fingerring ging. Es sind noch keine Anwendungen bekannt, doch diese alternative Positionierung eröffnet viele Möglichkeiten.

am hinteren Teil des Gehäuses und am Armband, die mit der Haut in Kontakt stehen. Damit kann der Körper beobachtet und analysiert werden (Puls, körperliche Aktivität). Ob die Barriere der Haut bald einmal durchbrochen wird? So rücken Blutanalysen, Augenuntersuchungen, genaue Körpertemperatur usw. in den Bereich des Möglichen ...

Die vernetzte Welt braucht viel mehr Information als die bloss koordinierte Welt. Der ständige Bombardierung mit Information zieht die Notwendigkeit eines Relevanzfilters mit sich: was ist wichtig, was kann ich passen, was kann ich verschieben? Die vernetzte Uhr verarbeitet Information automatisch. Um täglich hunderte von Blicken aufs Telefon zu ersparen, meldet sich das Telefon selbst über den Bildschirm oder mit Vibrationen; es kann sogar Werbung erkennen. Ist das ein Zeichen für eine neue Form von Höflichkeit: man informiert sich ohne es zu zeigen? Ich schaue meine Uhr nicht an; sie meldet sich. Ich unterhalte mich mit jemandem, die Uhr hört zu und entscheidet je nach Dringlichkeit ob sie mich stören soll oder nicht. Die vernetzte Uhr befreit das Auge vom Starren auf den Bildschirm und führt unter Leuten die Diskretion neu ein.

EINE REVOLUTION IN DER UHRMACHEREI

Die vernetzte Uhr wird das Mobiltelefon nicht verdrängen, ebenso wenig wie das Kino das Theater verdrängen konnte. Es wird aber sicher zwischen den zwei Arten von Apparaten zu neuen Beziehungen kommen, sie werden in einer Art von Vernetzung zueinander stehen. Die Uhr hat nicht die Aufgabe, die Funktionen des Smartphone zu übernehmen. Sie kann auch nicht so intelligent wie das Telefon werden. Vielmehr wird die Uhr zum Sklaven des Smartphone. Sie wird von einem System beherrscht, das viel intelligenter und viel vollständiger arbeitet, als sie selbst und ermöglicht einen „weichen" und vereinfachten Betrieb. Die Uhr übernimmt also vom Telefon die Grundfunktionen, wenn man das Telefon nicht mitnehmen will, z. B. während einer Wanderung; dazu kommen Funktionen für das Fitness Management. Die Uhr vermittelt Sicherheit, denn sie ist ja am Handgelenk befestigt, das Risiko von Verlust oder Diebstahl ist geringer als beim Telefon.

Die vernetzten Uhren durchlaufen eine rasche Evolution. Sie entwickeln sich in Funktion der Anwendungen, die von den Kunden gewünscht oder akzeptiert werden. Sie werden ständig neu erfunden, sie regenerieren sich und verändern auch die Definition der Uhren-Langlebigkeit. Man ist vom generationenübergreifenden Besitz – eine Uhr fürs ganze Leben – übergegangen zu Gütern, die in jeder Neu-Auflage neue Anwendungen bieten. Das heisst nicht, dass das frühere Modell weggeworfen werden muss, wenn eine Innovation erscheint. Die Innovationen liegen bei den Anwendungen, doch das „Cockpit" das sie aufnimmt wird länger leben als der Erneuerungszyklus des gespeicherten Inhalts. Die vernetzte Uhr verbreitert die K-Basis der Konzeptfindung. Die neue, kreative Generation von Uhrmachern umfasst Mathematiker, Elektroniker, Mikromechaniker, Designer und Marketing-Leute, aber auch „Macher", denn man muss schnell und oft neue Module testen, daran herumbasteln und Prototypen bauen. In der Optik der traditionellen Uhrmacherei, muss eine neue Generation von Innovatoren in ganz neue Ökosysteme integriert werden. Die massive Intrusion von sozialen Medien und die damit verbundene, ständige Vernetzung haben die Positionierung der Marken, die Distribution und die Konzeptfindung vollständig verändert. Die kreative Kraft der Massen, die kreative Autonomie „gewöhnlicher" Leute ergänzt die Erfindungskraft der Profis. Die Produkte werden sich umso besser an unsere vielfältigen und individuellen Wünsche anpassen als sie unzählige Anwendungen anbieten, die von vernetzten Leuten „wie wir selbst" ersonnen wurden (Cohender et al., 2010, Chanal V und Caron-Faisan, 2010).

Beim Schreiben dieser Zeilen sind die hier skizzierten Veränderungen schon weit fortgeschritten. Eines der Dinge, die wir von der innovativen Konzeptfindung lernen, ist dass sie die bekannte Identität der uns umgebenden Gegenstände verändern kann. Die Herausforderung an die Uhrmacherei ist es, neue Einsätze und neue Anwendungen zu definieren. Die Ergebnisse „guter" Innovation factories sind in dieser Hinsicht überraschend und sehr befriedigend. Die Uhr wanderte von der Gilettasche zum Handgelenk, dort wird sie völlig neu erfunden. Wer weiss, ob sie nicht auch die Kleidung oder selbst Teile des menschlichen Körpers infiltrieren wird. Konzeptoren, Uhrmacher und andere arbeiten an solchen „Wearables".

Bibliographie

Agogué, M., Arnoux, F., Brown, I., and Hooge, S. Introduction à la conception innovante: Eléments théoriques et pratiques de la théorie C-K. Presses des MINES ParisTech, 2013.

Amabile, T. M. Creativity in Context: Update to the Social Psychology of Creativity. Boulder: Westview Press, 1996.

Argyris, C. and Schön, D. A. Apprentissage organisationnel. Théorie, méthode, pratique. DeBoeck Université, 1996.

Benghozi, P. J., Charue-Duboc, F., and Midler, C. Innovation Based Competition & Design Systems Dynamics. L'Harmattan, 2000.

Brion, S., Fabre-Bonte, V., and Mothe, C. « Quelles formes d'ambidextrie pour combiner innovations d'exploitation et d'exploration? » Management International 13, no. 3 (2008).

Carrera, R. Swatchissimo, l'extraordinaire aventure de la Swatch. Antiquorum Éditions, 1991.

Chanal, V. and Caron-Fasan, M. L. « The Difficulties Involved in Developing Business Models Opened to Innovation Communities: The Case of a Crowdsourcing Platform. » M@n@gement 13, no. 4 (2010): 318–341.

Chapel, V. « Tefal: un modèle de croissance intensive. » Entreprises et Histoire 23 (1999): 63–76.

Chesbrough, H. W. « The Era of Open Innovation. » Sloan Management Review 44, no. 3 (2003): 35–41.

Choulier, D. Comprendre l'activité de conception. Université Technologie Belfort Montbéliard, 2009.

Choulier, D., Forest, J., and Coatanéa, E. « The C-K Engineering Design Theory: Contributions and Limits. » Proceedings of the 22nd International Conference on Design Theory and Methodology, Montréal, Québec, August 15–18, 2010.

Christensen, C. The Innovator's Dilemma. Harvard Business School Press, 1997.

Cohendet, P., Llerena, P., and Simon, L. « The Innovative Firm: Nexus of Communities and Creativity. » Revue d'Economie Industrielle 129–130 (2010): 139–170.

Danesi, M. « Marques suisses, Swatch: Le mythe des origines. » Domaine Public 27 (mai 2005). http://www.domainepublic.ch/articles/1217.

David, A. « Décision, conception et recherche en sciences de gestion. » Revue française de gestion 3, no. 139 (2002): 173–185.

Donzé, P. Y. Histoire de l'industrie horlogère suisse. De Jacques David à Nicolas Hayek (1850–2000). Neuchâtel: Éd. Alphil, 2009.

Drucker, P. Management: Tasks, Responsibilities, Practices. New York, NY: Harper & Row, 1974.

Duncan, J. and Fitzpatrick, L. Avatar. Éditions de l'Archipel, 2010.

Ellul, J. La Technique ou l'enjeu du siècle. Economica, 1990.

Elmquist, M. and Segrestin, B. « The Challenges of Managing Open Innovation in Highly Innovative Fields: Exploring The Use of the KCP Method. » Euram conference, Track: 14. Innovation – Continuing the Journey, Liverpool, 2009.

Fiell, C. and Fiell, P. Design Industrial. Taschen, 2006.

Gabarro, J. and Zehnder, D. « Nicolas G. Hayek. » Harvard Business School case, June 17, 1994, 9-495-005.

Garel, G. and Jumel, S. « Les grands groupes et l'innovation: définitions et enjeux du corporate venture. » Finance Contrôle Stratégie 8, no. 4 (déc 2005): 33–61.

Garel, G. and Crottet, D. « Innover ou gaspiller, la révolution simple du lavage des mains. » Impertinence, La Documentation Française, 2011, 105–114.

Godelier, E. « Est-ce que vous avez un garage? Ou discussions d'un mythe international de la culture managériale. » In Le Meilleur de la stratégie et du management, edited by Benghozi, P. J. and Huet, J. M., 74–77. Pearson, 2009.

Hargadon, A. « Knowledge Brokering: A Network Perspective on Learning and Innovation. » In Research in Organizational Behavior, edited by Staw B. and Kramer R. JAI Press, 2002, 21, 41–85.

Hartmut, R. Accélération? Une critique sociale du temps. La Découverte, 2010.

Hatchuel, A., Le Masson, P., and Weil, B. « Design Theory and Collective Creativity: A Theoretical Framework to Evaluate KCP Process. » XVII International Conference on Engineering Design, Stanford University, 2009.

Hatchuel, A., Le Masson, P., and Weil, B. « C-K Theory in Practice: Lessons from Industrial Applications. » 8th International Design Conference, Dubrovnik, May 2004, 245–257.

Hatchuel, A. and Weil, B. « Pour une théorie unifiée de la conception, Axiomatiques et processus collectifs. » 1-27 CGS Ecole des Mines/GIS cognition-CNRS, Paris, 1999.

Hatchuel, A. and Weil, B. « La Théorie C-K: fondements et usages d'une théorie unifiée de la conception. » Lyon: Colloque Sciences de la Conception, 2002.

Hatchuel, A. and Weil, B. « A New Approach of Innovative Design: An Introduction to C-K Design Theory. » ICED'03, Stockholm, Sweden, 2003.

Hayek, N. G. Au-delà de la saga Swatch—Entretiens d'un authentique entrepreneur avec Bartu Friedemann. Albin Michel, 2006.

Koller, C. L'Industrialisation et l'État au pays de l'horlogerie. De la lime à la machine. Courrendlin: Éditions CJE, 2003.

Komar, D. and Planche, F. A Guide to: Swatchwatches, OTWD On Time Diffusion SA, 1995.

Le Bé, P. « Nicolas G. Hayek, de l'énergie pour un siècle. » L'Hebdo, 30 juin 2010.

Le Masson, P. Management de l'innovation et théories de la conception: nouvelles rationalités, nouveaux principes d'organisation, nouvelles croissances. Habilitation à diriger des recherches, Université Paris Est, 2008.

Le Masson, P., Weil, B., and Hatchuel, A. (2007).

Le Masson, P., Weil, B., and Hatchuel, A. Les Processus d'innovation – Conception innovante et croissance des entreprises. Hermès, 2006.

Le Masson, P., Weil, B., and Hatchuel, A. Strategic Management of Design and Innovation. Cambridge University Press, 2010.

Lenfle, S. « Exploration and Project Management. » International Journal of Project Management 25, no. 6 (2008): 469–478.

Maniak, R. and Midler, C. « Shifting From Co-development Process to Co-innovation. » International Journal of Automotive and Technology Management 8, no. 4 (2008): 449–454.

March, J. G. « Exploration and Exploitation in Organizational Learning. » Organization Science 2, no. 1 (1991): 71–87.

Moon,Y. « The Birth of Swatch. » Harvard Business School case, 2004, 0-504-096.

Müller, J. and Mock, E. « Eine Revolution in der Uhrentechnik. » Neuen Zurcher Zeitung. 2 mars 1983.

Nonaka, I. « A Dynamic Theory of Organizational Knowledge Creation. » Organization Science 5, no. 1 (February 1994): 14–37.

Oslo Manual. Guidelines for Collecting and Interpreting Innovation Data, 3rd ed. 2005, 10.

Pasquier, H. La « Recherche et Développement » en horlogerie. Acteurs, stratégies et choix technologiques dans l'Arc jurassien suisse (1900–1970), Neuchâtel: Alphil, 2008.

Pinson, C. and Kimbal, H. Swatch, Insead Case Study 5, 1987.

Simon, H. Les Sciences de l'artificiel. Gallimard, 2004.

Taylor, W. « Message and Muscle: An Interview with Swatch Titan Nicolas Hayek. » Harvard Business Review, March–April 1993, 99–110.

Thomke, S. « Enlightened Experimentation: The New Imperative for Innovation. » Harvard Business Review, February 2001, 67–75.

Thomke, S. and Bell, D. E. « Sequential Testing in Product Development. » Management Science 47, no. 2 (February 2001): 308–323.

Trueb, L. The World of Watches: History, Technology, Industry. Ebner Publishing International, 2005.

Trueb, L. « Eine Idee aus Plastic erobert die Welt. » Neue Zürcher Zeitung. 4 avril 2008.

Trueb, L. Discours en l'honneur des lauréats du prix Gaïa 2010, Elmar Mock et Jacques Müller, 16 septembre 2010.

Tushman, M. L. and Radov, D. « The Rebirth of the Swiss Swatch Industry, 1980–1992 (A). » Harvard Business School case, 2000, 9-400-087.

Utterback, J. L. and Abernathy, W. J. « A Dynamic Model of Process and Product Innovation. » Omega, The International Journal of Management Science 3, no. 6 (1975): 639–656.

Von Hippel, E. « Lead Users: A Source of Novel Product Concepts. » Management Science 32, no. 7 (July 1986): 791–805.

Wegelin, J. Mister Swatch: Nicolas Hayek und das Geheimnis seines Erfolges. Éditions Nagel & Kimche, 2009.